愿 景

作为学校创知、创新、创业事业中不可或缺的一员，图书馆将成为校园里一个便捷而又卓越的知识与学术活动中心。

SUSTech
LIBRARY

使 命

　　通过满足师生的信息和育人需求，图书馆
为学校在教学、科研和创新方面的学术追求提
供支持与服务。

天雨流芳

南方科技大学图书馆十年

田磊 主编

国家图书馆出版社

图书在版编目（CIP）数据

天雨流芳：南方科技大学图书馆十年 / 田磊主编．— 北京：
国家图书馆出版社，2020.10
　　ISBN 978-7-5013-7034-4

　　Ⅰ．①天… Ⅱ．①田… Ⅲ．①院校图书馆－深圳－纪
念文集 Ⅳ．① G259.256-53

中国版本图书馆 CIP 数据核字（2020）第 150543 号

书　　名　天雨流芳——南方科技大学图书馆十年
著　　者　田　磊　主编
责任编辑　张　颀
装帧设计　🔲文化·邱特聪

出版发行　国家图书馆出版社（北京市西城区文津街 7 号 100034）
　　　　　　（原书目文献出版社　北京图书馆出版社）
　　　　　　010-66114536　63802249　nlcpress@nlc.cn（邮购）
网　　址　http://www.nlcpress.com
排　　版　北京旅教文化传播有限公司
印　　装　北京科信印刷有限公司
版次印次　2020 年 10 月第 1 版　2020 年 10 月第 1 次印刷

开　　本　710mm×1000mm　1/16
印　　张　20
书　　号　ISBN 978-7-5013-7034-4
定　　价　98.00 元

本书编委会

主　编：田　磊
编　委：陈　欣　党婉玉　鄂鹤年

序

2010 年，作为中国高教改革试验田的南方科技大学开始筹建，踏上了一条以世界一流研究型大学为目标，探索具有中国特色的现代大学制度和创新人才培养模式之路。

一流大学需要有一流的图书馆。2016 年，鄂鹤年馆长应聘时，从文献资源、空间、服务、技术四个维度，跟我讲了怎样衡量一个图书馆是否一流。我认同他的看法，图书馆这几年取得的成绩也证实了我们的观点。

2011 年至今，从两间阅览室起步到现有三处馆舍，南方科技大学图书馆丰富的文献资源和高效的资源获取渠道充分满足了教学和科研的需求。图书馆已建成的成为校园"网红"的室内空间、行业领先的机构知识库以及当前最先进的图书馆管理系统和知识发现系统等，使其成为一座难求的信息素养培训中心，这些成绩离不开每一位图书馆同事的努力。我特别高兴的是，2019 年南方科技大学图书馆成为环太平洋研究型图书馆联盟（Pacific Rim Research Libraries Alliance）成员，意味着南方科技大学图书馆已经开始迈进国际一流的行列。

南方科技大学图书馆之所以能够快速、高品质地发展，除了有深圳和南方科技大学这样高起点的平台支撑以外，一个重要的原因是有一支年轻的、充满活力的馆员队伍。他们脚踏实地，勠力同心，用智慧和汗水探索现代研究型高校图书馆的发展道路，也在这个过程中不断提升自己。这本文集便是他们将学习和工作中的所做、所思、所感形成的文字，记录了他们的努力和奉献，同时也体现出他们对生活、对学校、对图书馆的热爱。

工业 4.0 时代，人工智能、大数据等颠覆性技术给图书馆带来了冲击，同时也为图书馆的发展提供了新的机遇。令人欣慰的是，南方科技大学图书馆能够直面这一挑战，利用科技发展带来的便利不断探索和革新，为学校师生提供优质而高效的服务。

一流的理工科高校必须有一流的人文教育，南方科技大学不遗余力地践行这一办学理念。我很高兴看到了图书馆在这方面的努力：充满艺术气息的空间建设、高品质的人文艺术类馆藏、丰富多彩的人文艺术活动以及各项周到的服务，这些体现出科技助力下图书馆的人文光芒。

2020 年是南方科技大学筹建 10 周年。图书馆用这十年在队伍建设、文献资源、馆舍空间等软硬件方面取得了长足发展，体现出了"深圳速度"。我期待图书馆在下一个十年中更注重内涵式发展，突出服务的质量、深度和广度，成为南方科技大学向建设目标奋进路上的重要力量。

二〇二〇年二月

（本文作者陈十一系南方科技大学校长）

（上图）启动校区图书馆揭牌仪式

（下图）启动校区图书馆阅览室

琳恩图书馆外景

一丹图书馆外景

馆员合影（2020 年）

（上图）琳恩图书馆一楼大厅改造前效果

（下图）琳恩图书馆一楼大厅改造后效果

（上图）琳恩图书馆三楼电子阅览区改造前效果

（下图）琳恩图书馆三楼电子阅览区改造后效果

（上图）琳恩图书馆讨论间改造前效果

（下图）琳恩图书馆讨论间改造后效果

（右图）琳恩图书馆二楼半开放小组讨论区

（下图）琳恩图书馆一楼协作学习区

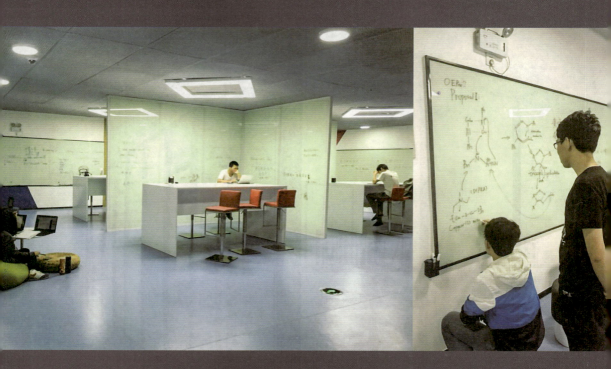

思库推荐图书展示台

思库推荐书简展示墙

"天雨流芳"特藏室

新馆施工现场考察（2019 年）

2019 年"人生如书"真人阅读活动

（上图）中国古代珍稀典籍文创精品展（2018 年）

（下图）庆祝建国 70 周年书画展（2019 年）

Endnote 培训现场

语言中心 EAP 课题组与我馆嵌入式课程任课老师合影

南科大ESI论文
表现分析报告

2011-2019年8月

南方科技大学图书馆

2019年10月

学习与科研服务部为学校做的 ESI 分析报告

目 录

过去·现在·未来

理念·实践

成长·见证

书缘·书事

过去 · 现在 · 未来

SUSTech
LIBRARY

我心中的高校图书馆
——过去、现在和未来

鄂鹤年 *

一、我的图书馆从业简史

我是年过四十才转行进入图书馆行业的。当时我在加拿大温哥华定居，经过一年时间的探索和分析后，我选择到不列颠哥伦比亚大学（University of British Columbia, UBC）的图书馆与情报研究专业学习，二十个月后获得了该专业的硕士学位，这是我的第三个硕士学位，前两个分别自中国和英国的高校获得。2019 年，从这个专业毕业十多年后，得知该专业在 2019 年 QS 世界大学"图书馆与信息管理"专业分项排名中位居世界第一时[1]，我还是颇为得意的：咱也算是出身名门吧。

在进入图书馆这个行业之初，我是很幸运的。首先，在 UBC 学习期间，我获得了三次实习机会：一是在 UBC 人文社科馆做了两个学期的研究生图书馆助理（Graduate Library Assistant），兼职从事参考咨询和教学工作（给本科生上如何充分利用图书馆电子资源的课）；二是在暑假期间到不列颠哥伦比亚省政府的一个专业图书馆全职做了三个月的实习生，工作内容是编目；三是在 UBC 的东亚图书馆做了一个项目，

---

* 鄂鹤年，南方科技大学图书馆馆长。

[1] QS World University Ranking by Subject 2019 for Library and Information Management 2019 [EB/OL]. [2019-08-08]. https://www.topuniversities.com/university-rankings/university-subject-rankings/2019/library-information-management.

对其中文馆藏资源质量做评估。以我对高校图书馆的认识，参考咨询、教学、编目和馆藏建设，这四项都属于高校图书馆的核心工作。有机会在学习期间从事图书馆的相关工作，这使我在最短的时间内，既在图书馆的基础理论与知识方面打下了坚实的基础，也积累了一定的实践经验。我相信，理论与实践相结合，是 UBC 该专业的特点，也许正是这个特点才使之世界排名第一。

其次，恰逢 21 世纪初中国高等教育改革不断推进，允许境外高校到中国内地建立具有独立法人地位的高校。由最早的宁波诺丁汉大学到最近的北理莫斯科大学，目前中国内地已有十家这样的高校。这些高校的建设需要具有开拓意识和精神的各种专业管理人才，尤其是那些既了解国外高校管理，又熟知中国环境特点的人。2006 年 10 月，我自 UBC 毕业后在温哥华从事图书馆专业工作一段时间后，北京师范大学和香港浸会大学合作在珠海建立的联合国际学院（United International College, UIC）抛出绣球，邀请我出任该校的第一任图书馆馆长。

很多了解我的朋友都曾对我有这样的评价：善于开辟一个新世界，而不善于守成。回顾我的职业道路，无论是曾从事的第一个职业，还是现在从事的第二个职业，朋友的这一评价是十分中肯的。在 UIC 服务的七年，我按照自己的理念，在充分利用 UIC 所能提供资源的条件下，实现了图书馆从创建到逐渐步入成熟。之后，我向时任校长吴清辉教授提出辞职。当知道我的这一决定不可改变时，吴校长要求我为学校做最后一个贡献：与 UIC 新校园的设计团队交流，落实新校园图书馆建设方案。我愉快地接受了这个任务，与设计团队毫无保留地交流，以此回报在 UIC 任职的七年时间里吴校长对我的充分信任与支持。这是 2014 年 3 月前后的事。

离开 UIC 后的大约两年时间里，我在香港中文大学（深圳）和温州肯恩大学分别工作一年和半年。在这两所学校工作期间，我仍旧努力工作，所做出的贡献也有目共睹，但由于工作环境与我所期待的不一样，均中途离开。

2016年6月，我被纳入南方科技大学图书馆馆长的遴选名单。我至今仍清晰记得遴选过程最后一个环节的情景，即陈十一校长与我个别交流。他谦虚地表示，他对图书馆管理知之不多，所以想问问我怎样评价一个高校图书馆的好与坏。我当时就想，这才是校长面试图书馆馆长候选人时应该问的问题。我从四个方面回答了陈校长的问题，即我所称之的评价或管理图书馆的四个维度。

（1）图书馆作为一个处所（Library as a place）。作为校园里的一座建筑，图书馆有很强的象征意义：学校的精神、知识的殿堂、学习的中心。这也是为什么图书馆建筑往往是校园里的标志性建筑，但这更多的是指图书馆建筑外形结构给人的一种视觉冲击感。一个好的图书馆建筑追求的不应仅仅是其外形结构，内部空间也必须体现出一定意义上的象征性。发达国家的许多图书馆，无论是古典派的还是现代派的，无论是大学图书馆还是公共图书馆，均对之有追求，其中图书馆的阅读大厅（Grand Reading Room）最具代表性，如美国俄亥俄州立大学于1919年建成使用的主图书馆（Main Library）和加拿大阿尔伯塔省卡尔加里市于2018年建成使用的新中央图书馆（New Central Library）的阅读大厅。

（2）图书馆的馆藏资源（Library as a collection）。馆藏资源是图书馆的核心价值之一，研究型图书馆必须有丰富的文献资源，一流高校在这方面的投入毫不吝啬。图书馆人的主要任务之一就是使资源建设经费发挥最大的作用，充分有效地支持学校的教学与科研活动。

（3）图书馆作为一项服务（Library as a service）。图书馆是以服务为导向的机构，其价值最终要以知识服务来体现。为用户提供有价值、高质量的服务首先必须了解服务对象，对高校图书馆来说，就是要了解学校的目标、定位、使命、发展方向，院系的专业设置和长远规划，师生的教学科研方向和动态等；与服务对象保持有效的沟通，变革或取消不合时宜的服务，适时推出新服务，保证图书馆的每一项服务都是有效并且有针对性的。

（4）图书馆的应用技术（Library as facilitated by technologies）。图书馆提供的各种服务的便易性（Accessibility）、各类文献资源的发现（Discovery）和送达（Delivery），我称之为 ADD，是图书馆高效运转的关键所在，而这个关键在相当程度上是靠技术来保障的。人们常说图书馆是信息技术的最佳应用场所，更多的是与 ADD 相关。随着信息技术迭代更新速度加快，图书馆能否跟随变化的步伐，将适当的新技术应用到 ADD 等相关工作领域，很大程度上决定了图书馆工作效率和服务质量。

陈校长与我围绕以上四个维度做了长达一个小时的交流，临别时双方颇有言犹未尽之憾，这让我十分有把握地得出结论：南方科技大学图书馆馆长之位非我莫属。

二、任职南方科技大学

2019 年《泰晤士报高等教育》发布世界大学排名，南方科技大学排名位居中国内地大学第八[①]。对一所只有九年历史的大学来说，这一成绩是非常靓丽的。极目所望，在世界高校发展史中可能只有香港科技大学曾创造过这样的辉煌。南方科技大学能够做到这一点固然有很多因素，而我认为，在客观条件优异的情况下，人的因素是最重要的，这从学校在不同发展阶段的表现可窥见一斑。在创建的第一个五年间，学校在争议中前行，步履艰难。这种状态在陈十一校长任职后发生了彻底的改变：本科生招生质量迅速提高；主动在世界范围内招揽人才；

---

① THE World University Ranking 2019[EB/OL]. [2019-08-08]. https://www.timeshighereducation.com/world-university-rankings/2019/world-ranking#!/page/0/length/25/sort_by/rank/sort_order/asc/cols/stats.

新院系、新学科、新研究机构纷纷成立；建校八年就获得硕博士授予权；高标准改造和建设校园；努力拓展国际交流与合作以提升国际化水平；等等。变化的领域不胜枚举。

2016 年 8 月下旬，我来南方科技大学任职报到时，汤涛副校长代表学校讲了对我的期待："按国外一流大学图书馆的标准开展图书馆的工作，以支持学校的教学和科研工作。只要工作符合这一方向，学校会为你提供最充分的支持。"坦率地讲，这个期待只是在宏观上指明了图书馆未来工作的方向，具体怎么做，就要依靠我和我的团队了。然而，汤校长所许诺的最充分的支持令我兴奋不已：对务实做事者来说，上级有这样的表态，夫复何求？努力去做吧！

通过与现有图书馆团队交流，并对图书馆所开展的具体工作做了较为深入的了解后，从评价图书馆的四个维度去认知，我深深地感到，在追求一流的道路上我们还有很多工作要提高、弥补和创建，而且在南方科技大学快速发展的环境下，有些工作需要尽快开展，其中既有宏观层面的，亦有微观层面的。以下用几个方面的工作为例予以说明。

（一）图书馆三年战略规划

"纲举目张"源出吕不韦《吕氏春秋·用民》之"壹引其纲，万目皆张"，班固《白虎通·三纲六纪》亦有言"若罗网之有纪纲而万目张也"，以及郑玄《诗谱序》所说"举一纲而万目张，解一卷而众篇明。"我这个年龄的人都熟悉这个成语，更多的是因为"文革"期间毛主席发表的"路线是个纲，纲举目张"这一最高指示。当代人以"路线图"（Roadmap）取而代之，或许既是受毛主席这个最高指示的启发，抑或为与国际接轨吧。

当目标明确，我们又对自己有了充分了解，那么做好工作开展的路线图就成了当务之急。鉴于图书馆没有做战略规划的经验，我提出的聘请美国高校图书馆资深专业人员为做好战略规划提供咨询的计划得到了学校的批准。

我们聘请的两位美国专家：一是曾任美国图书馆协会（ALA）主席（2009—2010）、退休前曾任科罗拉多州立大学等多家美国高校图书馆馆长的 Camila A. Alire 博士；二是香港浸会大学图书馆前馆长、现任美国加州大学默塞德分校（University of California, Merced）图书馆馆长的李海鹏先生。2017 年上半年在两位专家的指导下，整个战略规划制定工作集中开展，要点有三：

（1）对图书馆所处环境做全景扫描，采用两种方式：

①向教师／科研工作者、学生和其他有关人员发放问卷调查，了解他们对图书馆的看法和需求；

②分组别与教师／科研工作者、学生和学校管理人员等做面对面交流，进一步了解他们对图书馆的需求。

（2）以务实求实为本，制定三年战略规划，明确目标（Goals）和实现目标的策略（Strategies）。

（3）在开展以上两项工作过程中对馆员开展以提高馆员专业素养、能力和视野为目的的培训。

2017 年 10 月，《迈向 2020 年——南方科技大学图书馆战略规划》经反复修改后正式发布，在明确了图书馆的愿景、使命和价值观的基础上，该规划确定了六个目标和二十二项策略。这些目标和策略的制定遵循了三大基本原则：①行业趋势；②学校的目标和对图书馆的要求；③根据图书馆的现状和潜能，经努力可以实现或落实的工作。

在制定规划的过程中，图书馆管理团队和骨干直接与两位专家交流，观察、学习和评价外国资深专业馆员如何确定工作内容，采用什么样的方法和形式开展和完成各项工作。这对整个馆员队伍建设也是一次难得的机会，尤其是在我们的团队年龄非常年轻，之前也没有更合适的机会在具体工作层面上与外国资深专业馆员进行交流的状况下。

两年后的现在，当回头审视这个规划时，我感到当时还是低估了我们团队的能力。经过努力，六个目标和二十二项策略（或者说是需要开展的具体工作）中的大部分在 2019 年底前就已经实现，其余的（属于长期性工作）也正在逐步落实之中。这也有力地说明，近两年图书馆发生了根本性变化，越来越接近实现一流图书馆的目标。作为馆长，我为我的同事所取得的阶段性成绩感到骄傲和自豪：这是一支可以依赖和信任的队伍，每个人均可以为共

图 1　迈向 2020 年——南方科技大学图书馆战略规划

同的目标做出自己最大的贡献。这个战略规划的制定和实施，也给我一个教训：取法乎上，得乎其中；取法乎中，得乎其下。古人的智慧要认真学习，以后开展工作一定要"取法乎上"，特别是当你有一支精明强干、肯奉献的队伍时。

（二）馆舍与空间建设

在评价高校图书馆的四个维度里，之所以空间建设和管理排位第一，反映的是当代高校图书馆发展的一个趋势：由于教与学方法的变革和馆藏资源越来越电子和数字化这两大因素使然，图书馆物理空间

的功能及其目的都发生了深刻的变革。我开始从事图书馆管理工作之初正值这场变革方兴未艾之时，亦因过去十几年工作（领导和参与三所高校图书馆创建工作）的要求，我一直对这一领域保持高度关注，我发表的《以促进学习为宗旨：当代高校图书馆规划设计的新视角》[①]一文就是我这一经历的具体反映。这篇文章深受耶鲁大学图书馆前馆长本内特（Scott Bennett）2003 年所著 *Library Designed for Learning*[②]（《为学习而设计的图书馆》）一书的影响，突出了"图书馆建设应该以促进学习活动的开展为最重要的原则"这一新观念。

到南方科技大学任职后，陈十一校长第一次见我时就明确布置任务："你要赶快改造现在的图书馆，it's not presentable at all（它根本拿不出手）。另外，新图书馆建设方案你要介入，必须按一流标准建设。"听到校长布置这样的任务，我心中窃喜：这是我的强项！另外，在感到责任重大的同时，我也十分庆幸：南方科技大学雄心勃勃，资源优越，不受传统束缚，为实现我个人的理念提供了十分难得的条件。

十几年的实际工作积累和总结，在高校图书馆建筑和内部空间建设方面，我自己形成了一套由两个层面构成的思路。第一个层面是作为馆长代表学校开始参与图书馆建筑规划和设计时必须认知和坚持的宏观意义上的指导思想：

（1）图书馆象征性和功能性的统一（Symbolism and Functionality）：图书馆是高校开展学术活动与交流的核心处所，无论建筑本身还是其内部空间均应表现出学校所追求的目标和理想；与此同时，图书馆是一个实用的空间，必须满足图书馆运营所提出的各种需求。

（2）空间与服务对象（Spaces and Their Users）：图书馆核心工作是服务于学校的广大师生在开展教与学和科研活动中产生的需要，其

---

① 鄂鹤年.以促进学习为宗旨：当代高校图书馆规划设计的新视角［J］.大学图书馆学报，2009（6）：6–11.

② BENNETT S. Library designed for learning[M].Washington: Council on Library and Information Resources, 2003: 3.

空间规划和设计必须以此为根本出发点。

（3）空间多样性与各种学习活动（Spaces and Learning Activities）：当代高校图书馆不仅仅是藏书楼，更多的是促进学生开展各种学习活动之所，而学习活动以各种形式开展，空间要为之提供服务，即空间是一种服务。

（4）空间与纸质资源和电子资源（Spaces and Print and Electronic Resources）：资源的类型必须服务于学校的学科特点；南方科技大学是理工科大学，教学和科研所需更多的是电子资源。本校馆藏资源这样的特点必须反映在空间布局和利用方面。

（5）空间与应用技术（Spaces and Applicable Technologies）：图书馆是能够充分享受信息技术带来的益处之所；因此，当代杰出的高校图书馆一定是当代信息技术最佳应用场所，从而更有效地提高使用者的活动效率和图书馆的管理效率。

第二个层面是在内部空间设计时必须遵循的微观层面的四项原则：

（1）便易性（Accessibility）：空间服务于使用者，每一个空间或区域的设计必须考虑使用空间是否方便、是否舒适、是否有效率，特别要突出细节。

（2）灵活性（Flexibility）：学生的学习活动和对空间的需求会随着活动的性质、环境与时间的变化而变化。这要求空间要有灵活性，为开展不同形式的各种学习活动提供各种可能的空间，包括方便为未来某种需求的产生而调整空间。

（3）可移动性（Mobility）：交互式学习活动是当代学习活动的发展方向。因此，图书馆空间内的各种设施，其特性要适应这一发展动态，如各种设备和家具可以按需求随时移动或组合。

（4）可视性（Transparency）：图书馆是一个公共空间，除满足极个别需求，空间要开放、要通透、要便于管理和监控。

由实践经验可知，无论新建图书馆还是改造图书馆，在规划和设计阶段，图书馆人的积极介入非常重要；而且我相信，只要图书馆工作人员表现出较高的专业水平和良好的交流能力，规划和设计专业单位（包括建筑的规划师和设计师、内装修设计师和家具设计师等）是能够接受我们的要求和建议的，因为任何一个专业工作者均希望自己的产品是优秀的，这直接关系到自己的成就感和荣誉。

1.改造琳恩图书馆

南方科技大学现在使用的图书馆叫琳恩图书馆，是由香港一位慈善家于 2016 年冠名的。该馆于 2013 年启用，建筑面积 1 万平方米，三层，是校园一期建设中最重要的建筑之一。该建筑设计曾荣获 2016 年 THE PLAN 文化建筑荣誉奖，但内部空间布局与当代高校图书馆的要求相去甚远，没有实现图书馆的象征性和功能性的统一。这也是为什么陈校长要求我马上改造图书馆的原因。

从 2016 年底到 2018 年暑期，该馆经历了三次改造，对一层大部分空间做了调整并改造了二、三层的部分空间。前两次改造规模较大，第三次只是对楼梯、洗手间和部分地面进行了改造。图 2 是图书馆一层改造前后的平面示意图。

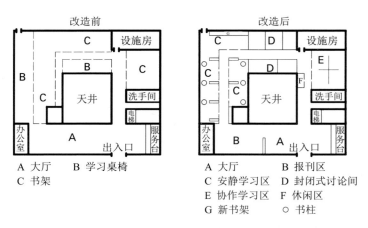

图 2　南方科技大学琳恩图书馆一层改造前后平面示意图

图书馆一层在改造前空间布局存在三个主要问题：一是书架区所占

空间比过多（约三分之一）；二是独立学习空间不足；三是服务于不同学习或交流活动的空间类型少。改造后，成排的书架被移除，只在实体墙面和柱体上布置书架，学习区桌子间插入若干单排三层书架；扩大了独立学习区的面积；同时，将大厅分为两个区域：会客区和报纸杂志阅读区，增加了五个封闭的讨论间，并开辟出一片开放式的协作学习和交流区。除了以上改造内容，我们在家具选型、照明和色彩（墙面、天花和地面）等方面下了很大功夫，如在通道和靠窗处放置不同类型的、有私密性的、舒适的椅子，并为每张学习桌配有独立灯光等。

改造后的琳恩图书馆深受广大师生的欢迎。南方科技大学学生新闻社的《南科新知》分别以《如何泡到南科大的"新晋网红"？让我告诉你》和《时隔六个月，南科大第一网红又回来了》为题就第一次和第二次改造后的图书馆做了报道，读者有如下反馈：

◇ **方块**：图书馆设计，这么人性化，这么美观，这么舒适，这么实用，怎么设计出来的？一定要为馆长点赞,辛苦了！

◇ **对方正在输入···**：自从泡了琳恩后腰不酸了，腿不疼了，薛席（学习）也有劲了，墙裂建议图书馆开到十一点

◇ **urnotChristine**：图书馆是我的小爱人

◇ **18 号大叔**：给鄂馆长疯狂打 call ！！！

2. 新图书馆的规划与设计

学校校园二期建设规划有两个图书馆建筑：一个位于校园中心，是"南方科技大学中心"建筑体的主体建筑（一丹图书馆），面积约9010 平方米，四层结构；另一个位于研究生宿舍区南端，与一路之隔的工学院建筑相邻，面积约 1200 平方米，二层结构（涵泳图书馆）。

我来南方科技大学任职时，两个新图书馆的规划和设计均已完成。遵陈校长指示，我认真看了方案后认为，这两个方案都有改进、调整

和补充的必要。学校基建部门根据我的要求，约负责二期建设的深圳市工务署有关人员与我交流。在双方第一次会谈时，工务署的同事首先声明：两个建筑的规划设计方案均是在南方科技大学充分参与的前提下确定的；如果现在还有修改意见，也只能是微调。针对这个说法，我回答："我以为这个会的目的是听取我对规划设计方案意见的；如果像这位同事所言，那开这个会议就没什么意义了。但我必须说明的是：陈校长要求我以建设一流图书馆为目的认真看方案，并提出我的意见。既然我的意见对方案不能产生什么较大的影响，那么，我据此向校长汇报就是了。"听到此言，学校负责基建的同事急忙解释："鄂馆长，工务署同事的意思是建筑结构已经定案；如要更改，涉及面太大，包括建设周期和预算等，所以，只要不涉及结构，你还是可以提出意见的。"我回答说："这点我理解。我要提的意见所涉及的也完全是建筑的内部空间调整，以使之更合理、更符合当代高校图书馆的特点、更能满足使用者的需求。"

当我就两个建筑的设计方案提出我的初步意见后，工务署的同事表示，我的意见涉及很多内部空间的调整，其中一丹图书馆涉及 30% 多的空间调整，涵泳图书馆涉及近 70% 的空间调整，另外还有新增加的功能空间，这需要与设计团队沟通，听取他们的意见。我对之表示同意，并表达了我想直接与设计团队交流的意愿。

一丹图书馆和涵泳图书馆的设计方案是由两家设计公司分别完成的。第一次与他们分别交流时，我强调了三点：首先，南方科技大学以追求一流为目标，所以我们的一切工作必须以此为标准；第二，图书馆建筑是校园的标志性建筑，有很强的象征意义，它代表的是学校的理想和精神，所以即使是建筑内空间也必须体现这一点；第三，我们都是专业工作者，所完成的工作成果应该经得起同行的评价，这才不负我们的抱负和情怀。令我高兴的是两个设计团队均对这三点意见表示深深的赞同。有鉴于此，我提出：我们一起努力，做出一个标杆作品吧！

在随后的一年时间里，我与两个设计单位密切交流，反复推敲，尽最大努力优化方案。双方合作充分体现了专业精神和素养。这期间，我也与工务署有交流，他们肯定了双方的工作，希望南方科技大学新馆能够成为行业的标杆。最令我感到高兴的是，工务署的同志表示：近来，从中央到地方就新建筑物的质量提出了比以往更高的要求；我们不再满足于"温饱"了，要过"小康"的日子！

图书馆所用家具非常关键，其与建筑的关系正如宝马必须配好鞍，两者必须相辅相成。所以，在方案落实的最后阶段，我请若干优秀的家具公司根据我们的方案，针对不同的空间提出家具设计方案，并让设计单位和家具公司就项目直接交流，用最合适的家具实现设计方案的目标。

在学校 2018 年年终总结汇报会上，我代表图书馆向学校做了关于我们将要有什么样的新图书馆的汇报。在同事们都表示对新图书馆有很高期待的同时，我也客观谨慎地强调了一点：设计和最终成品之间往往有一定的差距；新图书馆的效果图确实很好，如果新图书馆交付使用时，实体能够实现设计的 85%，我就烧高香！

（三）信息素养教育：队伍和内容

刚入职不久，我经历两件事。第一件事是一位刚从国外回来任职的教授致函，请图书馆为他的研究生讲讲怎样使用 EndNote。负责这方面工作的同事告知我，由于供应商的培训师不能按这位教授计划的时间来深圳，需要在深圳找其他人来满足需求。对此，我深感不妥。

第二件事是在新生入学的军训周期间，学校的一些行政和教辅部门到军训营面向全体新生介绍本部门为学生提供的各项服务，图书馆也参加了。为了了解有关工作，我和负责图书馆讲解的同事一同前往军训营。这位同事做了充分、细致和认真的准备，以优良的教风教态讲了近一个小时。但我听完后做出决定：以后的新生培训内容、形式和方法要做彻底的改变。

对这两件事，我为什么有这样的反应呢？

信息素养教育和读者培训是高校图书馆的核心任务之一，考察图书馆团队专业能力的有效方法之一就是看其能提供什么样的培训（内容），以什么形式呈现，采用的方法是什么，最终以受训者的反馈意见判断培训效果。

第一件事的问题是：EndNote 这个软件已经使用两年，为什么图书馆专业馆员自己不能搞培训，而是要依靠供应商的培训师？新来的教授向图书馆提出培训要求，是因为在他看来这是图书馆应该提供的最基本的服务。仅仅这一个例子说明，我们与一流大学图书馆专业队伍的水平还有很大的差距。

第二件事的问题不是负责同事讲得不好，而是在错误的时间、错误的地点、以错误的形式和方法讲了受训者不能消化的内容。1000 名学生席地而坐，尽管在遮阳棚下，四面通风，但八月下旬的深圳依然很热。我的同事通过大屏幕演示培训内容，而那天阳光明媚，严重影响屏幕内容显示。在这样完全脱离图书馆真实环境的条件下，你怎能期待学生消化索书号、馆藏布局、入馆须知等培训内容。特别是当我听到，学生只有通过关于使用图书馆守则的考试才能够开始借阅图书的内容时，我不得不叫停培训，向学生宣布取消这个考试，只要有校园卡就可以借书。同时我也向学生表示歉意，虽然我刚到任，对这个培训内容不了解，但我是馆长，负有领导之责。学生以热烈的掌声接受了我的道歉。

以上两件事说明，图书馆面临的紧迫任务之一是要迅速提高馆员开展教学和培训工作的能力，在此基础上做好每学期的有关计划。经过近三年的努力，目前图书馆提供的有关服务已经成了一个系列。新生培训是在新生培训周期间开展，组织形式是将新生分组、分批，在馆员的带领下在图书馆现场了解有关图书馆的知识和如何使用图书馆。

现在图书馆有三名馆员能够提供 EndNote 培训，每学期至少两次，学生自愿参加，是图书馆提供的所有培训课程中最受欢迎的。目前图书馆开展的教学工作，有独立推出的信息素养教育系列讲座，有与不同院系或任课教师合作的嵌入式课程（专业课程计划中有图书馆主讲的内容），也有与其他部门合作共同举办的培训项目，有的还是全英文上课。每推出一个教学或培训内容，我们都发放问卷调查表，收集学生的反馈意见，并据此提高工作质量和针对性。这些教学和培训工作让图书馆声名鹊起，在其中所表现出的专业水平和能力，越来越得到广大师生的肯定。能够在不到三年的时间里，从无到有、从质量不佳到广受好评，证明图书馆有一支勇于承担责任、善于学习、在"奔一流"的道路上刻苦努力的团队。我为有这样一支队伍感到骄傲和自豪，而且也相信，假以时日，在这支队伍的支撑下，南方科技大学图书馆一定会成为一流的高校图书馆。

（四）科研支持与服务

南方科技大学的定位是研究型大学，随着高水平人才纷纷加入和在科研方面的投入加大，过去几年南方科技大学的科研产出急速上升，质量更是居国内高校的前列。在《泰晤士报》2019 年世界大学排行榜上，南方科技大学在内地大学中排名第八，高质量的科研成果在此起到了关键作用。科研投入加大要求学校相关部门的科研支持和服务也必须跟上，作为为学校的教学和科研提供支持服务的重要机构，图书馆责无旁贷。

我刚任职时，图书馆提供的科研支持和服务只有"查收查引"这一项。在南方科技大学快速发展的进程中，这项工作的任务还是很繁重的，内容包括人才引进与评估、博士入学和校长卓越博士后申请、各科研项目申报和各类人才奖项申报等。仅 2019 年上半年（6 月 30 日之前）图书馆就完成报告 559 份，其中人才引进报告 226 份，博士入学等报告180份，各类人才奖项的报告153份。然而，一流高校图书馆，尤其是研究型大学图书馆，只做查收查引报告是远远不够的。我任职以后，根据队伍的状态和学校的需求，在两个方向上做了努力并取得了可喜的成果：一是提供专业的科研评价服务，二是建设南方科技大学机构知识库。

与国外高校相比，国内高校更重视各类排名，近两年高校"双一流"建设又进一步助推了这一现象。虽然人们对此见仁见智，但是"存在即是合理"，相关工作总是要做的。在南方科技大学，科研评价服务源于三个层面的需求：学校领导层、各院系、相关行政管理部门。

为了开展这方面工作，在学校的支持下，图书馆先后购置了基于Web of Science引文数据的科研评价分析平台Incites与ESI，基于Scopus引文数据科研评价分析平台SciVal，以取"工欲善其事，必先利其器"之效。我们还下大功夫加强队伍建设：参加专业机构组织的培训，邀请专业人员来馆传艺，以期在最短的时间里使图书馆具备开展这方面工作的专才。经努力，我们取得了初步成果，如2018年完成的项目有：

（1）2018年1—11月，协助科研部提供以下各类论文统计工作：2017年南方科技大学发表的SCI、EI、CPCI论文数量，2017年南方科技大学Nature Index论文清单，2012—2017年南方科技大学各系SCI论文数量。

（2）2018年3月，为某校领导提供《南科大ESI论文产出分析报告（2011—2017）》，基于SCI、ESI数据库和Incites分析平台，统计与分析2011—2017年南方科技大学ESI论文产出概况、与对标院校的比较、各ESI学科论文产出表现、高被引论文分析等。

（3）2018年5月，为生物系提供南方科技大学与中国科学技术大学、武汉大学生物系的对标数据，包括对各校2015—2017年生物系的论文清洗，提供论文数量、CNCI值、论文分区比例等数据。

（4）2018年6月，为参与泰晤士高等教育年轻大学排名〔THE

（Times Higher Education）Young University Rankings］，统计 2012—2016 年南方科技大学被 SciVal 收录的科研产出情况。

（5）2018 年 7 月，南方科技大学首次有 ESI 学科进入全球前 1% 排名，分别是材料科学和化学。为学校官网发布此新闻提供各学科的论文数量、总被引频次、篇均被引频次以及 CNCI 值等数据。

（6）2018 年 9 月，为参与 U.S. News 世界大学排名，统计 2011—2017 年南方科技大学被 Incites 收录的科研产出情况。

（7）2018 年 10 月，为某校领导提供《2013—2017 年我校科研产出分析报告——基于 THE World University Rankings 2019 评价指标》，基于 Scopus 数据库及 SciVal 分析平台，完成南方科技大学科研产出报告，以便了解学校整体、各院系及教授层面在 THE World University Rankings 2019 评价指标中的表现。

（8）2018 年 10 月，为工学院统计 2016—2018 年南方科技大学在 ESI Computer Science、Engineering、Environment/Ecology、Materials Science 的学术产出表现。

（9）2018 年 11 月，协助科研部对南方科技大学 ESI 高被引论文、代表性论文等开展统计与分析工作。

在 2018 年工作基础上，2019 年上半年我曾问相关同事：学校有部门付钱给专业的商业机构以获取有关报告，我们现在是否有能力做出类似的报告？同事的回答令我非常满意，也对未来我们进一步做好这方面的工作充满信心。

南方科技大学机构知识库的建设始于我和科研部一位负责同事的一次交流，双方谈到了南方科技大学特别需要一个功能强大的平台，以便有效管理南方科技大学的科研产出。基于两个部门的意见，图书馆在 2017 年学校春季战略研讨会上提出了建设机构知识库的建议。一个月后，学校发布年度工作计划，确定由图书馆牵头建设机构知识库。

图书馆是从广泛深入的调查研究入手开始这一工作的：文献调研、

参加有关会议、访问有关机构、邀请商业机构介绍他们的平台等。在此基础上，我们9月份开始撰写报告，12月份向学校提交了《关于建设南方科技大学机构知识库的报告》。该报告由两大部分组成：第一部分介绍了世界范围内机构知识库的现状及其对我们的启示；第二部分阐述了南方科技大学机构知识库建设的目标和要点，这是报告的核心内容。我们将南方科技大学机构知识库的建设目标确定为：

（1）学校知识资产的统一管理平台；

（2）对外展示学术成果的窗口；

（3）为学校各层级各部门提供关于学术产出的统计数据，为人才评价及学术评价提供决策依据；

（4）学者管理个人知识资源的空间；

（5）通过与国际主流学术交流平台的链接，为学者开展学术交流提供便利。

为确保实现以上目标，报告从政策、资金、部门协同、系统选择、人员配备等五个方面加以论述。关于建设计划，我们提出了"两步走"的方案：第一步由3个阶段组成，要在2019年底前基本建成实现以上五个目标的平台；第二步是进一步完善平台，并根据南方科技大学的发展扩展平台的应用范围。

学校批准了报告，并按报告的意见成立了由主管副校长为首的机构知识库建设领导小组，下设由图书馆牵头的工作组，成员包括科研部等相关部门和试点院系。这个管理机制保证了项目建设是整个学校的工作，而不是图书馆一个部门的工作，十分有利于建设工作的开展和日后的维护与升级。学校将这一机构知识库命名为"南方科技大学知识苑"（SUSTech Knowledge Commons，简称 SUSTech KC）。

在南方科技大学机构知识库建设过程中，当有关部门和院系了解到我们的工作及其意义后都对其表示了很高的期待。这种期待一方面鼓励了我们；另一方面也使我们倍感压力。鼓励和压力都要求我们做出最大努力，以实现我们确定的目标。令我感动的是，参与这项工作的同事们在近两年的时间里全身心地投入，与校内有关单位和签约的系统开发机构密切合作，有条不紊地推进项目开展，在其间做了大量细致的工作。我相信，上线后的南方科技大学机构知识库一定会为学校的科研成果管理提供一个优质平台，能够为图书馆与各院系提供一个有效的渠道以建立更密切的联系，能够为学校的基础设施填补一个空白。与此同时，我也认识到，一个高标准的机构知识库不是一蹴而就的，上线后也需要不断修正、完善和更新，"完美"根本做不到。

（五）资源建设：纸质、电子和特藏

对图书馆从业者来说，文献资源对一所图书馆的意义无须多言。问题的关键是：当经费确定后（无论多与少），这笔钱应该怎么花，买些啥？

在资源建设资金方面，南方科技大学的投入非常充分，这使得图书馆自建馆之初就可以对标一流大学和一流学科建设南方科技大学所设学科需要的文献资源。另外，南方科技大学是以理工医科为主、兼顾商科与人文社科的研究型大学，其馆藏资源一直以电子资源为主，所占经费目前超过总经费的80%。以上这两点对一所以追求一流为目标的大学来讲均做得很好。

针对纸质馆藏，我任职后主要是从操作层面确定了一些采选原则，其中包括：

（1）减少复本，中文图书由每种3册改为1册；只有教参书和有特别需求的书可以购买复本；

（2）精选人文社科类图书，尤其是文学类；对小说类图书，非名著或在学术上享有公认地位者的作品尽可能不采购；

（3）下架那些过去三年没有阅读记录的图书，放到仓库，但OPAC上仍可检索到；

（4）加大读者荐购图书的宣传，提高该类图书在采购中的比例；

（5）将纸质报刊由 400 多种减少到 100 种以内；

（6）着眼南方科技大学未来发展，纸质图书总量控制在 50 万册以内，以实现书架所占馆舍（现馆和新馆）总面积不超过 18% 的目标。

以上这些调整带来的明显变化有：

（1）能够允许我们将大量的书架撤出，使得增加更多类型的图书馆空间成为可能；

（2）提高了上架书刊的质量，更好地展现了图书馆的专业能力；

（3）大学社区成员可以更积极地参与馆藏建设；

（4）促进了上架纸质图书的流通率。

在馆藏建设方面所做比较大的动作是开展特藏建设，这在我任职前是一个空白。我和图书馆团队根据学校的性质和追求的目标，在广泛征求意见和调查研究的基础上确定了三个特藏方向：科技史、艺术类和学者签名本。科技史为特藏内容，这很好理解。学者签名本是因为南方科技大学的学术活动极其丰富，各路学术大咖来校做学术报告已成日常现象，这为我们收集学者签名本创造了难得的条件。而将艺术类图书作为特藏内容则因南方科技大学的性质常常成为人们的疑问。

我们之所以将艺术类纳入特藏范围，是因为南方科技大学在宣传自己时，在介绍学校的目标时，常使用这样一句话："一流的理工科大学不可以没有一流的人文教育。"南方科技大学很重视人文教育，这也是为什么南方科技大学于 2018 年正式成立了人文社科学院的原因。但需要注意的是：此学院非彼学院，不像其他大学的同类学院提供本科学历教育，这个学院主要是为本科生提供具有鲜明南方科技大学特点的人文和社科类公共课和选修课，以期南方科技大学的学子在攀登科技高峰的同时拥有更好的人文主义素养。

正是这一原因，我们决定将艺术类图书作为我们的特藏内容。我和我的同事还认为，一个人的人文主义素养不是仅仅通过课堂学来的，更多的是通过细雨无声式的熏陶和滋润慢慢生成的，艺术则是培养人文主义素养不可或缺的元素。2018年初，名为"天雨流芳"的特藏室向学生开放，这一不寻常的特藏室因它的空间设计和藏品，立刻受到了广泛的关注，不仅仅是校内师生，也包括来访者。当他们看到那些代表最高艺术和印刷技术水准的、不同规格和不同形式的、限量版或绝版艺术出版物时，均对我们的工作赞赏有加。

三、未来高校图书馆

谈未来必须参照历史和现实，因为后两者是前者之根源。

讲图书馆的历史，不能不提位于土耳其，隔爱琴海与希腊相望的以弗所（Ephesus）的塞尔苏斯图书馆（The Celsus Library），一个呈四边广场型的古罗马建筑，虽经岁月剥蚀和两次地震破坏，其结构仍比较完整。它的入口有着四座女神雕像，分别代表智慧（Wisdom）、个性（Character）、判断（Judgment）和专业知识（Specialized Knowledge）。

一个能有效服务于社会并为社会发展做贡献的人应该是一个有智慧的人，他（她）著书立说，并将之存于图书馆，以期将自己的智慧贡献给社会，这是我对智慧与图书馆之关系的第一个层面的理解。我对这一关系第二个层面的理解是（在图书馆人都在谈论危机时，该层面的意义更重大）：因智慧存于图书馆，智慧之星若永照人类前行，图书馆也一定会长存，只是其形态会随着社会发展变化而变化罢了。人类社会自初始至今，其发展史是由不同的个体刻画的，每一个体刻画的痕迹之深浅，往往取决于这一个体的个性。人类社会发展史也证明个性发展充分和活跃的时代往往是人类社会进步的高潮期。古罗马人将图书馆与个性发展关联在一起，其意义不言而喻。智者之所以被称为智者，是因为其判断力强。行千里路、读万卷书，是普通人成为智者的常循之路，而图书馆就是为普通人提供读万卷机会的场所。要为社会发展做贡献，方法之一是成为某一领域的行家里手，即业有专攻、术有专长，而图书馆就是为这样的人服务的。

我为塞尔苏斯图书馆入口这四座女性雕像赞美，更折服她们所表现的思想。2000多年前的古人对图书馆意义的哲学阐释既浅显又深邃，不但是对过去，对今天，乃至未来，亦然。

在赞美了古人的智慧之后，我们再看看今人对图书馆的认识。约翰·P.威尔金（John P. Wilkin）是美国当代高校图书馆界最有影响力的人物之一，现任伊利诺伊大学香槟分校图书馆馆长，他就现代意义上的高校图书馆，特别是研究型图书馆的内涵提出了一个"四柱石论"（Four Pillars）：

图书馆工作中有四个历久弥坚的领域，尽管它们的重要性和复杂性随着时代变化而变化，但在研究型图书馆发挥其功能时总是扮演重要的角色，这四个领域是：

①资源管理，即针对与文化记录相关的资料，为图书馆从事的筛选、保存、维护、收集、建档、提供获取渠道等工作，其对象主要是图书和手稿，但也包括影像和音频资料；

②介入科研和学习活动；

③出版，从最简单的复制和传播资料到全方位的有同行评议参与的出版物的编辑过程；

④创建和管理读者和馆藏使用的空间。

我们从事的这四个领域，伴随着时代变化，每一个都经历过潮涨潮落，也都随着社会和文化的变迁而改变自己的个性。在21世纪，这四个领域的工作仍存在于研究型图书馆。①

---

① WILKIN J P. Meanings of the library today[G]// Alice Crawford. The meaning of the library: a cultural history. New Jersey: Princeton University Press, 2015: 236–253.

通过比较，我们可以看出威尔金对图书馆的认识与古罗马人有同亦有异。相同之处是两人均将图书馆看作一个处所，是智慧资源得以生产、存储和利用的地方，是促进文明发展进步不可或缺的机构。两人的差异之处在于，古罗马人更多的是从哲学意义上认知图书馆的作用，特别突出的是图书馆拥有的象征性意义，而威尔金更多的是阐释图书馆的功能性。这两种认识也各有其时代特点。古希腊和古罗马是古典时代的文化高峰，时人给后人留下的最宝贵财富是哲学思想和建筑艺术。因此，古罗马人对图书馆的认知更具哲学意义也就不足为奇了。而威尔金作为当代美国一所一流高校图书馆的馆长，他肩负管理任务，所以他从功能性的角度认识图书馆，更符合他的角色。另外，按威尔金自己的说法，他的"四柱石论"历久弥坚。当我初探其论时，以为他会很高调、很炫地阐释之。然而，他的阐释是那么朴实无华，即使是从事理论研究工作，体现的仍然是典型的美国高校图书馆管理者的特点。这是题外话。

我想再做另一比较，即我认知图书馆的"四维度说"和威尔金的"四柱石论"。这两个观点也有同有异。相同之处是两者均将空间、资源和参与学习与科研活动（或图书馆对教学和科研的支持与服务）作为高校研究型图书馆的三个重要领域或工作范围。差异是我的"四"中明确包含技术，而威尔金的"四"则没有；然而，在我看来，这种差异只是表面的。

读一读与图书馆史有关的书，如勒纳的《图书馆的故事》[①]和吴晞的《图书馆史话》[②]，就不难理解技术对图书馆发展的重要意义。以威尔金的身份，不可能对之持有异议。那么，他为什么突出的却是出版呢？正如斯金纳等人的文章所示，图书馆参与相对复杂的、和人们常理解的那种学术出版工作，如他所提到的同行评议和编辑，这是西

① 勒纳.图书馆的故事［M］.沈英，马幸，译.北京：时代华文书局，2014.
② 吴晞.图书馆史话［M］.北京：社会科学文献出版社，2015.

方研究型高校图书馆的一个传统①。随着数字出版技术的普及，出版不再只是那些专业机构——出版社可以从事的工作，尤其是在数字出版领域。成立于 2014 年的美国图书馆出版联盟（Library Publishing Coalition）及其开展的活动就是对这一现实的反映②。其实，出版与技术的关系更为直接，出版技术变得越普及，研究型图书馆就越易于从事出版工作。一个显而易见的行为就是研究型图书馆所从事的机构知识库的建设和管理工作，其核心内容之一是机构学术产出的数字化出版、存储、揭示与交流。因此，我强调技术，威尔金突出出版，两者本质上并不矛盾；我强调技术，是在形式上对威尔金的一种补充，同时也突出技术应用对图书馆工作的重要意义。

无论威尔金的"四柱石论"还是我的"四维度说"，我们都是从高校图书馆管理者的角度对当下高校图书馆核心工作的一种认识。我相信威尔金应该支持我这样一种观点：我们的认识是有普遍意义的，不仅仅是针对当下，对未来亦然；同时，我们也对未来的发展持一种开放态度。

谈图书馆的未来，就必须谈工业 4.0 和教育 4.0。工业 4.0 的概念最先由德国政府在 2013 年汉诺威工业博览会上提出，同年由森德勒（Ulrich Sendler）等九位专家共同撰写的第一本有关工业 4.0 的专著《工业 4.0》在德国出版（中译本于 2014 年由机械工业出版社出版）③。随后发达国家和新兴国家均对工业 4.0 展开了深入的探讨，也均从各自国情的角度提出了应对之策。目前，关于工业 4.0 人们基本上形成了以下共识：第一，如《工业 4.0 大革命》④ 这本书题名所强调的，工业 4.0 不是

---

① SKINNER K, LIPPINCOTT S, SPEER J, et al. Library-as-Publisher: capacity building for the library publishing subfield[J]. Education and Training for 21st Century Publishers, 2014, 17(2): 1–15.

② Library Publishing Coalition[EB/OL]. [2019–08–08]. https://librarypublishing.org/.

③ 森德勒. 工业 4.0——即将来袭的第四次工业革命［M］. 邓敏，李现民，译. 北京：机械工业出版社，2014.

④ 水木然. 工业 4.0 大革命［M］. 北京：电子工业出版社，2015.

一场小打小闹，而是一场"大革命"，将对人类社会的发展产生深远影响。第二，相对于之前的工业 1.0、2.0 和 3.0，工业 4.0 强调的是"智能工厂"和"智能制造"。第三，人们对是什么导致了这种变化形成了一致意见，即：以人工智能、大数据和移动通信等为代表的颠覆性技术突飞猛进的发展是这场大革命产生的根源。

何为颠覆性技术突飞猛进的发展？2014 年美国麻省理工学院的 Erik Brynjolfsson 和 Andrew McAfee 合著了一本书，书名叫 *The Second Machine Age*（《第二次机器时代》），这本书一经出版就成为畅销书，为工业 4.0 概念的提出做了很好的助攻。然而，该书出版仅两年，作者于 2016 年又再版该书。按照作者的说法，在两年的时间里，以人工智能和大数据等这样的颠覆性技术的发展速度太快了，他们不得不对第一版做修改和补充。以下是该书第二版前言第一段：

> 在我们出版了《第二次机器革命》的两年时间里，技术进步的节奏和广度继续令我们惊愕，我们对之感到有些害臊。理解技术向何处发展，毕竟是我们为了谋生所要做的。令我们略感安慰的是，我们认识的很多杰出的极客（geek）也承认，长期以来，他们也低估了事物运行的速度。有些我们最信任的企业家、投资人、科研工作者和高管跟我们讲，基于技术的未来正在以比他们认为的速度快得多的态势来到我们的面前。[①]

该书中所提的第二次机器时代，是相对于 18 世纪下半叶开始的英国工业革命而言的，即作者称之的第一次机器时代。作者借用莫里斯（Ian Morris）在其名著 *Why the West Rules—For Now: The Patterns of History, and What They Reveal about the Future*（《西方将主宰多久：东

---

① BRYNJOLFSSON E, MCAFEE A. The second machine age[M]. New York: W. W. Norton & Company, Inc., 2014.

方为什么会落后，西方为什么能崛起》）重点论述的人类社会发展指数（human social development index）对人类社会发展之意义的观点①，指出以瓦特发明的蒸汽机为代表的第一次机器时代产生的各种机器，使人类摆脱了以往只能依靠自己和其他牲畜的肌肉力量从事劳动的局限，为人类从事各种生产活动提供了史无前例的巨大动力或能量，从而导致人类社会发展指数曲线在此时急剧向上发展，如图3所示：

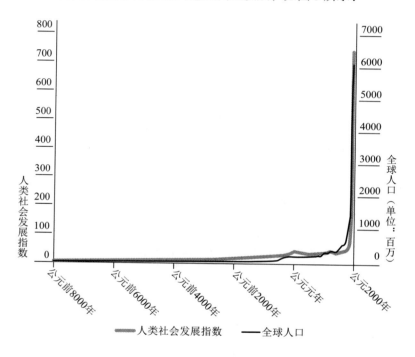

图3　人类社会发展指数②

图3中，左立轴是人类社会发展指数，右立轴是人口总数，横轴是时间。从图3我们可以看出，自公元前8000年到公元18世纪下半叶近一万年的时间里社会发展指数从来没有突破50，全球人口也从未达

①　MORRIS I. Why the west rules – for now: the patterns of history, and what they reveal about the future[M]. New York: Farrar, Straus and Giroux, 2010.

②　BRYNGOLFSSON E, MCAFEE A. The second maching age[M].2nd ed. New York: W. W. Norton & Company, 2016: 5.

到8亿。在《第二次机器革命》一书中，该图上原有题标：Numerically Speaking，Most of the Human History Is Boring，即：如果用数字说话，在人类发展历史的大部分时间里，我们基本上是平淡无聊地过日子。然而，这一切都随着第一次机器时代的来临而发生了巨变：从18世纪下半叶到公元2000年短短的250年里，社会发展指数超过了700，人口也超过了60亿，分别是之前的14和7.5倍，这是250年与1万年之间的对比。

以第一次机器时代为背景，作者认为，以人工智能和大数据为代表的颠覆性技术的突飞猛进预示着第二次机器时代的来临。两个时代各有自己的机器，瓦特蒸汽机使人类突破了肌肉力量的局限，而人工智能和大数据等技术则极大地提高了人类大脑的能力，更为重要的是这种能力的提高程度是划时代的，最突出的例子就是2016年3月8日到3月15日经过五番棋大战，机器人AlphaGo以四比一击败世界围棋顶级高手李世石。

工业4.0或第二次机器时代的来临一定会影响到人类社会各个领域的状态，作为人类活动重要组成部分的教育当然也就不可能不受影响。森德勒的书共有八个章节，其中七章中均或多或少提及教育在这场变革中的意义。教育4.0也在此背景下应运而生。

关于什么是教育4.0，目前还没有一个被普遍接受的定义，人们更多地是对这一概念进行描述。在众多描述中，菲斯克（Peter Fisk）2017年初在其个人网站上对教育4.0的阐释，得到了广泛的肯定。就教育4.0相关的未来发展趋势，他从以下九个方面提出了自己的认知①：

（1）学习时间和地点的多样性（Diversity of Time and Place）；

（2）学习更为个性化（Personalized Learning）；

---

① FISK P. Education 4.0 ... the future of learning will be dramatically different, in school and throughout life[EB/OL]. [2019-08-08]. https://www.thegeniusworks.com/2017/01/future-education-young-everyone-taught-together.

（3）学生拥有自由选择权（Free Choice）；

（4）基于项目的学习（Project Based）；

（5）实地经验（Field Experience）；

（6）数据理解（Data Interpretation）；

（7）彻底改变的考试形式（Exams will Change Completely）；

（8）学生在课程设置与规划时的参与权（Student Ownership）；

（9）个别辅导的重要性（Mentoring will Become More Important）。

根据菲斯克的阐释，虽然教育 4.0 涉及学习活动的各个方面，但概而言之，关键还是远程教育者所熟知的"3P"理论。

笔者曾经从事过远程教育的教学和研究工作。这个经历使我对远程教育有如下认识：远程教育工作开展的好与坏取决于是否做好三个"P"：第一个 P 是指教学内容（Pages of Contents），第二个 P 是远程学习的参与者，如学校、教师和学生（People Involved in Distance learning），第三个 P 是教学渠道（Pipe）。三个"P"的关系是，远程学习的提供方（学校和教师）组织教学内容，并通过基于技术的渠道将之传给接受者（学生）。自从基于印刷术和邮递技术的函授教育（最早的远程教育形式）发展至今，远程教育已有 500—600 年的历史，因技术的发展，教学渠道或手段也随之变化，新技术创建了能够更有效服务于远程教育目的的手段。从这一点出发，基于新技术的教育 4.0 也是远程教育发展的延续和突破，具体例子就是慕课的兴旺发达和诸如优达学城（Udacity）[①]与 Woolf 大学[②]这样的新兴远程教育机构的出现。

关于教育 4.0 的意义，从英国信息系统联合委员会（Joint Information Systems Committee, JISC）的首席执行官保罗·费尔德曼（Paul Feldman）的言论可窥见一斑。2018 年 9 月 12 日，费尔德曼在 JISC 官方博客上发文，题目是"The potential of Education 4.0 is huge–the UK

① Udacity homepage[EB/OL]. [2019–08–08]. https://cn.udacity.com/.
② Woolf homepage[EB/OL]. [2019–08–08]. https://woolf.university/.

must take the lead, now"（《教育 4.0 的潜能巨大，英国必须领先，刻不容缓》）。从文章的标题就可以看出，他把教育 4.0 上升到国家战略高度，强调"英国必须领先"，而且"刻不容缓"。他在文章最后一段有这样的警告：

> 教育是到了变革的时候了——学生将对之有期待，如果我们英国不变革，别的国家则会做。在我们讲这些时，如果中国的大学对之没有行动，我会感到惊讶的。①

如前所述，尽管我们还不能清晰地描述第二次机器时代和工业 4.0，但是它对各个领域的影响是毋庸置疑的。教育 4.0 已经在路上，为教育服务的高校图书馆的变革也迫在眉睫。

四十年前开始的对图书馆是否仍有存在意义的争论至今还在继续。在国内业界，这一争论由于 2018 年初张晓林先生发表的一篇文章而达到了另一个高潮。该文开篇从"图书馆员工被取代"说起，而这一论点的提出则是基于三个权威机构发表的报告或文章，其中两个有直接针对图书馆的内容。一个是牛津大学于 2013 年发布的《未来就业》的报告，其中说到 65% 的专业馆员的工作将被计算机取代。另一个是《福布斯》杂志于 2014 年 7 月发表的一篇文章，文中主张关掉图书馆，取而代之的是为读者订购 Kindle 无限阅读账号。文章开篇之后，张晓林先生更多的是根据新技术的发展给环境带来的变化和可能性的角度论述了图书馆必须变革。文章的最后一句是这样的："图书馆的历史就是一个充分利用技术发展、不断提升服务能力和贡献的历史，新技术

---

① FELDMAN P. The potential of education 4.0 is huge-The UK must take the lead, now [EB/OL]. [2019–07–08]. https://www.jisc.ac.uk/blog/the-potential-of-education-4-is-huge-the-uk-must-take-the-lead-now-12-sep-2018.

变革只是给我们提供了更多的发展潜力和发展资源，我们理应成功。"[①]笔者认为张晓林先生在开篇时所做的那些足以令无数从业者心惊肉跳的引证，其目的是唤醒从业者的危机感，而文章的最后一句话才是他撰文的最终目的：环境变化是自然而然的，任何变化都有"危"与"机"；能化危为机者是智者，智者之所以为智者，常常是因为善于思考，更长于行动。

塞尔苏斯图书馆 4 座女神雕像的寓意、威尔金的四柱石论以及我的四维度说，都证明一个基本事实：图书馆是人类文明延续所必需的存在，但是要跟随社会发展的步伐适时变革。从第一次产业革命开始到第四次产业革命来临，图书馆的形态、馆藏、服务、技术等都发生了翻天覆地的变化，证明了另一个事实：无论是主动应变还是危机意识使然，图书馆人都能与时俱进，跟上时代变化的脚步。当教育 4.0 方兴未艾，当我们已经意识到图书馆必须变革之时，我们面临的最急迫的任务是变什么？怎样变？前进的道路上要克服哪些困难才能走向光明？

在过去几年，图书馆界对此进行了广泛且深入的讨论，取得了一些成果，具有代表性的是美国印第安纳大学图书馆馆长刘易斯（David W. Lewis）的贡献。他撰写的 *Reimaging the Academic Library*（《高校图书馆再映像》）从 6 个方面论述了高校图书馆面临的环境变化，并且提出了相应的对策：

表 1　高校图书馆面临的环境变化及对策 [②]

环境变化	对策
颠覆性技术的涌现	定义我们的工作
数字化文献的增长	创建图书馆新型空间

①　张晓林.颠覆性变革与后图书馆时代——推动知识服务的供给侧结构性改革［J］.中国图书馆学报，2018（1）：4-16.

②　LEWIS D W. Reimaging the academic library[M]. Lanham, Maryland: Rowman & Littlefield, 2016.

环境变化	对策
纸质图书在改变	降低纸质馆藏量
新型学术研究成果记录方式	存储数字内容
关于信息的经济学	有效使用馆藏资源建设经费
人的因素：专业图书馆馆员	应用智慧机器

续表

在提出上述 6 个方面的变化和对策的基础上，刘易斯进一步指出了我们现在应该做的 10 项工作：

（1）降低纸质资源占比；

（2）制定一个空间规划；

（3）制定文献资源建设经费预算，迎接传统出版模式向开放获取模式的转换；

（4）为学校学术成果的收集、获取和存储提供支持；

（5）专注于图书馆规划确定的特藏建设，并为之筹措资金；

（6）在教学计划中加入能够有效创建和消费信息所必需的技能；

（7）了解本机构的人员状况，制定图书馆招聘专才的计划；

（8）对本馆文化做恰当的调整；

（9）支持网络化工具和服务的开发及可持续发展；

（10）推销这种变化。

刘易斯阐述了在颠覆性技术的影响下图书馆在资源、空间、服务等方面的变革，这种变革也涉及专业馆员和组织文化的变革。变革必然会有阻力，因此刘易斯最后强调要"推销这种变化"，以减少来自人为的阻力。当前，我们所说的一切变革都是对可预见的未来所做的反应，技术进步的速度往往会超出人们的想象，对于还不能预见的未来，我们也难以想象图书馆需要什么样的变革，唯一能够确定的是图书馆需要不断地改变。改变的前提是要坚守图书馆的本质，这个基本原则具有普遍意义，能够经受历史、现实和未来的检验，并在检验的过程中得到提升。正如阮冈纳赞所说："我们无法完全预料图书馆这个生长着的有机体的发展还将经历哪些阶段……作为全球性教育工具的图书馆的基本原则将会贯穿于图书馆发展的各个阶段。"①

学术型图书馆变革中还需要明确的一个问题是对技术的定位。颠覆性技术对图书馆的影响是其变革的主要动因，也是图书馆实现价值的手段。但技术是一种需要选择的手段，选择的标准是视其能否提高工作效率和质量，能否提高读者的正面体验，不能简单地为追求新技术而盲目应用。

颠覆性技术突飞猛进的发展给人类生活的方方面面带来了重大影响，图书馆不可能是这个变化过程中的世外桃源。在欢呼新技术为我们人类带来种种益处的同时，我们也不能忘却我们人类与生俱来的人文主义情怀。

针对人工智能（Artificial Intelligence, AI）技术的发展，基辛格（Henry Kissinger）从哲学意义和知性意义两个方面认为人类社会在各个方面还没有为 AI 的兴起做好准备，并对 AI 提出了一系列的严肃问题：

> 机器将人的体验降低至用于数学计算的、由机器自身具备的记忆来理解的数据，在一个充斥着这种机器的世界里，意识是如何定义的？谁为 AI 的行为负责？怎样确定它们因为犯错而承担的责任？人类设计的法律体系能否跟上一个 AI 所产生的活动的节奏，这个 AI 是否具备超越人类思维，而且具有驾驭人类的潜能的？②

为此，他呼吁：

① 阮冈纳赞. 图书馆学五定律 [M] . 北京：书目文献出版社，1988: 336–337.
② KISSINGER H. How enlightenment ends[J]. The Atlantic Monthly, 2018(5): 11–14.

美国政府应该考虑成立一个由杰出的思想家组成的总统委员会，以帮助建构一个国家级的愿景。有一点是确定无疑的：如果我们不马上在这方面做出努力，不久之后我们就会发现，我们开始的太晚了。[①]

这种人文主义情怀或关心在《第二次机器时代》一书中也有浓墨重彩的强调。我认为，由于工作性质，图书馆人是最具人文关怀的职业人之一。在我们承认"新技术变革只是给我们提供了更多的发展潜力和发展资源"[②]，并努力开发和利用这种潜力和资源的同时，塞尔苏斯图书馆的4座女神塑像的象征意义，以及威尔金"四柱石论"或我的四维度说所揭示的我们这个职业的工作范围，永远能够指导我们的实践工作。

四、结语

写这篇文章时，我在南方科技大学的第一个任期就要结束了，估计学校会再给我一个任期。如果真能再为南方科技大学服务几年，我就会在南方科技大学结束自己的职业生涯，这是我的幸运！逢此之际，我不可能不思考今后几年再为图书馆做些什么。

一所图书馆的命运是与其母体机构发展息息相关的。南方科技大学是深圳市政府和人民下大决心、大投入，以一流高校为标准建设的高等学府，发展至今，其间虽然经历了一些波澜，但总的趋势是向好向上，特别是在过去的五年，所取得的成就有目共睹，没有辜负深圳人民的期待。我相信，随着经验的积累和丰富，尤其是贯彻"扎根

---

① KISSINGER H. How enlightenment ends[J]. The Atlantic Monthly, 2018(5): 11–14.

② 张晓林. 颠覆性变革与后图书馆时代——推动知识服务的供给侧结构性改革［J］. 中国图书馆学报，2018（1）：4–16.

中国大地，办一流大学"这一精神不动摇，南方科技大学没有理由办不好。

在南方科技大学图书馆于2017年10月公布的名为《迈向2020年——南方科技大学图书馆战略规划》的战略规划中，关于南方科技大学图书馆的愿景和使命，我们是这样说的：

> **愿景**：作为学校创知、创新、创业事业中不可或缺的一员，图书馆将成为校园里一个便捷而又卓越的知识与学术活动中心。
>
> **使命**：通过满足师生的信息和育人需求，图书馆为学校在教学、科研和创新方面的学术追求提供支持与服务。

这两句话看似不难，但真正地逐字落实，实属不易。愿景要说明"我是谁"，而使命则要突出"我做什么"。我记得，我们与两位美国专家反复推敲后才确定了文字，先英文，后中文，虽然我们在翻译上下了很大功夫，中文仍有些许翻译的味道。

过去的三年里，图书馆的同事们与南方科技大学所有教职工一样，勤奋努力，在愿景和使命的指导下，脚踏实地、按部就班地完成战略规划中列出的一项项工作，其间所表现出的工作态度和职业精神都应予以赞扬。通过努力，南方科技大学图书馆在空间、资源、服务和技术四个方面都发生了令人瞩目的变化，其成绩得到了校内外广泛的肯定。2019年10月《图书馆论坛》网络版发表了我写的文章《过去、现在与未来——我的南方科技大学图书馆之路》。该刊副主编刘洪同志在审阅稿子后对责任编辑说：

> 我觉得，这篇文章信息量很大，里面有很多点值得挖掘，形成系列文章，展现出中国当前最红的成长性高校的图书馆的变革，对业界有很大的示范效应，这也是对深圳"示范区"这个新定位

的一个呼应。不知道你的那个同学是否可以与他的馆长沟通，组建研究团队，进行规范研究，既是对他们馆创新变革的一个系统梳理，总结经验，昭示未来；也是对行业产生价值，产生示范作用，促进高校图书馆发展；更是对图书馆同人的一个厚爱，有这样的成果，同事可以分享，是一个福利。

对刘洪同志的这个评价，我既感到欣喜，也感到诚惶诚恐，也正是这种矛盾令我谢绝了他的好意。

我们在过去的三年里所取得的成绩，首先是在前任燕今伟馆长带领当时的初创团队所做工作的基础上完成的。本文集中有专门讲初创期的文章，从中可以看出当时工作之艰难。没有这个艰难创业过程，今天的成绩是不可能取得的。其次，坦率地说，我们的所作所为不敢自诩"创新变革"。如果对标真正的一流大学图书馆的工作，我们做得更多的是补缺失和短板。在这个过程中，我们强调的是把握方向、找准问题、行动要快、效率要高。我们所做的还只是初步的工作，还需要在实践中完善、加深加厚，只有成熟起来，才可以予人示范。最后，我个人是一个不喜欢高调的人，"踏踏实实埋头做"是我的人生哲学。我相信"酒香不怕巷子深"，如果我们真的到了可以示范的那一天，在信息交流如此发达和便捷的当下，来品酒，甚至求一醉方休者，自然会络绎不绝。

过去的三年，对我们而言最重要的事情是我们建立起了充分的信心，我们能够为南方科技大学早日实现一流大学的抱负做出我们的贡献。关于今后我们要做什么，刘易斯的十项工作中已经说得很明白了。与此相对照，我们做得比较出色的在其中第 1、2、3、4、5 和 9 项，其他项尚须努力。关于其中第 3 项所提的"迎接传统出版模式向开放获取模式的转换"，虽然这是未来发展的趋势，但在中国目前的环境下，实现开放获取仍举步维艰，问题的关键是我们没有一个全新的、有利于开放获取推广的科研评价体系。这也是为什么欧盟在开放获取推广方面远远领先于中国的根本原因。南方科技大学图书馆目前能做的就是密切关注有关动态，积极响应有关倡议，为这种转换的落地和实施做好准备。

作为馆长，我关注的另一个方向性问题是科研数据管理。以南方科技大学机构知识库建设为例，目前确定的建设目标是管理学校的知识产出，这个知识产出实际上是指期刊论文、会议论文、博硕士学位论文等科研成果。随着技术条件的成熟，也应各级科研资助机构日益提高的要求，管理科研过程中产生的数据也提到了议事日程。这是我们图书馆工作者应当主动承担的责任，尽管我们在技术能力上还有待提高。

一项事业的开展最关键的是从事这个事业的人，作为新兴大学的南方科技大学是如此，其图书馆亦是如此。图书馆的队伍建设直接关系到我们建设一流高校研究型图书馆的目标，这是我们工作的重中之重。作为馆长，我将重点开展以下工作：

（1）加强与国内外一流高校图书馆的交流，扩大自己的视野，与本岗位工作相联系，知晓什么是最佳实践（Best Practices）；

（2）强调专业研究的重要性，力争每个专业馆员都成为本岗位的行家里手；

（3）提高交流能力，与各服务对象（机构和个人）建立有效的联系；

（4）加强图书馆的营销（Marketing），让服务对象知道你能做什么，能给他们带来什么益处；

（5）强调由多学科（图情专业、理工医专业、人文社科专业）、多层次（学士、硕士、博士）构成的专业队伍建设，以利于提供既保证质量又符合成本效益的各种服务。

不立宏大之愿，但效周公吐哺。我和我的同事一定会继续努力！

启动校区的图书馆、读者和我

周嘉颖 *

　　2011 年初，我来到南方科技大学工作。那时学校刚刚成立，位于现在已成为深圳大学西丽校区的启动校区。图书馆在筹备中开放，读者只有教改班的 45 名学生和为数不多的老师，我是刚从大学校园走出来的职场新人。初创的图书馆小而温馨，逐梦的学子和新建的学校经常陷入舆论的漩涡，我则经历着从学生到职员的转变。一切都刚刚崭露头角，一切都充满了希望，等待着一场华丽的蜕变。

　　初创期的南方科技大学没有创立图书馆的经验，便与距离最近的深圳大学城图书馆合作办馆。由他们提供人力物力支持，包括业务培训、纸质图书借用、ILAS 管理系统的使用、报刊采购等。我在大学城图书馆参加了两周紧张的业务培训后，走上了工作岗位，成为一名普通的南方科技大学图书馆馆员。依然清晰地记得，那时的图书馆位于教学楼里，楼外生长着异常茂盛的小野菊，与红色的楼体很相衬，既庄严又活泼。在教学楼一楼的右侧，两间教室便是最早的"南方科技大学图书馆"。一间放文科书，一间放理科书和报刊，干净整洁，小而温馨。

　　2010 年，学校已招收了第一届教改实验班的 45 个学生。图书馆紧张有序的筹备工作就是为了迎接他们入学。2011 年 2 月 28 日，在大学

＊周嘉颖，南方科技大学图书馆财务与资产专员。

城图书馆的帮助下，南方科技大学图书馆在第一届新生入学的当天正式开馆，迎来了她的第一批读者。

启动校区图书馆的工作人员很少，每个人都要身兼数职。我的工作范围涉及文献资源建设、流通服务、阅览室管理等，通常白天在办公室做图书采访，若轮到值晚班，则要到服务台待到晚上 10 点。这种工作模式的好处就是与读者亲近，能密切关注到他们的需求，知道他们最常浏览的和借阅的是哪些种类的图书，在采访时就会特别注意这些类目；同时，也能直接了解到图书借阅量的多少，分析是图书质量问题还是读者兴趣所致。值班时，经常会有学生跑过来闲聊几句，我可借此机会了解他们的阅读兴趣和关注点，为图书采访提供参考。

那时候我住在学校，有一段时间为了赶图书采购进度，经常加班到晚上九十点钟，回宿舍时，迎着皎洁的月光，踏着那条窄窄的小红砖路，路两边的杂草丛里蛙声震天，此起彼伏，好像在说"终于下班了，欢迎回来呀"。虽然小路上没有灯，但伴着蛙声，我倒是一点都不害怕，远远看到宿舍楼里稀稀疏疏亮着的灯光，感觉格外静谧。

环境静谧，人也就不急躁了。记得有个学生借了图书馆的书，用铅笔很认真地在书上写了一堆的笔记。我们发现后，按照图书馆的规定，请他擦掉笔记后再归还。学生虽然很不舍，但听了我们的解释后，欣然接受了处理意见，将书一页一页翻开，用橡皮擦认认真真地擦掉笔记，恢复了图书的原样。

启动校区的校园里人少，地方也小，人与人之间的距离也就近了。于我而言，最接近他们的时候当然是在图书馆里。虽然图书馆功能很单一，只是作为借还图书和自习的场所，但学生们很喜欢来这里，或浏览图书，或安安静静地自习，或低声讨论问题。哪位同学经常来图书馆，坐在哪个位置，甚至哪位同学喜欢借阅什么类型的图书，我多多少少都会注意到。日子久了，我能准确无误地认得四十几位同学。周末，大部分学生都去校外了，还是有几个学生安安静静地坐在靠窗的位置，低头认真阅读或抬头托腮望向窗外。在喧嚣的大都市里，这简直就是一幅难得的岁月静好的画面。一位教改班的同学回忆道："那时候很喜欢在一个特定的位置，抬头便是校园里铺满的野花，一季紫色一季黄色。在深圳短得可怜的秋天，还能打开窗吹到舒服的凉风。"我也时常回忆那时的图书馆，可以开窗吹风，看风景，听鸟虫鸣叫。夏天的蝉鸣、雨天的蛙叫，还有风拍打窗帘的啪啪声，伴随着学生的学习时光，充满了生活的气息。

图书馆学家杜定友说："凡是要阅读书报的人，都是可爱的……手执一卷，埋头伏案，宁不可爱？"南方科技大学的学生是出了名的忙碌，忙碌的很大一部分就体现在图书馆里的专注和"可爱"。这种状态伴随着图书馆度过了忙碌纷扰的初创期，仍然在现在的图书馆里传承着。

A. M. 卡特（Allan Murray Cartter）说"图书馆是大学的心脏"。我想，启动校区的图书馆就是南方科技大学心脏第一次跳动的地方。随着学校的发展，启动校区完成了它的使命。2013 年 7 月，南方科技大学图书馆从启动校区的教学楼搬进了新校区的独立馆舍，就是后来由香港慈善家冠名的琳恩图书馆。与启动校区的图书馆相比，琳恩图书馆的面积增加了几十倍，现在已建设成为一个真正的研究型图书馆。我也从一名采访馆员成长为行政管理馆员，从一个行政管理新手成长为一名略有经验的"老人"。

我庆幸加入南方科技大学，成为一名"南科人"，也感恩南方科技大学图书馆带领我一路向前。

图书馆初创期的探索与实践

王 伟[*]

  首次听说"南方科技大学"还是在 2009 年初秋的一天，当时我从新闻报道中得知，深圳市将要聘请中国科技大学原校长朱清时筹建南方科技大学。当时我对所听到的信息并未特别在意，感觉无非就是又增加了另外一所"深圳大学"而已，还因为我当时正服务于清华大学，并不觉得自己会与南方科技大学有任何联系。2010 年初夏的一个午后，我收到朋友发的一个链接，好奇地点开一看，竟然是南方科技大学图书馆招聘的信息。我快速浏览了招聘需求，并与自己的现有条件在内心默默地做了对应，貌似可以投简历，虽然当时并不情愿离开现有的工作岗位，但还是认真准备了一份个人简历，抱着试试看的态度发了出去，很快就收到了笔试通知。直到现在我仍然记得 9 年前第一次踏入南方科技大学启动校区大门的情形。启动校区是游离于大学城之外的独立校区，曾经是南开大学金融学院的办学场所，由四座红色小楼构成：行政楼、教学楼、食堂和宿舍楼。当时尚未招收首届实验班的学生，整个校区空旷而落寞，运动场上长满了杂草，行政楼内很多房间都是空置的，这一情景与后来教育部批准南方科技大学正式建校后，普遍存在的办公空间告急的状况简直天壤之别。依稀记得笔试前，朱清时校长接见了所有参加笔试的人员，并说了一

  * 王伟，南方科技大学图书馆知识管理馆员。

些欢迎和鼓励的话，这是我第一次亲眼见到了被媒体广为宣传的朱校长。他发言时语调不高，但态度和蔼，亲和力很强。笔试的题目主要是考察应试者对南方科技大学办学理念的了解程度和个人见解，很多应试者都是海归派精英，所以我没对笔试抱很大的期望。在几乎已经忘记这件事的某日，我竟然意外地接到了南方科技大学人力资源部打来的电话，通知我去参加面试。我当时的心情激动而复杂，根本没想到我能如此幸运地即将结缘南方科技大学，虽然在后面进入南方科技大学的过程有些曲折，并没有原先料想的那般轻松，但或许是我的执着和坚持起了作用，使我最终如愿以偿，开启了新的工作征程。

一、启动校区图书馆在艰难中运营

南方科技大学筹建初期设置的工作部门并不多，图书馆是最早成立的部门之一。当时学校建设刚刚起步，工作人员基本都是从深圳市内各个单位借调来的，还无法大规模向外界招聘专业技术人员。图书馆的筹建思路同样也是先从"借"开始。当时启动校区除了有教室和桌椅外，不具备真正意义上的高校图书馆所应具备的任何条件。距离南方科技大学最近的深圳大学城图书馆是该片区最具规模和实力的图书馆，经双方商谈，对方非常愿意为南方科技大学图书馆的筹建提供人力、物力和技术等全方位的支持。2010—2011年，深圳大学城图书馆不仅借给了南方科技大学一万册精选图书并免费提供 ILAS 图书馆集成管理系统，还无偿提供了图书资源订购的招投标指导和采访馆员业务培训，为南方科技大学图书馆的筹建提供了很多帮助。

启动校区图书馆仅能向教师和学生提供少量的纸质图书资源，与真正意义上的高校图书馆相比，无论是信息资源保障能力还是专业服务水平都相去甚远。筹建时所借用的资源终究是要归还的，南方科技大学图书馆不可能也不应该一直依赖兄弟图书馆的支持发展。突破发展瓶颈和认知的局限，配合学校的目标定位和发展理念，建设世界一流且具有国际视野的高起点图书馆，本应是南方科技大学图书馆人需要考虑的问题，但当时受制于诸多现实条件，一度处于原地踏步的状态。在缺乏系统规划和图书馆专家引领的情况下，按部就班地维持启动校区图书馆的运行，是建馆初期南方科技大学图书馆的真实写照。

启动校区图书馆分为读者服务组和馆藏资源建设组。读者服务组有四位馆员，负责管理在架图书和报刊、开展借阅服务等简单工作。馆藏资源建设组有三位馆员，负责纸质图书的采访工作。由于启动校区招聘的老师人数很有限，且多从事教学工作，图书馆还能暂时借用深圳大学城图书馆订购的数据库，所以电子资源尚未列入采购规划中。彼时的馆藏目标是实现藏书零的突破，逐步建立起南方科技大学图书馆自己的馆藏体系，逐步清还从深圳大学城图书馆借来的纸质图书。

2011年5月，南方科技大学图书馆纸质资源建设正式启动，在深圳大学城图书馆的指导下我们完成了图书供应商的招标工作，从而确立了资源采购的正规渠道；还参照深圳大学城图书馆的采选原则，制定了早期简化版的南方科技大学图书馆纸质资源采选标准，这算是图书馆建设初期为数不多的规范文档。采购的纸质图书资源主要是中文图书，辅以少量的西文图书。在馆藏资源建设方面图书馆早期也走了一些弯路，比如由于学校的院系设置和学科建设处于探索阶段，直接影响了图书馆馆藏资源建设思路和方案，加上当时从事采访的馆员经验不足及零馆藏状态等种种原因，在早期图书馆纸质资源的采购中过于追求量多种类全，造成馆藏图书复本量多、质量参差不齐，图书的借阅率不够均衡等问题，并为新校区图书馆空间使用造成极大的压力。

编目工作是图书馆工作的重要一环，不经编目的图书无法有序分类上架并提供借阅。当时从事这一工作的馆员是做读者服务出身的，不具备编目审校的专业能力，学校领导也不同意继续招聘图书馆专业人员。系统学习编目理论和实操所需时间太长，唯一解决的办法就只能"内部挖潜"，将现从事读者服务的一位馆员选派到大学城图书馆编目部接受临时业务培训，边学习边摸索，凭着一股韧劲，竟也完成了初期购买的近3万册中文图书的编目工作。西文图书编目的规则不同于中文图书，加上中文图书编目工作量大，无法由一位编目员完成所有的编目工作，于是派另一位馆员参加全国西文编目员的业务培训。这样一来，启动校区图书馆常规的"采、编、流"业务体系就基本搭建完成，当初招聘的几位馆员也被培养成了"救火队员"，正所谓"哪里需要挡哪里"。

启动校区图书馆于2011年2月成立，2013年7月整体迁入新校区，这一时期是南方科技大学图书馆羽翼渐丰、逐渐走向正规化的过渡时期。如果说新校区图书馆的开馆是南方科技大学图书馆新的征程和起点，启动校区图书馆的搬迁则是完成了最初使命的全身而退，那里曾经挥洒过南方科技大学图书馆人历尽艰辛、苦苦探寻的汗水，也寄托着"南科人"在初创期难以抹去的美好记忆。记忆中除了工作之外，还有食堂里每日供应的可口自助餐、路边被累累硕果压弯了枝条的杧果树、曲径通幽的小径及前来报到的新"南科人"。

二、创建新馆舍

历时近三年的新校区建设完工后，深圳市工务署把一期建筑群整体移交给学校。在启动校区的最后半年里，如何打造新校区图书馆和旧馆整体搬迁工作就被列入重要工作日程。学校负责新校区的各项采购统筹招标，但各部门须提出具体方案和需求，如建筑物内部空间划分、家具选型、仪器设备配置、搬迁规划等事宜。为此，图书馆特意成立了以李丕懿老师为组长，我和谢康苗老师为成员的新馆规划工作小组。大家分工协作，丕懿老师负责协调图书馆与其他职能部门之间的沟通及家具选型工作，康苗老师主要负责新馆仪器设备的配置及图书馆资产的总体搬迁工作，我则负责新馆图书上架布局的总体规划、参与家具选型、新馆内部标识系统的需求与制作、图书馆网站建设的前期调研工作。

规划工作开展初期，各种现实困难是我们不得不面对的棘手问题。

新图书馆拥有令人瞩目的创意外观。进入新校园，首先映入眼帘的就是静水浅流环绕的新图书馆大楼，它是南方科技大学的标志性建筑之一，是校园网红建筑。开馆初期，新图书馆大楼就吸引了无数建筑设计师观摩拍照，也是来校访客参访的首站。时至今日，图书馆的建筑外观图片仍然时常作为配图出现在各大媒体有关南方科技大学的报道中。然而，由于在设计过程中缺少图书馆专业人士的参与，设计师仅凭个人对图书馆的理解独立创作，导致图书馆内部空间的实用性差了很多。比如位于三楼中部的阶梯，占地面积不小，但利用率却并不高，设计时此处借鉴了公共图书馆的"休闲式"设计思路，却不符合高校图书馆读者的使用需求。整个图书馆阅览区的灯具设计不合理，光照度不够，在有些区域读者不得不依靠台灯增加照明亮度，严重影响了读者的阅读体验。研究间和电子阅览区单一的大通排设计，没有充分考虑到读者的个性化需求，显得有些单调呆板。两个图书馆报告厅的设计也存在上下台阶之间过陡、各排座位间距过小的明显缺陷，给后期的家具配置带来不小的麻烦。由于学校没有额外的装修改造费用，对于新馆建设小组来说，想改善已经建成的空间，实在是巧妇难为无米之炊，可发挥的余地非常有限。当时的情况，只能先选择接收整体馆舍，然后在力所能及的范围内做微调。

在局部功能设计过程中，仅凭图纸很难有直观的现场即视感。图纸和实物经常出现不一致的情况，如在图纸上地下室内还有大片空间可以考虑建密集书库，但实际上地下室基本被中央机房所占满；原本以为编目室有很大的存放空间，但在其长条形过道上方却是斜坡形天花板，根本无法在这一空间开展工作。诸如此类的问题很多，图书馆工作人员不得不多次去工地实地考察，力求将图纸和实际空间一一对应，合理规划有效空间，降低功能区域设计的误差范围。

关于图书新馆内部布局，优先考虑的是几万册图书的排架问题。新馆共分三层，每层的容纳空间和结构布局都不同，所分配书架的数量也不相等，而是根据实际空间大小分配。为了能准确分配22个大类图书的上架空间，我查阅相关文献资料，并向有过新馆建设经验的同行求教，然后从系统调出每类图书的具体数量，再结合每层楼所能容纳的藏书量、预留今后图书上架的空间大小、各类图书之间的相对独立性和连续性以及读者查找图书路径的便利性等综合因素，制定了新馆的排架方案。为使图书搬迁工作有序开展，所有图书按索书号顺序打包，外包装上也做了编号，以便搬家公司将3万册图书准确地一步到位地运送到新馆不同楼层的指定地点。整个搬家过程有条不紊，图书量多而不乱。

在搬入新馆前，还有两个重要问题需要解决：一是家具选型；二是图书馆内部标识系统的设计。尽管学校通过公开招标选好了家具供应商和标识设计公司，但中标的家具公司所提供的家具种类不够丰富，无法按个性化需求定制产品，可供选择的家具款式有限，质量也比较一般，导致新馆家具风格比较大众化，个性化不够突出。

标识系统的设计与制作是新图书馆开馆前的最后一项工作，由学校基建办牵头，各部门提出需求。外部标识，如图书馆外的金属字可以提前出设计方案，但内部导引牌则只能等图书上架完成后才能进行。设计公司让图书馆先提需求，包括双语标识的译文。在经历了提供需求、商议设计方案、到工厂催单等细琐步骤，在新馆正式开放前，我们终于完成了一切准备工作。

三、在琳恩图书馆的初步探索

新校区图书馆于 2013 年 9 月正式开门迎接第一批读者。与启动校区图书馆相比，新校区图书馆无论是软硬件条件还是专业服务能力，都必须再上新高。同时，图书馆也结束了群龙无首的状态，学校聘请了业界知名专家——武汉大学图书馆原馆长燕今伟——担任馆长。燕馆长具有丰富的专业知识和多年高校图书馆管理经验。在他的指引下，新馆业务很快从千头万绪变得条理清晰。

原来的启动校区图书馆规模小，加之学生需求不多，查找图书馆资源的唯一方式就是直接进馆盲找。随着馆藏资源的增加，图书馆网站建设工作成为当务之急。当时我接手了图书馆网站建设内容调研和规划的任务。通过对国内知名高校以及国外大学的图书馆网站的调研，结合自身的需求和已有条件，我提出了图书馆网站的初期版本。图书馆网站在开馆之时同步上线，解决了图书馆资源查找的便利性问题。初期版与当前在用的版本相比，无论形式还是内容都不可同日而语，但这恰恰说明了任何事物都是动态发展的，我们需要不断学习总结，从读者的角度深度挖掘潜在需求，才能不断完善图书馆网站的功能并提高用户满意度。

新图书馆设立了四个工作部门：流通服务部、资源建设和编目组、信息资源服务部、行政事务办公室。其中，信息资源服务部的工作内容是之前从未开展过的。在很多高校图书馆，这个部门通常叫"参考咨询部"。我们之前一直使用的深圳大学城图书馆的电子资源到新校区后无法继续使用了，但老师们对数据库的需求远超过纸质图书，于是"文献传递"业务应运而生。为了提高电子资源的保障能力，我所在部门的学科馆员负责搜集院系的订购需求，配合资源采购小组加大电子资源的采购力度；同时，我们还先后与深圳大学图书馆馆际互借组、中国高等教育文献保障系统（CALIS）、中国高校人文社会科学文献中心（CASHL）建立了长期的业务往来，最大限度保障全校师生的各类文献资源需求，连续两年资源保障率都在 98% 以上。这些措施有效地缓解了订购资源不足的压力，增加了图书馆与师生之间的黏性，在新馆运转的前两年起到了非常重要的作用。

伴随着学校改革创新步伐的加快，人才引进数量的逐年增加，教研序列教师们申请基金和科研项目也进入常规申请期，对于各类查收查引报告的需求开始凸显。深圳大学城图书馆是该片区唯一由教育部认证的有资质的科技查新单位，本来引导教师们去深圳大学城图书馆查新是完全可行的，但考虑到教师们的时间和精力有限，深圳大学城图书馆与南方科技大学之间往来也不够便利，如果南方科技大学图书馆开展此项服务，从长远角度看将能解决很大的供需矛盾，于是我们与深圳大学城图书馆商议合作方式，最终图书馆承接了南方科技大学所有的查收查引业务。我们严格按照深圳大学城图书馆提出的要求和格式完成报告，然后由对方审核和盖章，对方在收费时给予我们每份报告七五折的优惠。这项业务的申请量一直在逐年递增。后来图书馆还承接了学校和各院系在人才引进时需要的学术论文检索查证服务，为人才引进提供学术成果的计量评价数据，有效地支撑了相关决策服务。这些都证明我们当初开展此类业务是正确的选择。为了帮教师们在申请截止日期前完成报告，图书馆工作人员在人员少任务量大的情况下，加班加点，有时还不得不放弃休假，十分辛苦。但每当看到学校公布的科研项目申请结果，会让我们感觉到所有付出都是值得的。

我的个人职业成长是伴随着南方科技大学启动校区图书馆和新校区图书馆的发展慢慢成长起来的，感谢南方科技大学给我提供了宽广的职业发展平台，给予我最大的信任和发挥空间，让我磨砺成长。我深知个人力量和智慧的渺小与微不足道，在我进入图书馆工作的 11 年里，我遇到过特别难过的坎，也有幸遇到过许多为我职业技能提升提供过帮助的人。他们让我从对图书馆行业仅有浅薄认知到渐渐喜欢和热爱它。期待若干年后，我依然喜欢图书馆这份既是职业又是事业的工作，我愿意为之努力和奋斗。

理念・实践

SUSTech
LIBRARY

从实践中来，到实践中去
——细说南方科技大学图书馆的资源建设

卢正明 *

2013 年 7 月 22 日，我来到南方科技大学图书馆工作。那时，她是一个新的图书馆，纸质藏书 5 万多册，数据库 58 个；我是一个图书馆新人，刚刚研究生毕业。

2019 年 12 月 31 日，南方科技大学图书馆已拥有纸质藏书 24.5 万多册（中文约 18.5 万册，外文约 6 万册），电子图书约 55.7 万种（中文约 38.7 万种，外文约 17 万种），各类中外文数据库 125 个。

六年来，我一直从事图书馆资源建设工作，见证了一个新图书馆的资源建设从无到有，从有到规范，从规范到专业的过程。总结这一工作时，我的脑海里涌现的是一个个问题，我想从这些问题着手，说一说南方科技大学图书馆的资源建设。

一、怎样快速建设高满足率的电子资源？

相较纸质资源，电子资源的使用受时间、地点的限制非常小，资源管理的工作也较少。对于一个新的图书馆，其累积的馆藏资源还非常少，建设高满足率的电子资源，可以更好地保障学校师生的文献需

---

* 卢正明，南方科技大学图书馆学习与科研服务部副主任。

求，也是可以快速实现的资源建设目标。

为做好图书馆资源建设，我们从两个方面开展了资源调研工作。一方面从资源的角度，我们整理了和学科相对应的核心电子资源（数据库）清单。选择最近年份的国内外大学排名（如 QS 世界大学排名、US News、THE 大学排名、教育部学科评估等）中相应学科排名前列的学校，整理这些学校的图书馆在相应的学科收录的数据库清单，按数据库被收录的学校数量标注数据库的学科重要性。另一方面从读者需求的角度，我们以图书馆和院系座谈会的形式，请院系教研人员根据自己对资源的需求对上一步整理的学科核心资源清单评分，并补充他们认为重要的但未被列入的资源。据此，我们可以得到符合学校教研需求的学科核心资源清单，并据此进行采购。我们在 2013 年时针对当时学校开设的所有学科集中进行了核心资源调研，组织了院系座谈会，之后每有新的学科或院系设立时，我们都会开展这样的调研工作。

图书馆的资源建设存在"藏为主"还是"用为主"的矛盾，电子资源特别是期刊、会议论文等一般都是逐年订阅，以获得当年使用权，因此我认为还是"用为主"。需求导向，重视绩效，节约成本，是南方科技大学图书馆电子资源建设的指导原则。基本上只要院系教师提出资源推荐，理由比较充分，图书馆都会予以采购。但在采购之后，我们也会逐年评估其使用成本：如果一个资源连续 2—3 年使用量都远低于全国平均水平，也低于馆藏同类资源的平均水平，我们会在征求院系教研人员意见后决定是否继续订购。

当前，南方科技大学图书馆已建设了高效高满足率的电子资源，我校的袁长庚老师就曾夸赞"南方科技大学的电子资源特别好，需要的都能找到"，这是对我们需求导向建设馆藏资源的最好反馈。

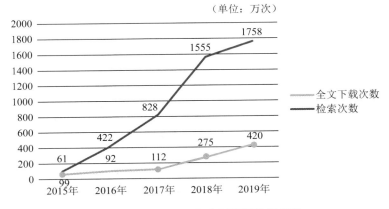

（单位：万次）

全文下载次数
检索次数

图1　2015—2019年电子资源使用趋势

二、电子图书应该怎样建设?

受限于物流运输和纸质图书实体管理等客观条件，通常图书馆很难在短期内大幅增加纸质图书的馆藏量。同时，如果不是近五年内出版的图书，也很难在市场上采购到。南方科技大学图书馆成立时间短，没有时间积淀大量的、成体系的、优秀的纸质馆藏，因此采购电子图书是我们的优选。

（一）外文电子书

外文电子书推出的时间较久，发展完善。相关出版社大都实现了"纸电同步"，并且可提供打包采购（批量采购）和按需采购（Demand Driven Acquisition, DDA）等多种采购方式，使得图书馆在一定程度上可以考虑用电子图书采购替代纸质图书采购。

打包采购是指按学科、年代或主题等打包买断，一般采购总金额高，可以获得较高的折扣，适用于重点学术出版社的图书采购，或者学科/主题与采购单位的需求匹配度高的图书采购。

按需采购，即需求驱动的采购，根据读者的实际需求与使用情况，由图书馆确定购入图书。按需采购已经发展出比较多的形式，比如循证采购（Evidence-based Acquisition, EBA），这一采购方式要求学校支付一定金额作为订阅费获得图书一年使用权，一年期满后可根据期间图书的下载量等挑选相当于订阅费 20% 金额的图书获得永久使用权。这种采购方式的优点在于可以提供较多图书的使用权且采购到实际有需求的图书，缺点在于订阅费较高，无法确认有多少书会被使用。

结合南方科技大学图书馆的采购实际，我们和供应商确认的方式为：学校不提前支付费用，但需承诺合同期内采购一定金额的图书；所有图书只开放 20% 左右的试用权，由读者的特定行为（如在线浏览全文超过 5 分钟、使用复制、下载等）触发推荐，经图书馆员批准后确认采购。这种采购方式没有订阅费，可以反映读者的需求，而且有图书馆员的审核，是较好操作的按需采购方式。

南方科技大学图书馆从成立起，每年采购外文图书的经费支出都比较多，积累了比较丰富的外文图书馆藏，形成了特色馆藏，我们希望能继续保持。

2018 年，我们分析了当时南方科技大学图书馆的外文电子书馆藏和 2015—2016 年的外文纸质图书订单的特点。从系统性收藏角度考虑，优先采购馆藏电子书占出版总量比例较高的出版社的电子图书；从学科适藏性角度考虑，优先采购纸质图书年均采购量占出版总量比例较高的出版社的电子图书。结合电子书使用情况，我们确定了 Wiley、Elsevier 和 Springer 三大科技出版社 2018—2020 年与我校学科相匹配的电子书采购方案，且不再重复采购相应的纸质图书。因为打包采购的量较大，我们获得了比较优惠的价格，相比纸质图书采购每年可节约支出 60 多万元。

表 1　南方科技大学图书馆已购电子书占比出版社出版总量排名靠前的出版社

	截至 2017 年出版总量	已购电子书	已购电子书占比	电子化比例	电子出版情况
Taylor CRC	15 000	7532	0.50	0.75	基本同步
Wiley	20 000	15 859	0.79	0.40	基本同步
Elsevier	28 000	14 553	0.52	0.90	同步或优先
Springer	130 000	97 532	0.75	几乎全部	同步或优先

表 2　南方科技大学图书馆 2015—2016 年纸质图书订单中
采购量排名靠前的出版社

出版社	2015—2016 年纸质图书订单总种数	占订单总量比例
Elsevier	2709	18%
CRC	2603	18%
Wiley	2509	17%
Springer	2369	16%
Oxford	1525	10%
Cambridge	902	6%
其他出版社	2213	15%
2015—2016 年总纸质订单量	14 830	100%

外文电子书还有一个重要的产品形式，即集成商电子书。他们收录图书不局限于某一家出版社，可以提供比较灵活的按需采购方式。我们希望通过对集成商电子书平台的图书采购，补充大学出版社、学（协）会出版社以及其他我馆未打包订购的重要出版社的电子图书，同时也将其作为读者荐购图书的重要采购渠道。为此，我们在 2019 年调研了几家重要的集成商电子书平台所收录我们关注的出版社的图书情况，并确认引入 ProQuest 电子书平台。

值得注意的是，近些年由国内图书进出口公司推出的电子书平台，如易阅通、爱学术等，收录图书的来源出版社越来越多，虽然当前的收录情况还比不上 EBSCO 和 ProQuest，但他们的资源保存在境内，对于资源长期使用的保障和快速稳定的访问有很大意义。

（单位：篇次）

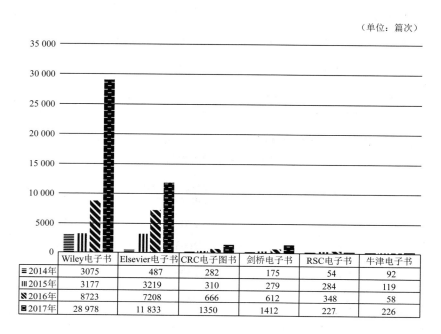

	Wiley电子书	Elsevier电子书	CRC电子图书	剑桥电子书	RSC电子书	牛津电子书
≣2014年	3075	487	282	175	54	92
⫴2015年	3177	3219	310	279	284	119
▨2016年	8723	7208	666	612	348	58
▦2017年	28 978	11 833	1350	1412	227	226

图2 南方科技大学图书馆主要电子图书 2014—2017 年下载量

说明：Springer 电子书按章节计算下载量未计入。

表3 集成商平台收录重要出版社图书情况

出版社	平台收录数量		
	EBSCO	**ProQuest**	**易阅通**
Cambridge University Press	21 729	36 014	18 457
Penguin Random House	80 094	0	0
Pearson Education	9872	3660	0
Taylor & Francis	25 456	26 051	0
Oxford University Press	25 712	23 644	0
The MIT Press	3727	2240	0

续表

出版社	平台收录数量		
	EBSCO	ProQuest	易阅通
De Gruyter	33 719	5958	34 247
Princeton University Press	7641	6753	6503
McGraw-Hill Education	971	937	0
Harpercollins Publishers	13 974	502	0
World Scientific Publishing	9246	9369	0
Cengage Learning	4171	657	3363
Macmillan Publishers	27 369	17 882	0
合计	263 681	133 667	62 570

（二）中文电子书

超星和方正是国内主要的中文电子书商。超星的特色是收录的电子图书量非常大，超过了 150 万种；方正的特色产品是教参书库，由全国 51 所重点大学的教师直接选书组成，收录超过 13 万种图书。南方科技大学图书馆选择采购这两个数据库超过 38 万种电子图书，补缺了较早年份出版的图书馆藏。但是，当前大部分电子书平台的问题在于：电子书出版时间滞后纸质书较多，且收录的大众优秀图书很少。

2018 年开始，许多优秀的中文科技图书出版社，如科学出版社、清华大学出版社、北京大学出版社、机械工业出版社等，都推出了自己的电子书平台，电子书的滞后出版时间缩短到了一年，部分出版社实现了纸电同步出版，还出现了汇合多家学术出版社的电子书销售平台，如可知电子书平台。大众阅读方面，书香在线、京东阅读、QQ 阅读和掌阅等收录了比较多的优秀图书和畅销图书，也都开启了与图书馆的合作。我们需要关注这一出版变化，思考建设中文图书馆藏的新思路。

三、如何获得电子资源的较优价格？

大部分电子资源都具备单一性的特点，很难去进行产品间价格的比较，因此我们在采购时就必须要求供应商提供明确的价格方案。在供应商提供的价格方案中，需说明资源定价是否有全国统一的方案，并列举销售给同类型学校的价格。那么，我们再去这些学校了解供应商提供的信息是否真实，就能够保证采购资源时获得的是公平的市场价格。当然，向同类型学校了解资源采购价格需要采访馆员在日常工作中与其他学校的采访馆员保持良好沟通。

由于大部分电子资源来源渠道单一，形成了卖方市场，各家图书馆都加入了全国或者地区性的资源采购联盟，以通过集团采购的形式获取比较优惠的采购价格。在集团采购中需要注意的是，采购方案中除了根据采购内容提供不同的定价，还根据学校的师生数、使用量、需绑定采购的纸质刊金额等划分了不同的价格档次，我们需要注意仔细核算供应商提供给我们的销售价格。

图书馆采购境外引进电子资源，需要通过图书进出口公司代理采购，这其中涉及资源的外币价格、汇率和图书进出口公司的代理服务费三个方面。如果资源有集团采购方案，其外币价格就由集团采购联盟谈判确定。如果没有集团采购方案，则图书馆最好自己确认资源的外币价格。可以在资源供应商的官方平台找到销售的联系方式，向资源供应商直接咨询面向本校的销售价格；很多电子期刊都会直接在其官方平台上公布其销售价格。图书馆确认外币价格后，再与图书进出口公司联系询问最终采购的人民币价格，这样可以清楚地掌握资源的价格构成，判断采购价格是否合理。

在一些情况下，如图书馆能更清楚地了解自己学校的情况，则可能争取到更优惠的价格。比如，我们在 2014 年采购 WRDS 商学院金融系列数据库时，以我校金融系师生人数非常少、用量少的理由，争取到了六折左右的价格优惠。

四、南方科技大学图书馆的纸质图书采购特点

一个图书馆的书架上摆放的图书体现了这个图书馆的文化水平。图书馆的馆藏需要体现高的文化价值，为师生打造文化殿堂！南方科技大学图书馆在纸质图书采购中遵循以下基本原则：专业学科图书选书须围绕学校的学科和教研发展需要；人文社科图书应重点选购经典的和有重大影响的高品质图书，而不仅仅是畅销书；原则上实行单复本。

从业务分工角度，南方科技大学图书馆搭建了以学科馆员主导图书选购、采访馆员维持采购均衡的业务流程。学科馆员是图书馆和院系师生间的桥梁，既为师生提供专业的学科服务，又向图书馆反馈师生的资源需求。他们能充分了解所负责学科的馆藏情况和学科需求，提高学科核心图书采购率。采访馆员的主要职责是尽可能多地收集和整理多渠道来源的图书书目，统筹各个学科馆员的选书进度和按计划完成每年的图书采购任务。

重视读者的荐购，不断扩大师生在资源建设中的参与度，是近些年南方科技大学图书馆在纸质图书采购工作中的任务重点。图书馆开展的图书荐购服务在师生中获得了广泛的好评，在图书馆历届的毕业生征文活动中频频被读者提及。2015级本科生许婉钰征文中的一段话给我留下了深刻印象："如果要给在南方科技大学幸福的时刻排排序，那么在服务台拿到新买回的书刊、第一次翻开时新书的芬芳、书籍里夹着的带有你名字的小纸条——必然在这幸福'天梯'的高位。"

这一工作获得好评的原因主要在于：对于读者荐购的包容性高，读者荐购的满足率高，除了读者对象不适合高校图书馆的和一些习题册类的图书，我们全部接受读者的荐购请求；多渠道采购，加急采购，保证荐购图书尽快到达读者手中。

五、从内部审计回看图书馆资源建设的规范性

南方科技大学图书馆在 2018—2019 年对图书馆的资金使用、资产管理、内控制度建设及有效性等进行了专项审计。内部审计从法律和管理的专业角度，给图书馆的资源建设带来了许多启示，特别是对资源建设的规范性提供了指导。

（一）图书资产管理的规范

内部审计反映出南方科技大学图书馆的第一个重要问题是图书馆管理系统与财务资产系统记录的图书资产数据无法——对应。

对于纸质图书，南方科技大学图书馆在 2018 年以前使用的图书馆管理系统 ILAS 没有记录采购业务的功能，所有图书只有馆藏信息即图书的码洋价格和入藏时间，无法查找到图书的实际结算价格、结算时间和供货书商等信息；与此同时，财务资产系统记录的是图书的结算金额，对应的是一批图书，而且没有留存相应的图书清单。

对于纸质报刊，一方面图书馆管理系统 ILAS 中未记录纸质报刊的结算价格；另一方面，财务资产系统是按照合同的总金额入账期刊资产，但总金额不是期刊的实际结算金额，实际结算金额应是首付款加尾款并扣除缺刊金额后之金额。

对于电子资源，图书馆管理系统 ILAS 同样未记录电子资源的采购情况，而财务资产系统在记录电子资源时没有规范资产名称等信息，无法直观反映资产的实际情况。

图书馆采购的所有文献资源都属于国有资产，规范国有资产管理，合理配置，有效使用，防止流失，维护完整，是图书馆的责任，也是资源建设工作的重要组成部分。图书馆首先要在充分调研的基础上拟定图书资产管理制度，明确图书资产的采购、验收、办理固定资产或无形资产入库、使用、处置和清查的具体规定。我们根据本馆的工作

实际制定了图书资产的入库标准：所有纸质图书、符合合订刊装订规范的纸质期刊，属于固定资产；所有纸质报纸，因我馆按照定期清理的形式管理，使用年限不超过一年，不属于固定资产；学校拥有永久使用权的电子资源属于无形资产，拥有当年使用权的电子资源不属于无形资产。

其次，需要改造或引入新的图书馆管理系统，要能够全流程记录资源采购过程，而且要能实现纸质图书、纸质期刊和电子资源等各类型文献资源的一体化记录。同时，需要制定财务资产系统记录图书、期刊和电子资源的记账规范，在此基础上建立图书馆管理系统与财务资产系统的对接机制。南方科技大学图书馆于 2018 年引入了最新一代的图书馆综合管理系统 Alma，该系统可以实现图书馆资源采购业务从建立订单、到资源到馆／开通使用后的验收、再到与供货商结算的全流程记录，并且可以实现全部资源类型（纸质图书、期刊和电子资源等）的统一管理。我们在梳理基于 Alma 的图书采购业务后，利用 Alma 系统的结算批号，实现了图书馆管理系统与财务资产系统的数据对应。

（二）资源建设绩效管理

内部审计中反映的第二个重要问题是资源建设的预算绩效管理有待完善，资源建设的绩效评价不够明确。2018 年 9 月，中共中央、国务院印发了《关于全面实施预算绩效管理的意见》支付要求，所有财政投入项目需实施预算绩效管理。预算绩效管理将部门的业务转化成可量化、可评价的目标，有利于实现对业务的全过程管理，便财政资金的使用效益最大化。绩效目标由投入、产出和效益组成：投入包括人力和物力，一般转化成资金；产出包括数量产出、质量产出和工作实效；效益主要有经济效益、社会效益、生态效益和服务对象满意度等。

做好资源建设的绩效目标管理，需要合理制定预算目标，如需要采购多少图书、期刊和数据库，需要投入多少资金；资源建设达到了什么样的效益，如学科核心资源的保障率如何，资源的使用成本如何等。而这些目标的设定都建立在数据分析的基础上，如分析历年的图书采购数量和支出金额，可以核算出为了实现年度图书采购的目标，需投入多少资金；分析历年经费支出对应文献的学科分布、学科文献均价等，可以帮助制定分学科的资源采购预算；分析学科核心资源保障率、资源使用情况等，可以帮助客观评价资源建设的绩效。

六、未来南方科技大学图书馆的资源建设设想

经过六年探索实践，南方科技大学图书馆的资源建设已经建立了非常规范的工作流程，但工作中仍有亟待改善的方面。对此，我有如下设想。

南方科技大学图书馆已经引入了功能非常强大的图书馆综合管理系统 Alma，可以全面记录资源建设业务的每一个流程，且实现了纸电资源的一体化管理。我们可以依托系统数据，做更加深入的数据分析，帮助提高学科核心资源的保障率，并能更加精准地采购资源以节约成本。

近年来，在科学出版领域开放获取运动发展非常快。随着它的发展，图书馆电子期刊采购工作将会面临非常大的变革。资源建设将如何发展？这需要我们图书馆人主动出击，尽早参与到其中，才能继续发挥图书馆在信息服务中的优势。

资源是图书馆服务的依托，是图书馆价值的实体展现。希望在今后十年中，我们能为南方科技大学图书馆积累更多的知识宝藏，能为学校师生提供更多的智慧与文化服务！前路漫漫，我们可以脚步踏实地走过！

基础和创新：在南方科技大学图书馆做采访馆员

王彩笛[*]

许多人都会听到过这样一句话："你现在学习的东西和你将来从事的工作很可能完全不搭边；你将来走的道路和你现在想的很大可能完全相反。"我之前对此是完全不理解、不相信的。毕竟作为一个从小到大循规蹈矩地学习、生活的人，在我人生的大部分时间内一切都是按部就班，很少有什么不一般的情况。但是和南方科技大学的缘分却让我开始重新思考这句话，也因此有了一些认同。

我来南方科技大学，很大的原因就是基于两个字："缘分"。在河南长大，读了郑州大学本科、南开大学硕士，一直生活在北方，习惯北方的环境，所以曾坚决想要留在北京，即使有雾霾也无所谓。且出于外界许多人对图书馆"清闲""工资低""发展空间小"的印象，我也倾向于去大企业拼搏一番。但是经过毕业季实习、找工作的洗礼，我发现对我而言大企业不一定有可供拼搏的空间，图书馆则更有利于我自身所学专业知识的发挥。临近毕业，在北京、天津等北方城市找到的工作机会都不太符合自己的期望，而当时在北京大学深圳研究院读书的老同学则极力推荐我来深圳发展。就在这时我关注到南方科技

---

* 王彩笛，南方科技大学图书馆采访馆员。

大学招聘图书馆采访馆员的公告，便尝试投递了简历。出乎意料，我得到面试机会，并顺利通过。当我把这一消息告知亲朋好友和老师时，得到的反馈都很正面，所以就果断一个人冲到深圳来了。而在此之前，我到过最远的南方城市是浙江宁波，对于深圳和南方科技大学的印象，都只来源于别人口中的只言片语以及网络上的图片新闻。今天我成为这里的一员，我和深圳、南方科技大学、南方科技大学图书馆以及这里的人之间的缘分就这么开始了。

正如每个工作都是由多个细小的环节或者模块组成，我们每个人最终只是整个社会运行"机器"中的一个小小螺丝钉。南方科技大学图书馆的工作也是基于一个个的基础工作开展的。从 2017 年入职以来，我的工作岗位从资源建设部转到学习与科研服务部，工作内容从资源建设拓展到学科服务、科研评价，但是我从事的最主要的工作一直是资源建设。现阶段我国高校图书馆的资源建设工作已经很成熟，纵然外部环境发生了翻天覆地的变化，图书馆从传统图书馆发展为复合图书馆[①]，但是资源建设工作在图书馆的基础地位一直不可撼动。

一、资源建设工作的"基础性"

图书馆资源建设也常被称为采访、藏书补充、藏书建设、文献资源建设、信息资源建设等。从这些名称可以看出，虽然资源建设工作的内容在拓展，但其中心一直是图书馆资源。图书馆资源建设是一个基础性工作，这一特点体现在多个方面。

通常来说，图书馆资源建设工作简单易操作。资源建设工作是一个技术性、专业性、挑战性都不高的工作。资源建设工作包括采访、管理、研究、服务等内容，其中采访工作所占比重最大，也是对专业

---

① 陈茜，于杰. 信息资源建设在图书馆的发展 [J]. 图书馆学研究，2003（6）：50–52.

性要求相对较低的工作。从前期调研到最后提供资源给用户，采访馆员需要完成大量的 OA 申请流程和文件签署工作。在实际采访工作中，制定一个完善的、系统的、标准的工作流程可以让工作事半功倍，图书馆员可以依据现有工作流程快速完成这个工作。

图书馆资源建设工作的基础性体现在工作量大、重复性高、时间跨度大。以南方科技大学图书馆的电子资源采购为例，截至 2019 年 6 月，图书馆有各类中外文数据库 123 个，包含电子图书近 55 万余种、电子期刊近 7 万种，涵盖学校教学科研和通识教育所需要的各方面文献信息资源。现在数据库的采购方式大多为购买当年使用权，需逐年采购，采访馆员以年度为周期完成这 123 个数据库的采访工作，平均每三天就要完成一个数据库的采购流程。采访工作周期包括需求获取、试用评估、试用、采购评估、采购、使用评估六个阶段，其中试用期一般 1 到 3 个月不等，所以整个采访过程完成也需要一个月到几个月不等。因此资源建设工作需要一定的人力和精力投入。

现在图书馆资源建设工作的各个方面都已经比较成熟、相对稳定。资源建设工作是图书馆的基础，所以不管是国外还是国内图书馆，首要的就是做好资源建设工作。南方科技大学图书馆作为一个新建的图书馆，有国内外很多高校图书馆的资源建设工作经验可以借鉴。比如如何快速地获取与保障学科的核心资源，怎样优化资源建设工作流程等问题，许多其他图书馆对这些问题都有深入研究并具有丰富实践经验。我们在资源建设工作中遇到难题，比如如何优化工作流程，就常常会去其他高校进行调研。同时，为了保障图书馆资源建设的连续性与稳定性，资源建设工作在经费情况、学科环境等保持不变的情况下，一般较少会进行大幅度调整，因而每年的资源建设工作内容变化不大，较为稳定。

同时，我们也发现，图书馆资源建设工作在图书馆工作中越来越边缘化、后台化，既不像流通服务那样具有活力，也不像学科服务强调专业性与针对性。用户对图书馆工作的印象大多都还只是来自于流通部门和学科服务部门的工作，通常并不了解资源建设工作的内容。相较于各大图书馆对学科服务、机构知识库建设等的大力投入，资源建设工作所受关注相对较小。但对于采访馆员来说，更加需要提高对资源建设工作的认识，做好、做精这一工作，尝试挖掘资源建设工作的价值与研究点，做出创新性的工作。

二、资源建设工作的"创新性"

资源建设工作需要根据内容和用户不断调整，采访馆员要在其中充分发挥主观能动性。

资源建设工作随资源内容变化而创新。以往的信息资源主要以纸质书籍和期刊为表现形式，现在则以文本信息资源、多媒体信息资源、超文本信息资源、流媒体信息资源、超媒体信息资源等数字资源为主体，甚至包括更加细微粒度的各类数据、资源和数据管理与分析工具、能够共享隐性知识的"真人"图书[1]。因此，相应资源建设经费的分配就要根据实际情况做一定的调整，向电子资源等新型资源调整，甚至倾斜，提高电子资源经费占比。现在的资源建设工作对人员专业能力的要求更高，需要采访馆员更加了解各个出版社的资源情况以及发展情况，准确识别学科核心资源，获取新的优质资源。采访馆员还要积极与资源提供商对话沟通，多参与他们组织的培训与论坛，汲取新知识与新思路。许多资源提供商每年都会围绕资源建设的热点，组织全国的用户进行讨论交流。例如，2018 年的 Springer Nature 电子图书资源建设论坛，主题就是关注电子图书的建设现状和问题。我们可以通过这种方式了解各个高校、作者和用户们对电子图书的直接需求与看

---

[1] 施雁冰.新环境下高校图书馆资源建设的新特点［J］.图书情报工作，2014（20）：78–81.

法，这些都会对我们的电子图书采购工作有一定的参考价值。

资源建设工作随着用户服务的变化而及时更新。信息技术的发展，使服务中用户的中心地位越来越明显，用户开始主动地参与到服务中并影响服务质量[①]。资源形式和内容的转变会对用户服务产生很大的影响，而用户服务效果则成为资源建设工作的重要参考标准。资源建设工作的创新要以用户需求为导向，以保障用户满意体验为目标。

（一）以用户需求为导向的资源建设工作创新

以南方科技大学图书馆为例，用户可以随时荐购各类图书、期刊、数据库等，不受资源内容、形式以及使用目的等的限制。如表 1 所示，从需求来源上，用户需求多来自于科研需求，部分来自于个人兴趣、技能提高需求，亦有工作学习便利需求；从内容上，专业性的期刊数据库之外，各种学习培训课程资源、工具软件资源等的推荐越来越多；从形式上，纸质的期刊、图书等所占比例越来越小，我们收到大量的音视频多媒体资源荐购，事实数据、文摘、索引、报告等经过加工的二次信息也受到越来越多用户的青睐。近年来，需求驱动采购等资源建设形式越来越广泛并被图书馆及用户所认可。如图 1 所示，南方科技大学图书馆历年来用户荐购量持续攀升，2019 年高达 3498 人次。在未来的资源建设工作中，要关注用户个性化的需求变化，和用户展开良性互动，走到用户身边，通过社交媒体、实地调研等更多渠道的获取用户的需求，研究其变化趋势，开展个性化的资源建设工作。也要和院系建立良好的对接机制，及时了解学科的发展现状以及发展方向，获取用户的整体的需求，保障资源建设工作正确有效的发展方向。

---

① 初景利，吴冬曼.图书馆发展趋势调研报告（三）：资源建设和用户服务［J］. 国家图书馆学刊，2010（3）：3-9.

表 1　用户电子资源荐购分类

分类维度	主要类型	资源	荐购理由
需求来源	科研	SAGE、Springer Nature 旗下期刊	非常实用专业的数据库，对于科学研究帮助极大。
	个人兴趣、技能提高	新东方多媒体学习库法语全部课程	自学法语为将来出国留学法国提供机会。
		Gramophone	The world's authority on classical music since 1923。
	工作、学习、生活便利	百度文库	使用百度文库可以很方便地下载学习资料。
资源内容	期刊数据库	JSTOR 过刊数据库	JSTOR 的主要工作是对过期期刊进行数字化保存，所以这个数据里面有许多过往非常具有参考意义的学术期刊。JSTOR 数据库内容目前主要偏重于人文社科方向，由于学校人文社科学院、荣誉学会的成立，人文社科方面的学术研究正蓬勃发展，方兴未艾，对这一方面的数据库需求与日俱增，故希望校图书馆可以考虑购买此数据库。
	培训、学习课程	中信楷岚在线学习平台	该平台包含各种财经证书如 CFA ACCA FRM 等在线课程，网课质量好，覆盖面全，对学生尤其是金融系学生有很大价值。
	工具软件	Dropbox 软件	1T 共享储存空间用于科研。
资源形式	电子期刊/图书	CRC Press	如果贵馆能订购供学生下载，将减少学生携带书本的重量。
	多媒体资源	JOVE 实验教学视频数据库	在学习动物实验操作时，需要使用到 JOVE Basic Biology 内课程。
	二次信息数据库	Wind 数据库、CSMAR 中国经济金融研究数据库	研究及论文需要。

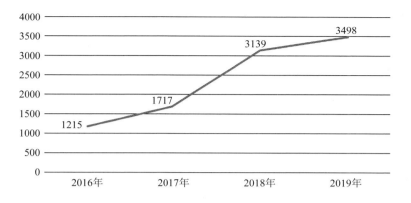

图 1　2016—2019 年读者荐购服务人次趋势

（二）以保障用户满意体验为目标的资源建设工作创新

用户体验满意，简单来说主要是对资源本身是否满意和获取资源过程是否满意。对资源的满意程度，一方面取决于资源提供商能否提供优质的资源，另一方面也取决于采访馆员能否保障资源的全面覆盖、及时更新、连续稳定。在和用户的沟通中，我们发现不知道资源的存在、不知道资源如何获取、知道资源存在但认为获取太麻烦而转其他途径获取资源的用户非常多。一位老师曾发来十几本电子图书的信息，希望图书馆能够采购，我查阅后发现均属于 Springer 出版社电子图书，而图书馆已经买了 Springer 除了 2016/2017 版权年的所有的电子图书。和这位老师交流后发现，他根本不知道图书馆采购了这么多资源。今年在做资源使用评估时，发现一个数据库的使用量特别低，所以通报相关院系暂停订购，结果得到火速反馈说这是该院系的核心资源，需要继续采购，并且表示"经常使用这个资源，但是觉得通过图书馆访问很麻烦，一般都是通过其他途径访问"。在将相关资源情况和访问方式整理告知院系秘书以及相关老师后，我也和他们进行了进一步沟通，了解到这一情况的出现主要是他们更习惯在谷歌学术、百度学术等搜索引擎上查找资源，图书馆应提供更便捷、直观的资源获取途径。

采购资源如果不能被用户有效使用就没有了采购价值。图书馆应努力让用户了解并使用资源，一是要积极开展资源的培训推广工作，组织各种线上线下的活动，南方科技大学图书馆现在对于一些使用要求较高、使用较多的数据库会组织不定期培训，也开始尝试推出"书山有路"系列资源介绍线上推文；二要加强资源的组织和管理工作，如可采购一些集成商平台资源，优化资源获取途径，构建以学科为中心的资源链，例如南方科技大学图书馆正在配置中的LibGuides，应用该工具可更好地揭示图书馆资源，也能为用户的资源获取提供更便捷的途径。

采访馆员是从事资源建设工作的一线工作人员，工作中要有前瞻性的思路创新。资源建设工作受到经费、学科发展情况、院系人员变化、图书馆人员变化、外界技术制度等环境变化的影响。前瞻性工作，不仅要求对已有资源的过去和现在进行评估，还要求对资源建设未来的趋势进行预测。从学科建设角度出发，采访馆员要准确把握学科的建设方向，资源保障率要紧跟学科发展步伐。从资源角度出发，采访馆员要知道出版社的经营状态、知识产权状态等，判断资源是否可持续，降低合作风险。采访馆员需要及时学习跟进国内外的研究及发展趋势，调整资源建设工作的思路与方向。

三、"学习"——从基础到创新

做好基础性工作要求我们有相应的工作技能即可，但是要适应工作的发展变化并做出创新性的工作成果，对个人来说，要全面提高自身的基础能力、扩展能力、主观能力[①]。提高个人的工作能力要结合工作实践进行学习，主要包括专业能力、拓展性的知识和技术、非知识

---

① 鄂丽君，王启云.高校图书馆专业馆员职业能力认识与需求调查研究［J］.图书与情报，2016（5）：97–104.

性能力三个方面的学习。

专业能力包括岗位能力、信息素养、英文专业文献阅读能力、计算机信息处理能力等。具体到资源建设工作需要什么专业能力，从我自己两年的资源建设工作实践出发，我认为从事资源建设工作需要的专业能力包括两方面，一是图书馆专业能力，二是学科专业能力。图书馆专业能力，是可以对资源的种类、范围、专业性做基本鉴别与评判。学科专业能力是指要对学科的特点有所了解。在工作中，资源供应商和用户会向采访馆员推荐各种新资源或提出新的资源需求，只有对学科有较深的了解，才能准确理解用户的需求并判断资源是否合乎需求。因此，非专业学科背景的图书馆员不仅仅要关注图书情报领域的发展变化，也需要和相关学科的专家交流与学习，关注相关学科的发展变化，对学科设置、研究领域、研究热点等要有一定的了解。例如我在工作中负责的化学、数学等理科学科，我会经常关注相关院系的官网、公众号，了解最近的会议、研究成果等，也会和相关院系的老师、学生交流，了解他们所研究的领域的师资情况、资源需求情况等。有一次资源供应商推荐了 PDF 数据库，对该数据库进行调研后，我发现其和图书馆已订购的 CSD 数据库有一定的重合，咨询化学系的老师后了解到，"CSD 是单晶数据库，PDF 是粉末数据库，两个不同"，单晶和粉末是可以转化的；研究单晶的更多，研究粉末的相对少；能研究单晶的往往会选择研究单晶而不是粉末。至此，我们基本可以判断这个资源目前并不适合我校采购，现有资源已经可以满足师生的需求。其他学科也是如此，在采访工作中，和院系老师们保持沟通，由他们给出筛选书籍的意见，不定期推荐经典的系列丛书、数据库等，通过了解其研究领域、合作情况等，可以使资源建设工作更加高效。

采访馆员要有选择地学习拓展性的知识和技术。拓展性的知识和技术涉及内容非常广泛，包括各类编程、绘图、数据分析软件以及大数据、云计算、AR、VR、人工智能等前沿技术。大数据、云计算概念等一经提出就得到了各个相关领域的关注，图书馆也不例外，在计算机科学等领域，大多关注的是这项技术本身的发展与提高，而在图书馆，我们更多关注的是其应用。拓展性的知识与能力，对基础的资源建设工作的长期效益更为显著，而且需要投入持续性的关注与学习。学习拓展性的知识，理论学习为主，技术与学习为辅助。我们必须对这些新的前沿的概念、应用、发展等有一定的了解，可以学习其背后的理论逻辑，在能力许可范围内学习其专业技术应用手段。

例如 Python 语言，可以用来进行科学计算与统计、桌面界面开发、软件开发等多个领域。这一工具可以为文档管理、协同办公、数据挖掘与数据分析、流程优化等提供各种思路与解决方案，对于有一定计算机编程基础的人员，可以学习掌握。AR、VR、人工智能等前沿领域技术，在国内外也已有广泛的实践研究。美国迈阿密大学曾开发一款 App——ShelvAR，具备了将印本图书资源与数字资源进行链接、集成揭示的融合功能，用户扫描一本图书或者书架，可以同时链接到该资源相关的馆藏数据库资源[1]。曼彻斯特大学 Mimas 学术数据中心基于 SCARLET 项目，研究在图书研究中嵌入 AR 技术，可以很好为资源建设工作服务，不管是用户还是馆员，都可以学科、主题甚至是出版社等为关注点，了解资源建设情况，完善资源建设工作的不足。部分研究者正在研究的 AR 可视化图书等，例如宾汉姆顿大学图书馆的 ARmagicbook，这对于图书馆管理和组织资源也是一个新的挑战。自然语言处理、神经网络、深度学习、机器学习等人工智能专项技术在图书馆已经有一些应用实践出现，例如清华大学图书馆的智能聊天机器人"小图"和九歌系统等。人工智能推动现代图书馆向智慧图书馆方向演进与发展，而智慧图书馆的发展主要受限于人才建设和数据资源

---

[1] JIM H. Mobile augmented reality applications for library services[J]. New library world, 2012 (9/10): 429–438.

建设两大方面[①]。这些涉及心理学、语言学、电子学、计算机学等多门学科的综合性、交叉性领域的前沿技术，对实现技术、支撑数据、从业者素养有着极高的要求，采访馆员对于这些知识和技术要及时掌握其理论概念、应用领域等，根据自己的时间、精力情况，选择自己感兴趣的技术或者知识，进行深入的学习。

非知识性能力要补充性学习。这些能力主要包括沟通能力、表达能力、组织能力等。这些都是资源建设工作的一项必备基础能力。在资源建设工作中我们常常需要与用户交流，掌握需求反馈进展；与学校各部门交流，保证工作顺利开展；与资源供应商交流，及时获取资源动态；与国内外高校学习交流，了解国内外的发展趋势与研究热点。现在学校和图书馆都为馆员提供了越来越多的外出交流机会，这更是要求我们自身具备良好的语言能力，流利的英语口语，清晰的观点表达，快速的应变反应等。

作为学校创知、创新、创业事业中不可或缺的一员，图书馆将成为校园里一个便捷而又卓越的知识与学术活动中心。在"双一流"建设的背景下，在新技术不断涌现、政策不断更新的大环境中，南方科技大学图书馆为服务师生不断完善业务，拓宽服务面，致力于为全校师生的学习、科研、教学等提供充分的保障。资源建设工作为全校师生提供全面的资源保障。在南方科技大学图书馆做采访馆员，我们也要保持着积极的学习热情，做好基础工作，努力拓展创新性工作。阮冈纳赞说过，"图书馆是一个生长着的有机体"。我们与这个有机体共生长、同进步，吐故纳新，顺势而为，随机应变。南方科技大学未来可期，我们未来可期！

---

① 陆婷婷.从智慧图书馆到智能图书馆:人工智能时代图书馆发展的转向［J］.图书与情报，2017（3）：98-101，140.

特藏的梦想与实践

田　磊[*]

　　年过八旬的著名艺术家乔红手捧《米开朗基罗》，回忆她在中央美院求学时，由于资料匮乏，母亲拿出一两黄金换取了一本薄薄的《米开朗基罗》，这成为当时她为数不多的学习资料之一。在"天雨流芳"——南方科技大学这所理工科高校图书馆的特藏室，这样的珍藏已近千册，而此时距离特藏室开放不过 8 个月。

　　特藏室一直是曲高和寡的地方。开放伊始，就不断有学生参观、拍照，有教师预约空间拍摄网络课程或访谈节目，也接待过不少重量级的人物，这些大多是奔着空间的高颜值来的，甚至仅仅是"天雨流芳"这个高雅的名字。真正超脱物外、潜心研习这些藏品的读者屈指可数，这与我们建设特藏的初衷背道而驰，让我一度怀疑工作的价值。几个月之后，我发现了几位常客，他们翻阅过书架的最高处；也陆续收到一些读者的反馈，指出某一本书中的错误、某一本书有更好的版本或者推荐相关的图书。这比纯粹的夸奖更让我欣慰，说明这些收藏有人认真阅读，我们的工作也是有价值的，乔红的感叹更让我确信了这一点。

　　学校提出"一流的理工科高校要有一流的人文教育"。图书馆的作用之一，就是为学生创造优雅的学习环境和收集精品资源，让他们

---

* 田磊，南方科技大学图书馆特藏馆员。

在潜移默化中陶冶性情。我们相信读些"闲书"对培养高尚人格大有裨益，也鼓励专业领域以外的学习，正如陈寅恪所说："读书治学，盖将以脱心志于俗谛之桎梏，真理因得以发扬。"八大山人在一幅扇面上写出了这种不求功利的阅读意境："净几明窗，焚香掩卷，每当会心处，欣然独笑。客来相与，脱去行迹，烹苦茗，赏文章。久之，霞光凌乱，月在高梧，而客在前溪。呼童闭户，收蒲团，坐片时，更觉悠然神远。"在瞬息万变的时代，我们不能苛求读者有此心境，但是如果能在闲暇时刻阅读一本书，欣然有所得，就实现了我们的愿望，这正是建设特藏的初衷。

一、黄卷青灯里的梦

受家人的影响，从小我就喜欢古典文学，梦想着将来成为一个文献学家。上大学时，我选择了图书馆学专业，于是就努力往特藏方向靠拢。一直到大学毕业，我对特藏的理解都局限在青灯黄卷的古籍文献中，此前的努力也囿于此，更加遗憾的是每一次努力都完美错过。

大学时期有一门"古籍整理"的选修课，上过课的学长都说非常好，但是这种冷门课程很少有人选，导致有两年都没开课了。我游说同学们选这门课，他们也很乐意，但是最终选课的人依然不到5个，据说此后这门课再也没有开过。2011年报考研究生时，我选择了中山大学资讯管理学院黄仕忠老师读文献学方向的研究生，他是戏曲目录学方面的专家。在此之前，资讯管理系（2010年12月升级为学院）和中文系合作，联合培养文献学方向的研究生。恰好这一年，这个项目终止了，黄老师回到了中文系，所幸后来我跟随程焕文老师继续学业，算是一个意外的收获。2012年暑假实习时，我选择去广东省立中山图书馆，因为这里有非常好的古籍特藏部。开始实习后我才知道，那段时期他们的特藏部在装修，藏品都搬到了华南师范大学图书馆，我又一次完美地错过了。2012年12月，我去绍兴文理学院图书馆应聘，前面的笔试、面试都很顺利，面试的最后一个问题是，你想选择哪个部门哪个岗位？当时一激动犯下了严重的错误：我选了根本不招聘的古籍特藏部，结果我作为第二名被列入了备选名单。

2015年，我入职南方科技大学图书馆已经两年多了，现实的经验让我不再像学生时代那样漫谈图书馆哲学，与同事们讨论的大多是业务问题。有一次与燕今伟馆长讨论"馆藏特色和特色馆藏"问题，使我重新认识了两者的关系：馆藏特色主要在于馆藏的质量和系统性。图书馆的收藏要有所偏重，重点领域的核心文献收集齐全并且形成系统，自然就形成了馆藏特色，这是每一个图书馆都应该有的。对于高校图书馆来说，就是要紧紧围绕学校的发展方向做好馆藏建设。特色馆藏更加强调稀缺性，人无我有，人有我优，只要稀有，即使不成体系也应纳入馆藏。古籍文献是稀有的，老牌图书馆的特藏大多以此为基础。那么，新建图书馆是否需要特藏？特藏工作该如何开展？

2016年8月，鄂鹤年馆长上任，他表达了筹建特藏的愿望。我们多次沟通之后形成了一些共识：①建设纸质特藏是有必要的。电子资源购买的大多是使用权，尽管这些资源为教学和科研提供了很大帮助，但是许多年后会发现图书馆一无所有。我们应该为学校积累一笔财富，但并不意味着要毫无选择、毫无节制地购买纸质图书。图书馆可以砍掉专业图书的复本，减少内容平庸的文学类书籍，将节省出来的经费采购符合馆藏建设目标的内容优秀、版本精良的文献，以形成馆藏特色。②文献的稀缺性不只表现在某一种文献存量的多少，如果将一个领域的文献系统收集，能够反映学科全貌和发展历史，这个文献体系同样是稀缺的。③经过调研，我们决定收集科技史、作者签名本和艺术类精品图书。科技史契合学校的性质，签名本得便于学校丰富的学术活动。同时，因工作的关系，我们接触过不少品质上乘的艺术书籍，这些书籍传递给读者的美是网络图片无法比拟的，但是这类书籍普遍开本大、价格高，非一般读者有能力收藏，那么就由图书馆来做这个桥梁。

鄂馆长指定我负责特藏建设，并且给了我充分的权利。虽然心里没底，但有一腔热血，于是我欣然接受。于我而言，黄卷青灯的梦想幻灭未尝不是一件好事，因为在古籍整理领域，我只能在既有的框架里做些琐碎的事情。但南方科技大学的特藏则是一个全新的领域，因为要在普通图书里淘宝，更要对内容和版本有深入的了解，这一工作充满了挑战和机遇。

二、从湿库到高阁

2016 年 10 月 29 日，故宫学院（深圳）在雅昌艺术中心成立。时任故宫博物院院长单霁翔在开幕式上做学术演讲，我和鄂馆长带着他写的四本书索取签名，旁边的吴以环副市长称赞我们在为南方科技大学做一件有意义的事情。这四个签名本成为图书馆的第一批特藏，尽管那个时候还没有建立特藏室。我们认识到特藏建设是一个逐渐积累的过程，不能一蹴而就；很多优秀的图书可遇而不可求，也不能坐失良机，因此在决定开始建设特藏后就立即着手收集资源。2016 年 10 月到 2018 年 2 月是最艰难的阶段，有三个主要问题亟待解决：特藏的收集范围、特藏的保存、特藏室的筹建。尽管特藏建设的主要成果是在特藏室建成之后取得的，但是所有的工作框架都是在这个阶段完成的。

（一）内容、版本、师承

特藏文献的三个主题之中，只有签名本的范围是清晰的，唯一需要注意的是辨别同名作者，避免张冠李戴。科技史的定义虽然明确，但是界定收藏范围仍然是个难题。如果是广义的科技史，那么社会科学史、学科史、科学思想史都应该纳入这个范畴，这将是一个庞大的体系。经过调研，我们最终将科技史的收集范围确定为狭义的自然科学史层面，分成综合史、科学史、技术史三个类目，这样就很容易列出一个清晰的收藏体系和收集范围。其中比较特别的是将中国古代科技史料加入其中，因为学术界普遍认为中国古代没有严格意义上的科学，并且这方面的资料比较少，操作起来也比较容易，于是科技史特藏最终形成四个类目。

艺术类精品图书是最难的，因为"精品"是个抽象的概念，没有明确的评价标准，完全凭采访人员的主观判断。面对单价动辄上万的图书，我诚惶诚恐，生怕买到平庸的作品。现有的文献资源建设理论均是宏观层面的，主要指导馆藏建设的整体结构，对于具体图书的采访帮助不大。我翻阅了大量的艺术史、图书史、版本学著作，阅读了大部分特藏的内容和几乎全部的前言，总结出确定一本精品图书的方法：内容＋版本。如果充分了解某个领域，就知道在这个领域应该买哪些书；如果再了解某一种书的版本差异，就知道哪一个版本是最精良的，"内容＋版本"就能准确定位到精品。比如著名的《兰亭序》，其内容价值无须赘言，那么如何确定版本呢？我们知道现存的几个版本都不是王羲之的真迹，其中神龙本是冯承素采用双沟填墨的方法临摹的。冯承素是唐太宗时期弘文馆的职业拓书人，有机会见到真迹，双沟填墨也是当时最精准的复制技术，因此神龙本是最接近原本的版本，其他的摹本或多或少带有书法家个人的风格。对于采访来说，做到这一步还不够，我们还要在诸多现代的影印版中挑选最精良的版本。个人认为，具备原大比例、复原纸墨、天地广阔、装帧精良几个要素的就是比较好的版本，如果再采用原工艺，那么就相当于真迹的不同版本了。这当然是比较而言的，不是每一个版本都同时具备这些要素。实际采访中面临的另一个问题是，因为各种原因，用上述方法确定的版本不一定是能买到的版本，因此我们收藏的一些"精品"并不是真正意义上的精品，而是我们能买到的最好版本。收藏之初遇到的第一个困难是没有好的书目，因为艺术类精品图书价格普遍较高，书商提供的书目中很少有这类图书，通过网络搜集的书目大部分书商都不能供货。在与来访的书商交谈中，我一边讲特藏的收藏方向和馆藏规划，一边暗示他们我有充足的经费。在他们的心里这个"充足"可能意味着几个亿，因此后来我源源不断收到许多精品书目，有一些来自根本没联系过的书商和艺术家。

收集签名本的过程是最有趣的，我遇到过很多儒雅的学者，经历过一些有趣的小事。我的导师程焕文先生是研究图书馆史的，他的治学方法之一就是研究学者的师承关系，这样就能弄清楚学术脉络。几年前我就把这个方法用到资源建设之中，主要用于馆藏补缺。这个习惯让我也留意了签名本中的师承关系。2018 年 10 月 25 日，图书馆邀请香港中文大学何碧琪研究员来讲学，她给图书馆赠送自己的签名本著作——《淳化阁帖史话》。在特藏室交谈时，我向她展示了台湾大学王汎森教授的签名本。王教授是何老师的导师，那一天正好是他的生日，何老师看到导师的签名本时非常激动。早在 2017 年，我就收集到了暨南大学蒋述卓教授的签名本；2018 年李凤亮副书记来访时，我请他在他们师生合著的书上再次签名；2019 年 4 月，我结识了深圳大学教师赵辉，得知他是李书记的学生时也索取了他的签名本，于是就有了师徒三代的签名作品。戴吾三是南方科技大学社科中心的访问学者，一个非常有责任心的教授。2017 年我带着图书馆的书找他签名，他看到书上的馆藏章，反复强调这是公家的财产，不能随便写字。2018 年他来参观特藏，才知道这是个误会。两年前高大伦还是四川省文物考古研究院的院长，我带着图书馆的书找他签名。那是一本出版年代较早、印刷数量也很少的书，早已绝版，他很惊讶我们还有这样的书，于是顺便送了一本中日文对照版的专业书籍。不久，一家日本电视台在特藏室做采访，两个日本记者就看到了那本图书。有趣的故事有很多，热心的学者也很多。刘科院士、陈跃红院长、唐际根教授、吴岩教授……他们得知图书馆收集签名本后，自费采购图书，请来访的学者签名后送给我们。负责接受赠书的郝玥老师是最热心的推动者之一，有作者咨询赠书业务的时候，她总会强调给书上签个名。几个月前她去广州就医，还带着四本书找她的主治医生签名。

（二）湿库缥缃

2017年初，我们收集到的特藏文献已接近600册，大部分是布面装帧。缥为淡青色，缃为浅黄色，古人常用这两种颜色的布做书衣，故将书卷统称为"缥缃"。清代李非珠即有"原非贪恋神仙字，甘老缥缃做蠹鱼"的诗句，因此将这个时期的藏品称为"缥缃"也算合适。这一年面临的最大困难是图书的保存问题。图书馆为了存放普通图书的复本，利用一楼的空地搭建了临时书库。这个书库刚刚建成就启用了，里面非常潮湿，大部分特藏就暂存在仓库里的最后一排书架上。深圳的春天格外潮湿，这一年回南天的次数也比往年多，特藏所处的环境正如苏轼在《寒食雨二首》中描述的样子："春江欲入户，雨势来不已。小屋如渔舟，蒙蒙水云里。"三月以来，这些书全部受潮，书衣上不断长霉斑，以前学过的开窗通风、手工翻阅这些除湿方法丝毫不起作用。我申请采购了一台风扇、两箱除湿盒、两包密封袋、一包除湿剂、一箱樟木条。几种贵重的图书存放在馆长的保险柜里，相对好一些，我给里面放了除湿盒，定期更换。仓库里的书只能分批搬出来，先用抹布擦去霉菌，然后放进消毒柜消毒，再用风扇吹干后装进密封袋，每个袋子里放两个樟木条（防虫）和一小包除湿剂，最后用胶带封口重新放回仓库。这样大概花了三个月时间，所有受潮的书都处理了一遍，重新搬进了湿库。这种方法只是权宜之计，鄂馆长要求尽快采购除湿机，办公室的同事也开始走采购流程了。大约到了年底，仓库装上了除湿机，那时候天气不那么潮湿，特藏室施工基本结束，两个月后密封袋中的那批书搬进了量身定制的特藏室。

（三）琅嬛撷英

传说中天帝藏书的地方叫琅嬛，人们也用此命名收藏珍稀典籍的地方。与湿库相比，后来使用的特藏室是这些珍籍当之无愧的琅嬛福地。

2017 年暑假，图书馆进行第二次改造，我们借机在三楼规划出一个空间做特藏室。这个空间仅有 43 平方米，而我们对它的要求却高上云端。我们设想收藏艺术文献的空间本身也应该是一件艺术品，风格要与图书馆整体的现代化风格一致，而且要使用舒适，总之要体现出艺术、现代、舒适的特点。另外，还要解决艺术类图书开本差异较大的问题，既要满足不同开本图书的排架需求，也不能浪费空间。这个难题被唐克扬老师完美地解决了，他是著名的建筑师，也是独立策展人。我们提出的这两点不但没有"吓倒"他，而且还被他进一步完善：他认为这样的艺术空间仅仅实现收藏和阅览功能是不够的，同时也要突出展示和推广功能，为艺术学习提供一套完整的服务。我们对此深表赞同，唐老师很快就根据这些理念做出了一套设计方案，包括：①普通书架和灵活书架相结合，解决不同开本图书的排架问题；②采用展示和阅览两用桌，解决散页装、卷轴装、龙鳞装等特殊装帧文献的展览和阅读问题；③采用贴墙立体展示架，解决专题图书推介和展览的问题；④普通灯管、轨道射灯和筒灯相结合，可根据不同场景营造不同色温和亮度的照明效果。事实证明，这个方案是完美的，灵活书架则是其中最大的亮点。就我所了解的范围而言，目前只有特藏室和专家公寓的礼品架采用了这种设计。

如果单独描述这个书架，应该取一个准确的名字，按照文物"观其名而知其貌"的命名规则，可称为"现代汉诺维亚框法朵白里三层木质书架"。我们称之为灵活书架，主要因为这个由不同规格的三层结构组成的书架，对异型开本和特殊装帧图书有更强的容纳性，同时也具备了视觉上的层次感，前者对艺术类图书的排架至关重要。灵活书架的另外两个优点是：同等规格的灵活书架比普通书架占地面积节省 1/4，而通风面积增加 1/4。

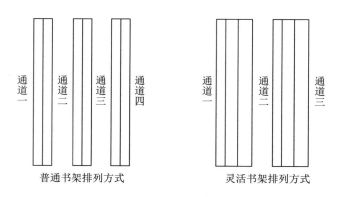

图 1　灵活书架和普通书架占地面积比较

2017 年底特藏室正式启用。正因为有了量身定制的空间，特藏采访时就不再有排架的顾虑。我们陆续采购了包含龙鳞装的《印艺之光》、包含卷轴装的《清宫戏画》、超大开本的《西斯廷教堂壁画》和《聊斋图说》以及散页装的《北平诗笺》和《圆明园四十景》，这些都是内容经典、版本精良的珍稀典籍。

三、天雨流芳

云南丽江木府旁一座牌坊的匾额上刻着四个朴拙的大字："天雨流芳"，这是我对这四个字最初的认识。这块匾额最初为嘉靖十五年（1536）木公土司所题，现在的匾额则是书法家李群杰的墨迹。丽江是纳西族的聚居区，原本意为"天降润雨，滋生万物"的"天雨流芳"，在纳西语中意为"读书去吧"。一部好书对于心智的滋养，正如天雨之于谷物的成熟，这是对读书旨趣最高雅的概括。

特藏室于 2018 年 2 月 26 日正式开放，"天雨流芳"是它的门匾，也是它最终的名字。为藏书室取一个既高雅又语义相关的名字并不容易，古代的藏书家几乎穷尽了所有美好的词汇。我们深知自己水平有限，最初也没想着要给特藏室取个室名。在我为特藏章的内容犯愁时，突然想到《红楼梦》里贾宝玉把大观园的一处景观命名为"曲径通幽"。这是一个主谓短语，一反景观命名时常用亭、台、楼、阁、榭等组成偏正短语的习惯，意蕴深长。那么我们为什么不能尝试一下用这种方式，突破一下"某某馆藏"的传统套路？于是我自然想到了"天雨流芳"，另有"大块文章，供众珍赏"作为备选方案。鄂馆长赞同前者，建议后面再加"南科特藏"四个字。因为馆藏章的内容为"南方科技大学藏书印"，已经表明了图书所有权的归属，因此我坚决反对加这四个字。2017 年 10 月，图书馆组织一些师生去深圳书城现场采购图书，班车上我们将此事求教于陈跃红院长。他给了一个折中的建议：在"天雨流芳"后面加"特藏"，印章上用不同的字体篆刻，以示区分；再给特藏室做个"天雨流芳"的门匾，这样就能表明盖这个章的书属于这个特藏室。我们接受了这个方案，于是室名的问题也顺便解决了。

特藏室开放前仍然有三个问题需要解决：①科技史图书的分类；②艺术类图书的排架；③特藏室的开放模式。

《中国图书馆分类法》中并没有"科技史"这个类目，比较接近的是"N09 自然科学史"这个三级类目，底下再无细分。科技史特藏规划要达到几千册的规模，如果将所有的书都集中在一个类目，显然使用不便。按照本馆的收藏情况扩展下位类是国外图书馆的普遍做法。于是我们按照《中图法》的规则将 N09 扩展了一级，制定了自己的分类体系：N091 综合史、N092 科学史、N093 技术史、N094 古代科技史料。

艺术类图书的问题在于开本差异太大，并且有线装、经折装、散页装、龙鳞装、卷轴装等多种装帧形式，这使它们不能严格按照分类号排架，因此我们取消了分类号，按主题聚类排架。在灵活书架最显眼的区域划出一块，展示最精华的藏品；然后将馆藏分成几个主题，主题之下按照开本大小排架，大开本排在中层和底层，小开本排在最上层。函装、线装、经折装平放，卷轴装、龙鳞装插架或铺开展示，精装、平装竖排，收藏证书装进画框展示。大学时期，作为图书馆学专业的学生，我们把图书按大小排架当成专业笑话；如今发现，这种方式有时候是更合适的方法，曾经年少轻狂嘲笑的对象正是现在的自己。"纸上得来终觉浅，绝知此事要躬行。"

从空间设计到图书管理，我们都在设计一套开放的体系，最终的读者使用也必然是开放式的。尽管有不同的声音，我们还是决定周一至周五开放，不设专人管理，图书任人取阅，只有一条限制：书籍不许携出室外。当图书馆发出开放通知时，我们不仅看到了同行的惊讶，很快也收到了读者的反馈。一个学生担心图书丢失和损坏，建议图书馆安排专人负责，实行闭架管理，并且建议读者必须掌握一定的图书收藏、保护、鉴赏知识之后才能入室阅览。我们欣慰于有这样爱书的读者，但是并不认同他的观点。"欲使清风传万古，须如明月印千江。"一种文化要产生绝大影响，必须使最广泛的人群有机会接触，那么首先就要扫除人们接触的障碍。同样，对于我们的特藏来说，越多的读者阅览，就意味着它发挥的作用越大，正如室名的寓意："普"降甘霖，滋润"万"物，才能实现最大的价值。

我们相信南方科技大学有更多的爱书学子，因此郑重回复："我们认为开放式的管理方式方便师生使用，更能实现文献的价值。尽管可能存在个别不文明现象，但我们相信南方科技大学学子的总体素质是一流的，因此敢于以开放的胸怀迎接你们……图书收藏、保护、鉴赏等知识是每一个读书人都应该了解的，但不应该作为读书治学的门槛和障碍。我们希望同学们通过阅读掌握这些知识，而不是掌握这些知识后才给予阅读的资格。"如今，特藏室已经开放一年半，尽管每天都有人参观、阅览，但图书依然保护完好、摆放整齐。有一天我偶然发现特藏室里的一对情侣，一个捡起了散叶葵掉在地上的枯叶，一个把资料架上的宣传页摆放整齐。这让我更加坚信开放式的管理模式用于南方科技大学是正确的。2019 年 9 月，因其独特的艺术设计和开放式的管理模式，特藏室获得了中国图书馆学会举办的"发现图书馆阅读推广特色人文空间案例"三等奖。

《中庸》说，"君子慎其独"。在"天雨流芳"这块"疏于"监管的地带，南方科技大学学子展示了他们崇高的人格，也希望这些馆藏能为他们的成长供给营养，正如他们为特藏室的建设贡献自己的力量。

四、人工智能时代纸质特藏的意义

2014 年，麻省理工学院的埃里克·布莱恩约弗森（Erik Brynjolfsson）和安德鲁·麦卡菲（Andrew McAfee）出版了《第二次机器时代》（*The Second Machine Age*）。书中指出，以蒸汽机为代表的第一次机器时代产生的各种机器，使人类摆脱了以往只能依靠自己和其他牲畜的肌肉力量从事劳动的局限，为人类从事的各种生产活动提供了史无前例的巨大能量，从而导致人类社会发展指数急剧向上；以人工智能和大数据为代表的颠覆性技术的突飞猛进预示着第二次机器时代的到来，这些技术极大地提高了人类大脑的能力，给人类社会带来了划时代的巨变[1]。颠覆性技术对人类的影响是广泛而深刻的，无论承认与否，我们都身处其中受其影响。在过去的几十年里，存储、检索、传输技术的突飞猛进使文献的出版、保存、获取、使用都发生了根本性的变化。电子文献的出版、获取、存储更加便捷和高效，在整个信息交流环节

---

① BRYNJOLFSSON E, MCAFEE A. The second machine age[M]. New York: W. W. Norton & Company, 2016: 6–7.

中都体现出无与伦比的优势，这在自然科学研究者获取信息的偏好上已经得到了验证。"以提升人脑能力为核心的技术进步的速度和广度比人们预估的更加迅猛"[①]，尽管我们还不能清晰地描述这些技术会对文献的出版、存储和获取产生哪些影响，但是至少能够肯定，纸质资源不是信息交流最高效的媒介。那么，在人工智能时代，图书馆收藏纸质特藏的价值何在？

（一）技术的迟滞

人类社会是由技术与文化共同推动的。社会需求推动了技术的发展，其他因素却迟滞了技术推广的脚步。技术的迟滞可能有这些原因：①新技术的潜在缺陷，使人们对其持观望态度，比如智能驾驶技术。②成本太高，难以普及，比如电子纸和电子墨。③技术的负面影响，使人们对其发展做出一定的限制，比如核技术。④生物技术的发展可能会挑战"人"的定义，其伦理问题首先需要解决。⑤传统习惯的延续，使人们习惯于选择自己熟悉的方法，这种延续可能会持续数百年。比如 3 世纪末楷书已经流行[②]，但 6 世纪时的政府颁授的册命仍然用篆体书写[③]，一种文书字体的改革就用了 300 多年。⑥技术对人的生理影响以及人们的补救，比如人们为了保护视力而放弃使用更加高效的电子书。因此，新技术的普及至少要在一定程度上解决五个问题：完善自身的缺陷；降低成本；有相应的社会制度跟进；符合伦理道德；培养新的用户习惯，减少传统习惯的阻力。这些问题都不是短时间内能够解决的，尤其是制度规范和新的用户习惯，更需要长时间的努力。对于信息交流的媒介来说，可以预计，纸质文献在较长的

---

① BRYNJOLFSSON E, MCAFEE A. The second machine age[M]. New York: W. W. Norton & Company, 2016: 6–7.

② 钱存训. 书于竹帛——中国古代的文字记录［M］. 上海：上海书店出版社，2004：85.

③ 魏徵. 隋书：第 1 册［M］. 北京：中华书局，1973：175.

时间内还有相当大的用户群体，我们收藏纸质文献的价值之一即在于此。

（二）超越文本的价值

比尔·盖茨坐在 33 万张纸堆起来的高台上，手里拿着一张光盘，向人们宣告：一张光盘存储的信息量等于 33 万张纸的容量，光介质存储的效率已经远远超过了纸张[①]。十年前我还在图书馆翻阅厚重的纸质 SCI，现在 SCI 已经不再出版纸质版了，数据库的检索效率比手工检索提高了上千倍。然而，这些都没有阻止纸质图书的发展。《2018 年中国图书零售市场报告》显示，2018 年中国图书零售市场总规模为 849 亿元，较 2017 年增长 11.3%[②]。阅读的目的是多样的，书籍亦有超越文本的价值。"作为文本的书籍可以有各种替代品，但是作为实物的书籍则不可能被完全替代。"[③] 除了作为信息存储和交流的媒介以外，书籍的艺术价值和文物价值也是其存在的重要依据。

版式、开本、装帧、纸、墨都是体现书籍艺术性的元素。这种艺术性给阅读带来了美的享受，同时也蕴含着一个民族的美学和哲学追求。比较 SCUTPTA MANEVNT 出版社出品的 MICHELANGELO 和东方出版社编译的中文版《米开朗基罗》，就会发现，意大利版的插图充分利用了版面，将图片尽可能地放大给读者欣赏；而中文版的插图周围往往有较多的留白，彩色的图片在一片雪白的映衬下显得更加雅致。留白是中国的艺术特点之一，宋代就将这一艺术技法运用到了蝴蝶装的版式之中：天头广阔、地脚宽厚，小小的版面如广阔天地间的远山

---

① 花颜诱人醉君雅.罕见历史老照片：坐在33万张纸上的比尔盖茨，最后一张好"滑稽"[EB/OL].[2019-11-12]. http://baijiahao.baidu.com/s?id=1604327349820809648&wfr=spider&for=pc.

② 开卷2018年中国图书零售市场报告［EB/OL］.［2019-11-12］. https://www.douban.com/note/703848651/.

③ 皮尔森.大英图书馆书籍史话［M］.南京：译林出版社，2019：15-21.

一点，符合"尚意"的审美标准。在功能主义和审美需求的取舍之间，人们追求两者的平衡。这种平衡在纸质文献中更容易实现，使得纸质文献比电子文献具有更高的艺术价值。

图2　意大利原版《米开朗基罗》（左）和中文版（右）的插图版式对比

文物价值是纸质书籍的另一个独特的价值，这在古籍文献中体现得更加明显。那些终年躺在恒温恒湿环境中的黄卷，对于普通读者来说与博物馆里展示的文物无异。那么现代出版的纸质书籍有没有文物价值？文物的特点之一是稀有性，以此衍生出经济价值。一些内容优秀、版本精良、出版量少的纸质书籍很快被书商和个人抢购一空，随后待价而沽，孔夫子旧书网就是这样一个专业的平台。高品质的复制版同样有潜在的文物价值。现代的高科技复制技术已经超越了古人"双钩填墨"的复制技术，复制品到达了"下真迹一等"的效果，被称为"新宋版""新文物"。流传到现代的王羲之的作品也曾经是复制品，但到现代都成了珍品。高品质的复制品本身也是艺术品，几百年后，我们现在抚摸的复制品也可能会成为珍品。

大英图书馆馆长皮尔森说，"人类制作书的历史也是一部珍贵的艺术史"①。我们收集纸质特藏，同样看重它们具有的超越文本的价值。

① 皮尔森.大英图书馆书籍史话［M］.南京：译林出版社，2019：15–21.

（三）人文的图书馆与图书馆的人文

"知识交流说"学派认为，"图书馆是社会知识交流的一种有效工具"[①]。如果仅从知识交流的效率考察，实体图书馆和纸质图书一样早就该消亡了。人的本质是其社会属性，书籍亦有超越文本的价值，这些技术以外的人文因素延续了纸质图书和实体图书馆的生命，因此可以说我们还在使用的图书馆是人文的图书馆。1975年国际图联在法国里昂召开的图书馆职能科学讨论会上将图书馆的职能概括为保存文化遗产、开展社会教育、传递科学情报、开发智力资源四项基本职能[②]，也表明图书馆具有保存和传递知识以外的价值。

图书馆的本质是保存人类智慧，开展社会教育，这个本质本身就是人文性的。尽管图书馆采用了诸多新技术，但并没有改变它的属性，只是帮助它更好地实现本职职能，机构知识库和慕课就是图书馆在保存和输出方面的创新。然而新技术为我们提供方便的同时也带来了情感危机。例如钟表方便人们遵守时间和节约时间，同时也使人们漠视日出日落和季节更替[③]，这种影响深入到生理层次形成了人体的生物钟。一个简单的发明对人的影响尚且如此，难以想象更高层次的技术对人们生活的影响程度。基辛格就指出人工智能（AI）的潜在危机："机器将人的体验降低至数学计算层面，由机器自身具备的记忆来理解数据。在一个充斥着机器的世界里，意识是如何定义的？谁为AI的行为负责？怎样确定它们因为犯错而承担的责任？ AI具备超越人类思维，而且具有驾驭人类的潜能，人类的法律体系能否跟上AI活动的节奏？"[④]为此，他呼吁："美国政府应该考虑成立一个由杰出的思想家组成的总

[①] 宓浩，黄纯元.知识交流和交流的科学［G］//吴慰慈，邵巍.图书馆学概论教学参考文选.北京：书目文献出版社，1985：28-32.

[②] 徐金法，周爱琴.图书馆传递情报唯一职能论的片面性［J］.图书情报工作，1988（5）：31-33.

[③] 波兹曼.娱乐至死［M］.北京：中信出版社，2015：13.

[④] KISSINGER H. How enlightenment ends[J].The Atlantic Monthly, 2018(5): 11-14.

统委员会，帮助建构一个国家级的愿景。"[1] 对于黑石集团 1.5 亿英镑的巨额捐赠，牛津大学也表示要建一个研究人工智能道德问题的研究所，因为人工智能可能"挑战人性的本质，并改变我们生活的大部分方面"[2]。

人文主义技术哲学家刘易斯·芒福德认为，"技术发展的每一阶段都蕴含了人性智慧的光芒"，他批判人类会被机器和技术控制的观点，"相信人文的力量将会渗透到未来的技术发展中，技术的发展方向也会更加符合人性发展规律"[3]。芒福德的观点逐渐被社会认同，越来越多的学者呼吁技术中的人文情怀，服务行业提出"以人为本"的理念就是一个好的开端。面对即将到来的颠覆性技术的冲击，人工智能时代的图书馆不能仅仅提供冰冷的二进制代码，需要推出更多饱含人文情怀的服务，比如温馨的、多元化的空间，否则很有可能被新兴事物取代。图书馆也应该利用新技术探索传统人文科学新的表现形式，让科技充满温度。未来的图书馆应该是科技感十足，并且充满人文情怀的机构。

"手捧一册书的人走向有阳光的地方，一座图书馆就此开始"[4]。尽管图书馆已经摆脱了自然光照明的束缚，这句话却是精神的隐喻。如果有一位主人公让读者感动，成为他一生的榜样；如果有一本书扫除了内心的忧郁或人性的阴暗，让读者"手捧一册书走向阳光"，图书馆的价值就实现了，这正是人文图书馆的价值所在。"天堂是图书馆的模样"，博尔赫斯所说的或许就是这样，图书馆不仅是知识的交流和空间的容纳，更是灵魂的救赎。

---

① 皮尔森.大英图书馆书籍史话［M］.南京：译林出版社，2019：15-21.
② 高校筹资联盟.黑石集团苏世民向牛津大学捐赠13亿人民币［EB/OL］.［2019-07-08］. https://mp.weixin.qq.com/s/FLb9n0-aNYO-v-_ivO9VkA.
③ 孙会.评芒福德人文主义技术观［J］.科学·经济·社会，2019（1）：6-11.
④ 坎贝尔，普莱斯.图书馆建筑的历史［M］.杭州：人民美术出版社，2016：276.

"天雨流芳"作为服务于理工科高校的人文、艺术特藏，其目标是期望在专业教育之外辅助培养最完美的人格，让读者能够像先贤一样：于最平凡处发现美，于俗谛桎梏中求真理，于学术争锋中培养高尚人格，于穷困潦倒之际展现人性的光辉。

思维与行动

——在图书馆空间建设工作中的一点思考

党婉玉 *

上学时，我所就读的大学在人文社会科学领域实力雄厚，既有新闻、法学、金融这类似乎毕业后立刻就是社会精英的专业，又有文学、历史、哲学这类声名远扬、底蕴深厚的专业。相比之下，我就读的专业图书馆学，是只有在学科评估时才会被提及的真正冷门专业，连带着整个信息管理学院都有一股自豪又边缘的气质。就连辅导员老师在全年级大会上也以弱势群体自居，教导同学们"作为一个中等偏小的学院，我们自己要争气"。

图书馆学专业可谓是大学里最神秘的专业之一。世界上的神秘有些来源于因见闻不够或知识不足而造成的不可逾越的认知鸿沟，这种神秘使人敬而远之。我们专业的神秘是另一种，来源于因长时间接触表面而认为"就这些"，然后产生的"竟然有这个专业"，这种神秘因"表皮苍白"而使人不愿深入了解。

在高考报志愿选专业和职业选择上，我都是同班同学中的少数人。我的同学们大部分是从其他专业调剂而来，毕业后，大部分选择从事其他行业。在学生时代，即使是长期接受图书馆学专业教育，我对图书馆实际工作的了解仍然是表面的。选择这一行，似乎已经被扣上了

* 党婉玉，南方科技大学图书馆行政支持与服务部主任。

保守的帽子。我也这么认为过。

入职南方科技大学，是保守人士的高光时刻。应聘时，正是她在社会上谣传颇多的时候，甚至她的形象都有一些摇摇摆摆，前途未知。它的人事制度也与传统高校不同，这些都难以让追求稳妥的父母真正放心。但是她够新，甚至比一个年轻人的一次新开始还要新，这个新压倒一切，让我对校园之外的校园充满憧憬。

这所大学的诞生曾经轰动整个中国。2011 年南方科技大学首届本科生入学，连我七十多岁的奶奶也在报纸上看到了 40 多个高中生不参加高考上大学的新闻。这所大学携带"反对传统"的标签，呼喊变革的口号，以一种天生热血的姿态闯入中国高教事业的舞台。

要反对传统，也许确实得先走进传统；要突破，或许得先保守。2013 年夏天我开始在南方科技大学图书馆工作，当时令我惊讶的是：这所标新立异的大学对图书馆的认识与传统高校无异，除了借还书和上自习，大学似乎并没有对图书馆有更多的要求。在学校的机构序列里，图书馆被勉强放在行政部门中。在校园生态系统里，图书馆是实实在在的边缘角色。

一、研究、准备与实践

自豪和热情可以把工作和事业完美融合。图书馆员是边缘角色中勤勉的那部分。我们行业里不缺少这样一些案例：自嘲式地积极进取，一厢情愿地行动，不了了之的结果。在业务交流和会议报告中，我们常常看到同行介绍，图书馆员花费心思和精力，为所在大学开发了如何便捷的系统，为学校的教师提供如何有用的服务。但若要问起是否是服务对象主动寻求图书馆帮助或依赖图书馆服务，答案往往都是否定的，大多是我们的同行主动上门，甚至动用私人关系去"推销"我们的工作。这并不是我们理想的状态。

仔细想想，我们在开始一项新的业务或服务时，往往大多参考国内外同行的成功案例，这种共性的研究是必要的。我们常常忽视的是对本馆所处的个别的环境进行深入的调查分析。但这是更关键的，因为我们工作是否有成效，我们的存在感如何，是体现在这个环境的反馈上的。

我们的同事和同行必定在一件事情上有广泛的共识：我们的"存在感"靠我们自己来"刷"。但是盲目的、自我感动式的、无调研的去"刷存在感"往往不会得到理想的效果。我们需要的有针对性、有准备、有研究。

此前，琳恩图书馆的建筑外观时尚而现代，内部空间传统且功能单一。随着大学发展进入新阶段，学校对图书馆的空间和功能也有了新要求。自 2016 年冬季开始，在之后的几年时间里，从现馆舍的内部改造，到新馆舍的功能设计，空间建设成为南方科技大学图书馆每年的重点工作。

要做出让大学满意、师生喜爱的图书馆空间，要针对两个点：第一、大学的建设目标；第二、师生的特点和需求。

南方科技大学的建设目标是世界一流研究型大学，从这个关键词出发，图书馆空间至少要达到：国际化的布局，完备的功能设计，高品质。这三点都是当时的馆舍内部空间欠缺的。国际化的布局，要求我们必须放眼世界，去了解全球高校的教学、学习、科研行为的变化和趋向，去思考高校图书馆如何在空间上去配合这样的变化和趋向。完备的功能设计，要求我们必须对发生在本校的教学、学习、研究甚至行政会议等活动有深入的了解，使我们将来的空间能尽可能地满足校园内各类人群各类活动的需求。高品质，要求我们在施工、家具、设备的宏观设计和细节把握上要倍加细心，在设计、施工和采购中要尽可能全面的考虑。

研究师生的特点和需求，是实现完备功能设计的必要且重要的一环。但是不得不说，这个研究，不是只做调查问卷就能得到指导实践的调查结论。在具体的工作中，我发觉可以指导实践的理论必须从实践中得来。

我们的同行或许已经充分意识到调查读者需求的必要，但可能不会细致地去做读者行为的研究。我们的前期调查大多关注读者在馆舍内会从事什么样的活动从而判断读者需要什么样的功能，并不重视对读者"如何使用"，即读者使用我们设计的空间时的行为的研究。而行为研究与我们日后在空间的有效服务和管理关联得最为紧密。

2016 年 11 月至 2017 年 4 月，2017 年暑期，2018 年暑期，在历时三年、分三个阶段对琳恩图书馆内部空间的改造中，我得到一个深刻的体会：我们不要想象可以改变读者的行为习惯，我们要利用读者的行为特点来节约我们的管理成本。

关于功能空间设计，要多样化，要有可变化的、灵活的空间和家具、要有满足个人独立学习和满足多人协作学习的空间、要通透，等等，这些我不再赘述。我想举一些不太成功的例子来说明研究读者行为习惯的一些用处。

（一）不封闭的讨论间

在琳恩图书馆改造中，除了封闭式的讨论间，我们还设计增加了一些半开放的多人学习空间。其中一种是半开放的讨论间，这种空间和封闭式讨论间的差别仅限于有无可以与外部隔离的门，在内部的硬件设备配置上完全一致。在实际使用中，我们观察到，学生们还是倾向于使用封闭式的讨论间。预约的数据显示，封闭式的空间总是最先被预约一空，实在没有选择时，学生们才会选择半开放的。

另一种是位于图书馆一层的协作学习空间，该空间以可书写的白板作为隔断，将不同的学习小组隔开，学生可随时在白板上书写、演算等。与半开放的讨论间不同，这个空间大受学生喜爱。

在构思二期图书馆内部功能空间时，我们把这两个空间做了一定程度的结合，一丹图书馆三层是我们规划的以开展多人学习交流活动为主的楼层，在其中我们布局了一定数量的半开放小组活动空间，以白板隔断，同时少量搭配封闭式讨论间的家具和设备布局。随着校园内师生人数的增加，这个区域预计使用率不会低，实际效果如何，就在开馆后交给实践来验证吧。

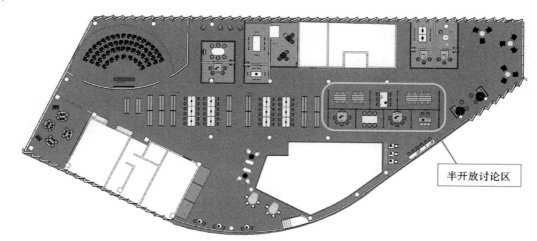

半开放讨论区

图1　一丹图书馆三层家具布局图

（二）多样化的可移动家具

多样化的、可移动的家具很受学生读者喜爱。但大面积打通的开放空间，如果使用多种类型的轻便可移动家具，那么这个空间投入使用的前一天，将是负责管理此空间环境的同事唯一满意的一天。

琳恩图书馆内部空间的结构就是每一层都是完全无分隔的大开间，这或许也是体量较小的图书馆建筑最合适的内部结构。当时我担任图书馆流通服务部的负责人，管理和维护阅览室的同事常常向我抱怨：学生又把讨论间外的椅子搬进了讨论间，学生又把懒人沙发搬进讨论间拉上窗帘关上门在睡觉，学生又把某一区域的座椅搬到另一区域使用，等等。我除了安慰同事，也只能想出在桌面上贴提示的办法了。

二期新图书馆的每个楼层仍然是大开间的结构，我们与一家在国际上颇有名气的办公、公共区域家具公司在深圳的代理商合作，做出了家具配置方案。在做方案的过程中，我没有因可能带来的管理麻烦逃避灵活、多元的空间需求，但在一些不希望太过"灵活"的位置，我比较注意家具的自重。但我也知道，管理维护的难度会永远存在，能减少一点是一点。

（三）办公家具与公共空间家具

目前，还没有专为图书馆这样的公共空间设计和生产家具的供应商进入我们的视野。不论是我们自行采购或是达到一定金额通过公开招标达成合作的供应商，大多以做办公家具见长，在他们以往的案例中，为企业提供产品居多。这些供应商或许精于家具和空间的配合，在空间设计和功能设计上颇有研究，但对公共学习场景的设想也仅限于调研基础上的想象，这使得他们无法顾及实际使用和管理维护中的细节问题。

琳恩图书馆空间改造时，采购的阅览桌插座嵌入比桌面低一些的线槽，在办公空间内使用时实用且美观，但在公共学习空间内，产生了诸如插座槽清洁困难，因为不同的使用者反复插拔造成的松动损坏，甚至因读者打翻水杯进水短路造成的消防隐患等诸多问题。为电子阅览区采购的电脑桌还有一个插座使用的问题，电脑主机、显示器等取电的插座和读者为个人自带设备取电的插座都设置在桌面的同一个插座位。现在读者一般都携带手机、笔记本电脑、平板电脑等多种需要取电的设备，有些读者甚至拔掉图书馆电脑的电源来取电，造成了不少管理维护上的困难。电脑桌主机柜的柜门设置也有一些问题，即要开柜门才能开机，因此柜门不能上锁，有些读者会把自己的东西锁在里面，把钥匙拿走，自己创造了一个私人储物柜，这不仅带来公共设备的使用问题，甚至造成了读者之间的语言冲突。

办公场景和公共学习场景有许多不同，电脑主机柜的一把钥匙、桌面插座的位置和形式等都是影响日后管理和读者体验的因素。这些琐碎的细节问题不能仅靠家具商去思考，需要靠图书馆员自己去关注和提出。但是不得不说，要求图书馆员预知这些问题太难，我们更多地只能从实践中去总结教训，在下一次实践中去避免犯重复的错误。

有了这些经验和教训，我在采购二期图书馆的家具时，特别注意和家具设计及供应商探讨这些细节问题，尤其是插座的位置和形式。如每个安装台式电脑的位置，将安装两套插座，一套置于桌面供读者取电，另一套置于读者接触不到的隐蔽处，用于电脑主机和显示器电源取电。主机柜的柜门还需参考传统的柜门，必须要常锁，但也要留出位置以便读者伸手能按到开机键。我相信新馆的阅览桌和电脑桌，再不会出现类似麻烦，读者也能使用得更顺手和自然。

个性化、多样化的服务和日常管理成本之间的矛盾，也许是世界上那些天然不可调和的矛盾之一。当前我们已经不可能为了规避一些管理上的重复、低等级的投入，而放弃去选择和营造读者们喜爱的自由、舒适、灵活的学习空间。但是我们同时又希望，我们能有效管理这样的空间，尽量少一些人员和体力上不必要的付出，把馆员的智慧和精力用于思考和开拓一些新的服务。

今天我只能提出这样的矛盾和问题，但如何解决这个矛盾，我的实践经验还太少。我模糊感觉我们需要找到一个平衡点，但具体到每一个行动的细节，或许还需要在以后的工作中再试错，再总结。

二、行动和突破

有一种说法：在中国，什么事情都说不好，只要做，什么事情都能办到。这个观点我不敢轻易同意。但是在创业中的南方科技大学，比想法更要紧的确实是行动。这种行动也可以称为"敢"，敢做敢承担。能担起"敢"字的行动，必然是突破性的行动。

（一）突破公共认知的局限

图书馆应当提供什么样的空间？我们服务的师生并没有在一开始就对我们提出明确的要求。

我们后来的工作成果反而拓展了校园中的用户群体对"图书馆里有什么"的认知。

在我们开始做空间改造之前，我们在本科生中开展的问卷调查结果显示，学生群体对图书馆的内部空间的满意度极高，而我的同事们则常常在闲谈中提及馆舍空间的诸多不足。这种"不寻常"的反馈差异常常让我感到费解。

表 1　2017 年学生问卷调查中关于满意度的调查结果

选项	1 级	2 级	3 级	4 级	5 级
图书馆服务	1.2%	1.6%	10.3%	47.5%	39.4%
图书馆馆藏和其他信息资源	1.3%	4.9%	26.9%	42.1%	24.8%
图书馆建筑 / 空间	1.7%	5.7%	22.3%	37.6%	32.7%
图书馆技术	0.9%	3.5%	19.3%	46.5%	29.8%
总体满意度	0.7%	1.6%	11.1%	59.3%	27.2%

注：满意度分 1—5 级，5 级最高。

在南方科技大学一期校园的建筑中，能够给学生提供长时间安静学习的场所确实不多。图书馆天然自带的安静自习室的属性成为压倒一切的满意根源。我们的学生对图书馆的认知从中学到大学没有任何变化，仍然停留在图书馆是一个安静的自习室的认知层面。一成不变不是优良的创业状态，这种满意对图书馆员来说是一种变相打击。

如何泡到南科大的"新晋网红"？
让我们告诉你！

原创：学生新闻社　南科新知　2017-04-13

4月5日，历时半年多的图书馆一楼改造
工程正式完成并向全体师生开放，老旧的书
架被自习区取代，教材被移出，取而代之的
是有大面积玻璃涂鸦墙的休闲区，此外，讨
论室和杂志区的出现更是使得图书馆成为多
功能学习中心。这些改变不仅在布局上令人
眼前一亮，更实实在在地提高了同学们的学
习热情，几乎每日"座无虚席"，一跃成为校
园"网红"。带着对图书馆后期改造计划的期

**图 2　校园学生媒体"南科新知"对
琳恩图书馆一层改造的报道**

在随后的改造工程中，我们将着力点放在学习空间的构建上，从三个方面着手：①减少纸质藏书复本数。从 2016 年起，普通纸质图书的采购复本量不超过 1 册。②减少书架占用的空间，增加学习空间。拆除原先占据阅览室主要位置的书架，将藏书的位置由居于阅览室中部的成排书架移至靠墙位置。③增设多种类型的学习空间。改造后，新增了开放和半开放的多人协作学习空间、封闭式的小组讨论间和培训教室等多种学习空间。但图书馆安静自习室的强大功能却并未被削弱。改造后，独立阅览座位的数量并未减少，阅览座位的舒适度得到提高，在图书馆自习的体验更好了。

新的空间启用后，不等我们宣传，学生媒体的一篇文章就称改造后的琳恩图书馆为"校园网红"。我们的学生能在本校就读期间完整认识大学图书馆的空间，而不是在离开母校后在别处见识到，这是我们能够引以为豪的。

（二）突破"学院派"思维的局限

有时候不仅是要突破别人认知的局限，更要突破因长期接受专业教育而形成的"学院派"知识体系所产生的固定思维模式。学生时代所接受的图书馆学专业教育常将教学和研究的重点定为社会信息，但图书馆业务实践则必须注重研究信息社会。图书馆的业务实践，不论哪一项，都要归结到为人服务上来，业务做得好不好，都体现在人群的反馈好不好。要做好图书馆的业务，获得服务群体的认同，必须要把人作为研究对象，要研究人的需要、人的行为、人的接受模式。

在担任流通服务部负责人的时候，我开始真正在实践中关注馆藏纸质图书的布局。从前在本科和研究生阶段连续接受图书馆学专业教育所获得的相对完整的知识体系，使我对图书布局有一些固定的观点：我希望馆内图书的排布"有序""能检索""揭示性强"，读者能通过一个书架，就得知前后书架或这片区域内有哪些学科类别的书。改造前，馆内的图书均按中图法分类，按到馆顺序给种次号，在架上有序连贯地排列。

2017年3月，琳恩图书馆一层改造完毕，在一楼放哪些书、如何排列的问题上，鄂馆长提出了我从未想过的一种思路：将英文小说单独挑出来，放置在围着柱子设计的书架上。我和当时负责编目工作的同事一开始都持反对观点：认为这种排列方式一方面使图书的索取号产生的方式更复杂，另一方面容易给读者造成混乱。但在鄂馆长的坚持下，我们仍然在这方面做了尝试。外文小说的索取号使用著者号加种次号，也在相应的位置如期上架了。

图书馆一层有限的藏书空间，在其后的两年多时间里，先是设置了外文原版经典丛书、套书专架；后又与学校语言中心合作，设置了英文分级阅读专架。琳恩图书馆一层在不经意之间，形成了一个有助于学生训练英文阅读和写作能力的图书的集中地。这恰恰配合了南方科技大学教学培养方式对学生英文水平的要求。

后来尽管因为岗位调整我不再负责流通服务部的工作，但在做其他工作时，我仍常常想起这整个经过。它给我的"学院派"思维方式带来的冲击远远大于事情本身，这项在当代研究型高校图书馆最为基础的工作，对我个人来说却是一场思维的革命。我开始思考图书馆学教学和图书馆工作实践、图书馆业务和图书馆学学术研究之间的关系。

在国内的图书馆学界，业务和学术的割裂是存在的。我体验的割裂有两个，且这两个都表现为知识和信息的新旧不对等。

第一，学术研究的选题已经相当超前，可以紧跟当前时代的热门话题。但图书馆从事一线工作的同行坐在一起交流时，往往还是探讨一些图书馆基础的、实际的操作性问题。学术研究上活跃的方向，基本与图书馆事业本身的关联程度已经不紧密。我对此并不持批判观点，我甚至赞同这是一种边缘老牌学科自我更新的能力，是一种突破性的思维和行动。但我相信，同行们应该都能感受到这种割裂。

第二，图书馆的一些传统业务或空间建设这样的基础工作，已经随着环境、技术在实践的层面上发生了巨大的改变，但在图书馆学专业的教学中，知识却不能及时进行更新。这种割裂是我在工作中回顾学业时体会到的。当遇到一个现实的问题，想要从文献中获得一些解答，搜遍核心期刊，常常找不到一篇可以启发思路的文章。

突破"学院派"思维的重要一点是要抛弃对共性的无条件信任。教科书的理论是通过纵向或横向的调研对案例共性的提炼。这种提炼当然可以指导实践，但是否能够无差别指导每个实践的个案，这是需要在每个实践中自行把握的。

但是幸运的是，在南方科技大学图书馆这样一个身处一座历史创造之城，身处一所历史创造大学的年轻图书馆，历史同样也会给我们创造实践的机会，也能给我们思考和进步的机会。

在阶段性地完成琳恩图书馆内部空间的改造工作后，图书馆成为校级接待参观路线的一站，校内其他部门的同事也找我们询问空间设计或家具选择的事情，鄂馆长更成为学校其他建设项目的常用顾问。更有许多国内的同行，因馆舍改造的需要，前来参观交流。虽然我们自认为只是踏实仔细地做了一些工作，但这一波有研究、有针对性的"存在感"，我们却真实地"刷"到了。

2020 年，南方科技大学校园内将新增两处新的图书馆空间，新增面积接近一万平方米。从 2016 年开始，我投入了大量的精力在新馆的筹备、设计、沟通联络和采购工作中。在接近三年的时间里，合作的家具公司的业务经理和设计师如走马灯般地更换，因新馆建设而创建和加入的微信群竟有十五个之多，我的耐心在这项工作中得到极大的增强。

南方科技大学二期校园的规划和建设，是深圳市建筑工务署负责调研、论证、招标、实施的市政项目，各方利益相关，颇为复杂。项目进行中的任何一项变更需求，都需要经学校基建部门呈递工务署审批。项目又有工期要求，施工进度不能耽搁，不是每一次变更都能收到理想的反馈。作为需求提供方，也作为将来的空间使用和管理者，我们自身的利益和对自己事业的责任感不容许我们毫无作为。

2018 年春季，我同鄂馆长一同前往上海，同时还邀请了合作的家具设计公司的相关人员，到中标的建筑设计事务所与设计师当面讨论设计方案。这次讨论取得了不错的效果，设计师在认可和理解我们的需求的基础上，也提出了更专业、更适合的想法。设计师与家具公司建立了基于方案和产品的联系，各方对于将来空间的设想更具体了一些。在建筑设计单位项目完成前的最后时间，设计师就我们提出的几个问题均做了相对优化的变更。

2019 年，我们开始和项目第二阶段的中标单位：深化设计单位和装修施工单位接触。深化设计单位负责将前一阶段建筑设计公司的设计深化为可指导施工的图纸，施工单位则严格按照图纸选材施工。这一阶段沟通的问题更具体，关注的细节更琐碎：天花板、墙壁的材料、灯具选型、地毯款式、强弱电的点位、阶梯教室座椅固定的方式等。好在我们已经有了足够多的实践经验，中标单位的反馈也相当积极，事情总体是往好的方向在发展。

同行来访时，常常会问这样的问题：在这一类型的市政项目中，图书馆应当发挥怎样的作用？应当如何参与？应当在什么阶段介入？我的经验是：越早越好，且要把握住关键的节点。我认为图书馆在这类项目中，除了作为功能空间需求意见的提供者，还有一个重要的角色，就是参与项目的各方的沟通联络者。新馆舍的建筑、装修均属于市政工程，但内部的设备、家具、书架等的采购则由图书馆经办。设备、家具、书架与建筑空间的配合对未来的管理和使用影响重大。图书馆是连接这两方面的关键角色。在新馆舍的设计中，我们及时与家具公司和设计师建立了联系，经过频繁的沟通讨论后，各方都能按图书馆的需求，将各自的方案进行同一目的的改动，在地面的强弱电点位，地毯、墙面和座椅沙发的配色方案上，达成一致的认识。

我们的工作还在继续，继续与学校基建部门保持联系，继续与设计、施工、装修、家具等多个乙方反复讨论、沟通和确认。怀着信心和期待，我们希望未来的图书馆，是所有参与这个项目的人投入心意共同创造的作品，能够收获南方科技大学全体师生的喜爱和好评，能成为值得南方科技大学自豪的亮点。

此刻我在周六夜晚的办公室，窗外传来学校二期理学院工地施工发出的不间断的噪音。我想起大学入学之初，时任院长陈传夫教授为了鼓励我们这些冷门专业的学生坚定专业自信，在年级大会上说的一句话："图书馆学专业没有'钱'途，但有前途。"老师没有说的话，我现在自己可以补上："能对其未来保持信心、爱和坚持的，就是前途。"

少而精，简而远

——理工科大学的阅读推广工作

陈　欣[*]

我是 2014 年 6 月从南京大学图书馆学专业一毕业即到南方科技大学图书馆报到入职的，五年多的时间里，我的工作内容时有变更，但有一项工作是我入馆以来一直在做的，或者说"一意孤行"，那就是阅读推广。

创馆不到 10 年，目前也只有 30 多名工作人员，可以说图书馆大部分人都是"一个萝卜一个坑"慢慢招进来的，因此都有其核心业务要负责。我读研究生时的研究方向是"阅读文化与知识传播"，当初图书馆招我进来也是希望开展阅读推广相关方面工作的，至少我是这么认为的。

在我入馆前，图书馆已经建馆 3 年了。前两年在启动校区，仅有两间图书室，作为一个一切需要从零开始而又只有 5 个馆员的筹备期图书馆，百端待举，自然无暇开展阅读推广工作。

2013 年 9 月，新校区的新馆正式开放使用，馆员也增加不少，就是在新馆开放的这个开学季，图书馆开始开展阅读推广活动，第一个活动就是开馆赠书。2014 年的 4 月，图书馆又举办了"世界读书日"系列活动。2014 年 6 月，我入职后成为阅读推广三人组的成员之一，

*陈欣，南方科技大学图书馆资源流通服务部副主任。

小组三人合作开展了一些活动。2017 年后，因为馆内岗位变动，另外
两人陆续退出小组，此后基本由我一人负责读者活动这一块的工作。

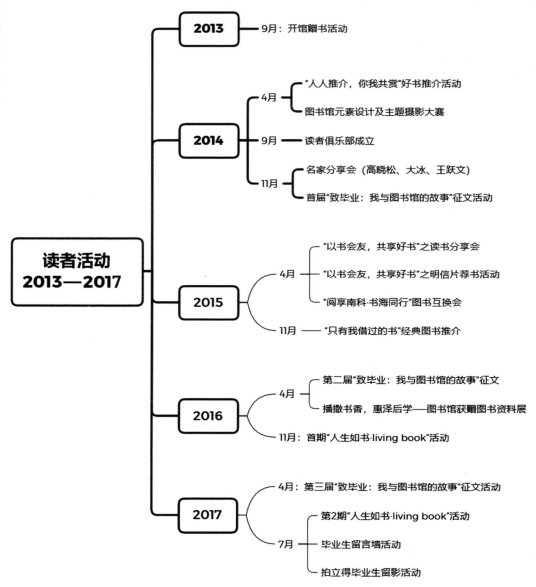

图 1　2013—2017 年南方科技大学图书馆开展的主要读者活动

由图 1 可知，南方科技大学图书馆在 2014—2017 年期间，在读者

活动方面进行过多方面的探索。但在 2018 年以后，就只剩三个活动了，按照时间顺序，分别是："致毕业：我与图书馆的故事"征文活动、"人生如书·living Book"活动和"思库推荐"。这三个活动正好都是由我策划和负责，本文将重点介绍这三个读者活动，以梳理南方科技大学图书馆的阅读推广工作。

一、"致毕业：我与图书馆的故事"征文活动

南方科技大学图书馆自 2014 年开始面向第一届毕业生举办"致毕业：我与图书馆的故事"征文活动。目前南方科技大学已有五届本科毕业生、二届硕士毕业生和一届博士毕业生，因此该活动也已连续举办五届。

征文活动围绕"致毕业：我与图书馆的故事"这一主题，在每年毕业季面向全体毕业生征集文稿，旨在留下毕业生们对图书馆的记忆。五年来共评选出 32 篇优秀稿件，每年投稿情况见表 1。

表 1　南方科技大学图书馆历年"致毕业：我与图书馆的故事"活动征文来稿统计表

年级	稿件数
2011 级	4
2012 级	0
2013 级	8
2014 级	8
2015 级	12

由表 1 可知，活动未征集到 2012 级毕业生的投稿，也即第二届活动遭遇了无人参加的情况。这直接导致了在第三届活动来临之际，图书馆对该活动是否继续举办出现了不同的意见。在我的坚持下，最后争取来的结果是，再举办一年，如还是不理想，该活动就取消。

好在第三届时终究是收到了 8 篇来稿，这样顺理成章有了第四届、第五届活动。虽然每届活动收到的稿件数都不多，但能明显感觉到活动开展得越来越顺畅了。对于这个活动虽然我一直以来抱持"愿者上钩"的心态，但征稿通知发出一段时间却没收到来稿，作为负责人，难免会感到一些焦虑和压力。因此，我们也会去做一些宣传推广工作，从最开始只给毕业生发征文的通知邮件，到第三届时会在图书馆大厅摆放宣传海报加以宣传，并在微信公众号发布往期优秀征文加以推广，以期更多的同学们了解和参加该活动。

该活动一般是在每年 1—4 月进行稿件征集工作，征集后主要是印制文稿合辑，每年都是在前几届的基础上增加当年的征文稿件，并在学生毕业前完成印制，送给投稿的毕业生们，并投放到图书馆阅览区域，供读者自由取阅。

2019 年 9 月开学季，图书馆举办了"致毕业：我与图书馆的故事"征文展，展出了其中 16 篇优秀稿件。这些文字是南方科技大学的毕业生对"图书馆"的所思、所想、所感、所情，真正从读者们的视角展现了一个新图书馆迅速成长的历程，更诠释了一届又一届学子们在图书馆孜孜以求的读书生活。

举办征文展，一方面是为了宣传推广活动，扩大活动的影响面，更主要是展示征文的内容，因为这些征文不仅仅表达了毕业生们对图书馆的感谢之意和溢美之情，更多的内容是展示他们使用了图书馆哪些资源以及使用这些资源的心得体会与收获的成长。在开学季展出，就是为了新生们能汲取毕业生们的经验和正能量，在之后的学习中用好图书馆。

该活动经过 5 届的探索与积累，遭遇过滑铁卢，但最后都坚持下来了。有时也会想是否有必要继续举办下去？难道仅仅只是为了一年又一年地举办下去？或者说凑个十年、廿年的数字？如果不是，那么这个活动的意义到底是什么？

活动自开展以来，我们在征文通知中一直强调"本征文非比赛，因此不设奖项"，也从未以优厚的奖品来吸引读者参加，仅仅是为了让读者自由地去表达他们与图书馆的故事。因此活动征集来的内容，是比较真实的读者使用图书馆的感受，是来自读者的第一手资料，这其中有好的反馈，也不乏一些建议。

读者褒扬之处是对馆员们工作的回馈与肯定。如32篇文稿中反馈最多的就是图书馆电子资源丰富，图书荐购的高满足率和高效率，改造后的图书馆空间更好更舒适，读者信息素养培训课程受益匪浅。这四个方面确实也是目前图书馆面向学生群体做得最出色的工作。只要是图书馆做得好的地方，其实读者都会有直观感受。

而对于读者提出的批评与建议，则是我们在下一步工作中需要改进之处。比如，有好几篇文稿指出图书馆的空调温度调得太低，因此图书馆加强了空调温度的监控，并积极协调更换空调系统。

这些稿件除了带给图书馆来自读者方面的反馈，我想更重要的意义在于给后来的读者提供了一些使用图书馆的启迪与教益。因为大部分稿件阐述的是他们使用图书馆的心得，如：如何发现并使用图书馆资源、参加读者信息素养培训的收获、如何给图书馆荐购资源、阅读心得及如何阅读以及大学四年在图书馆安静的氛围中学习成长的历程……我想，当这些文字被另一些读者看到时，传递的是来自读者的正能量，是对图书馆服务的很好宣传。

二、"人生如书·Living Book"活动

图书馆于2016年11月主办了首期"人生如书·Living Book"活动，至今已举办五期，取得了良好反馈，并获得2019年广东省阅读推广案例大赛二等奖。

该活动前两期是与校园书吧合办，第三期活动由于书吧退出校园，

开始由图书馆接手独立举办。这个活动原本是学校文学社和校园书吧的一个活动设想，即"南科人物沙龙"，他们希望由图书馆来主办，以扩大活动的影响力。而早在他们找上图书馆之前，我们已起草过一份《设立"南科大读书节"方案》，方案建议设立名为"人生如书"的读书节，其中就有个人阅读分享会的活动，可以说与他们不谋而合。所以，最终该活动的主题、定位和策划都是由图书馆提出。前两期中，校园书吧在后勤服务方面提供了很大帮助，在场地、海报设计、工作人员、饮品等方面为活动提供了保障。"南科大读书节"最后没能成功设立，但衍生了"人生如书·Living Book"活动。

"Living Book"即"真人图书"，就是把人作为一本书"借阅"给读者，通过"真人图书"与读者之间直接的交流与互动，来实现阅读的过程。这一活动形式被形象地描述为"读有故事的人，阅会行走的书"。这类形式的活动在国内多被翻译成"真人图书馆"活动，南方科技大学图书馆未作翻译，直接用英文"Living Book"，一方面是我校双语教学，学生对英文不反感，另一方面，我们认为英文更能表达原意。

经过五期的实践，该活动目前已较为明晰化、流程化，也是毕业季的一项常规活动。活动主要分为三个阶段：

（1）征集 Living Book：征集活动分享者，即征集 Living Book，每期征集 5 人，分享者将自己假设为一本书，需提供书名、关键词、照片等信息，图书馆根据这些信息，制作宣传海报。图书馆还为每位 Living Book 定制印有"人生如书·Living Book"字样的文化衫，要求穿文化衫参加活动。

（2）预约 Living Book：通过微信推文、电子邮件的形式发送 Living Book 海报，让大家以邮件抢票的形式报名预约某一位 Living Book，每本"Living Book"只同时出借给 10 个读者，最先回复邮件的前 10 位读者获得活动的入场券，其他的预约者将收到预约不成功的邮件。

（3）Living Book 分享活动，又分为三个环节：

①开场朗读环节：不分小组，5 组人员一起参加。每位"Living Book"分别朗读一篇对其有深刻影响的作品，并阐述该书对他的影响和意义。

②"Living Book"分享环节：分组进行，每组由 1 位"Living Book"和预约他的 10 位读者组成，Living Book 将与读者分享、交流大学期间求知、求索、求悟等过来人的经验与教训。时间约 100 分钟左右。

③抽奖环节：每场一等奖 2 名，二等奖 3 名，三等奖 5 名，奖品为在朗读环节被朗读的图书。

其实"真人图书"，或者说"真人图书馆"活动，并不是什么新鲜事物，国内外很多图书馆都有开展，可以说并不是什么新的创意。南方科技大学图书馆是否做出新意了呢？现在回过头去看，我们认为南方科技大学图书馆的活动有以下三个特点。

第一，以学生为"Living Book"的主体。南方科技大学于 2011 年开始招收第一届学生，作为一所崭新的高起点大学，学生们也是勇于探索、敢为人先的一群探路者。让同学们把在南方科技大学求学成长过程中的隐性知识分享出来，是图书馆举办这项活动的初衷。而报名的"Living Book"们大部分是毕业生，他们已经在学校学习、生活了近四年，比较有生活经验和学习心得，对于大一至大三的同学来说，他们是过来人，是前辈，因此低年级学生更愿意来倾听他们的故事。

第二，活动形式的创新。活动将传统朗读会和个人分享会两种常见的读者活动形式合二为一。活动从第二期开始嵌入了"朗读"环节，由每位 Living Book 朗读一本对其影响最大的图书中的某个片段，并阐述对其产生了什么样的影响，以达到倡导阅读、推广好书的目的。这样也能很好地促进同学们去阅读这些图书，和进一步了解分享者。图书馆也会提前购买这些被朗读的书，最后在抽奖环节赠送给活动获奖者。朗读环节营造了一种良好的阅读氛围。

第三，小组讨论。活动旨在为师生们提供一个分享个人求学经验、求知心路的交流平台。与常见的讲座形式不同，我们采用的是小组面对面交流，每期活动分 5 个小组，每组由 1 本"Living Book"和 10 位读者组成，5 组在同一时间、同一个大场地进行，以营造浓厚的交流讨论氛围。

三、"思库推荐"活动

随着"全民阅读"潮流的兴起，阅读推广活动成为图书馆读者服务的重要部分，但在南方科技大学，由于学生人数少、学生学业压力大，阅读推广活动的效果一直不太理想。随着学生人数的逐渐增加以及学校人文素养教育的迫切需求，图书馆要在校园文化建设中发挥积极作用，尽管阅读推广工作开展得举步维艰，但也从未停止探索的脚步。

为了营造良好的校园阅读氛围，南方科技大学图书馆于 2018 年 11 月推出了 Scholar Recommend 项目，音译为"思库推荐"，寓意：思想碰撞的智库。Scholar 既可以是学者，也可以是学生，面向全校师生征集"思库推荐"书目，并在图书馆一楼大厅设立了"思库推荐"书架。

截至 2019 年 9 月，南方科技大学图书馆已推出 36 期思库推荐，共推荐 129 种图书，总借出 783 册次。

"思库推荐"活动从最初的设想到正式推出，历时两年。2017 年 11 月我参加了"华夏阅读论坛暨书评馆员培训与全民阅读立法促进研讨会"，会上赞助商介绍了一款产品——图书馆网络书评系统，初听时倒无甚想法，因为我觉得在网络评论泛滥的时代背景下，网络书评质量无法保证，到最后很容易不了了之或出现其他的问题。不过这启发了我反其道而行之，那就是"纸质书评"。

最初的设想是在图书馆投放可粘贴于书中的纸笺，以便读者将阅读时的感受随时记录下来，并保留在书中，这样下一位翻阅到这本书的读者就能看到前一个读者的阅读感想或建议。这个想法受启发于2017年毕业生征文中学生分享的一个事例：

后来选了专业，就经常地去到二楼专业书籍区域寻宝。有一段时间选了不少数学课，经常泡在二楼看参考书，书太多又不知道哪本讲得好，只好相关的每本都借来对比着看，每次费时费力，一点学习热情都给消磨完了。这时候借的书变了，也多了很多吐槽。不得不说咱们学校的学生素质还是良莠不齐，从借书上面就看得出来：有素质差的，借来的教辅书直接拿着中性笔就在书上把习题做了，完全不考虑下一个借这本书的同学的心情；素质好的也能让人感激涕零。有一次我又在费神地对比参考书，忽然发现其中某一本的扉页上被人用铅笔写着"此书很渣，有很多错的（包括习题），慎用！！"感动得我想当即给此人叩首道谢，有此造福人类之举，阁下真可谓是一个对社会有贡献的四好青年啊！

——2017届毕业生樊启狄

经过一段时间的考虑和策划，最初确定的活动名称为"阅读书简"，"书简"即"书信"，阅读书简，顾名思义就是读者关于阅读方面的书信往来，即阅读交流。初衷是为读者提供发表阅读感想的自由平台，希望读者留下对某本书的好感；也希望读者指出书中的不足之处，就像上面的毕业生所指出的那样，将书中知识性错误指出来，为后来的读者节省时间成本；更希望的是读者能通过"阅读书简"就同一本书进行交流与"对话"。

接下来对"阅读书简"的设计用了半年时间，最后的方案采用了仿古代书信格式，并配上"阅读书简"四字的印章。为了能粘贴于大部分图书，"阅读书简"的尺寸设计为10×15.5cm，其背面上边缘需要有 1cm 宽度的粘贴条，方便读者撕下就能粘贴于书中，且不易脱落以便永久保存。找厂家定制"阅读书简"时，又由于所需数量较少，很多厂家不愿制作，再加上需要不断打样板确定清晰度、质量和黏性，又用了几个月时间才最终如愿做了一批"阅读书简"纸笺。

在制定"阅读书简"活动具体推广策略的过程中，我又产生了制作"教授推荐书目"的想法，因为希望能借助学校教授们的力量来推广宣传该活动。这两项活动可以并行，而且可以起到相辅相成的效果。在该活动准备正式推出前，图书馆相关人员进行了最后讨论和论证，主要的担心还是网络书评存在的问题——大量投放"阅读书简"，可能会影响书评的质量。最后决定不进行投放，改成读者如想推荐某本书，则先发推荐语到指定邮箱，审核后如没有问题，则再领取"阅读书简"誉写推荐语，由馆员将手写推荐语的"阅读书简"粘贴于图书扉页。

最后的结果是将"阅读书简"活动和"推荐书目"活动合二为一，并主要突出推荐书目活动。对于推荐书目活动的名称，一时也无法定夺，因为我们希望所有师生都能参与推荐书目，原本的名字"教授推荐书目"就不大适合了。曾设想过一个"'钱学森之问'推荐书目"名称，主要是联想到南方科技大学成立之初的"南科大要回答钱学森之问"，而钱学森又恰好在《谈教育改革》中强调"学校里应该有一个活跃的气氛，让学生们博览群书"，这与我们的立意很符合。但我们认为这个活动名太大，容易让师生们望而却步。

后将该活动报给鄂馆长寻求思路，他从英文的角度一下就解决了这个问题，直接用英文名"Scholar Recommend"，因为 Scholar 就既可以指学者，也可以指学生。至于中文名则采取音译的办法，经过头脑风暴后采用了"思库推荐"，"思库"即思想碰撞的智库。

之后为了验证活动的可行性及效果，我请鄂馆长先行推荐了一本书，并手写了推荐语粘贴于图书扉页，这本书是 *The Second Machine Age*，同时在图书馆报刊区的茶几上摆放了该书和推荐语海报，也在图书馆微信公众号发布了推文，推出后效果出乎我们的意料，因为我们曾一度担心英文书会没人借阅，但实际上该书从推出前的无人问津变成了全部复本都被借出。于是该活动于 2018 年 11 月正式推出。

推出前我们给平时与图书馆接触较多或本身也热衷推广阅读的几位教授发出了推荐书目的邀请函，积攒了前期的几份书目。正式推出后，又给全校师生邮件发送了活动邀请函，也收到了一些推荐书目，来稿情况还比较乐观，于是确定一人一期，每周一期。

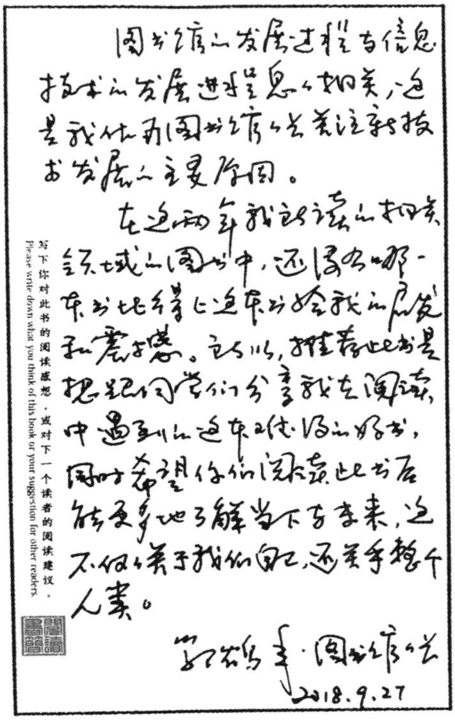

图 2 "阅读书简"设计稿及推荐者的手写推荐语

推出之初，我们选定图书馆一楼大厅入口处的一个书柱来摆放推荐图书，最初预想的是只有本月的推荐书目才放到这个书柱上，以解决推荐书目不断增长而空间不足的问题。后来一个偶然的事情发生，改变了这一做法。鄂馆长认为"思库推荐"的海报还不够好，于是请人文中心唐克扬老师帮忙设计一张海报，他在看了相关资料和现场观察后，直接给我们提交了一个改造该书柱的设计方案，为我们设计了"思库推荐"书架。他是哈佛大学设计学博士，他的设计一发过来，我们都认为非常好，不仅是为该活动量身定制，也极大地提升了图书馆大厅入口处的设计感。

之后就是走施工流程，计划利用寒假完成施工，但施工完成后，唐老师认为还存在一些问题，最大的问题是做工比较粗糙，没有达到他的要求，于是又经历了几次返工，直到 2019 年 3 月，才正式完工。后来就摆放图书的书撑和宣传栏海报的设计，又用了 2 个月时间。2019 年暑假，我们又利用思库书架旁边的楼道墙壁，安装了展示墙。

"思库推荐"活动经过一年的运行，已步入正轨，除寒暑假外，都能以每周一期的频率按时推出。书目来源方面，除了师生们主动推荐书目，也会结合一些特定节日或学校新闻事件，邀请特定的人有针对性地推荐一些书目，如在"5.25 全国大学生心理健康日"推出由学校心理健康中心老师们推荐的心理健康方面的图书，以及 2019 年"十佳毕业生"系列、国家奖学金获得者系列、书院"大学长"系列。

从目前活动开展的效果来看，被推荐图书的借阅量明显增加，在一定程度上促进了阅读，营造了更为活跃的阅读氛围。针对该活动，下一步的工作是建设思库推荐网站，以更好地展示和推广所推荐的图书。

四、我对阅读推广工作的两点感悟

回首过去五年在阅读推广方面的工作，不说百感交集，但我确有"山重水复疑无路，柳暗花明又一村"的心路经历，阅读推广工作虽说是在探索中曲折前进，但于挫折失败中也收获了一些经验和心得。

（一）阅读推广的专业性问题

阅读推广似乎是个"大菜篮子"，图书馆的很多活动都可以往里面放，但也有人注意到阅读推广的边界问题和专业性问题。目前阅读推广的范围太宽泛了，看起来很多活动可以开展，也容易开展，因此非常容易走向形式主义，为了活动而活动。王波就曾指出："图书馆阅读推广是机构行为、行业行为，不是个人行为，需要体现一定的专业性。"① 上文介绍的三个阅读推广活动，都是由我提出，馆里讨论决定后再由我具体负责，有时我会想，这些活动是不是有太多我个人的色彩或者偏执在里面？这些活动是否具有专业性？

为此我查看了有关"图书馆阅读推广的专业性"这个问题的相关论文，其中一个被反复讨论的问题是阅读推广应该尊重"知识自由"。正如范并思指出："现代图书馆学确立了智识自由的核心价值，这一价值主张尊重读者的阅读自由，不干涉读者的阅读行为。"② 基于"知识自由"这一理论前提，王波将范并思教授的观点概括为："图书馆阅读推广的专业性首先体现在认同全世界图书馆的主流价值观，保证读者的阅读自由，保持价值中立，不能倾向性特别强地推荐某些读物，不能用图书馆员对某本、某类读物的刻板印象来影响读者对这些读物的认知，要维护读者的阅读自由、知识自由。"③ 也就是说，"为维护读者的知识自由，阅读推广的专业性表现为间接性，即图书馆员不宜直接从事阅读推广，而应该扮演供给者、管理者、中间人的角色"④。

从这一点来看，南方科技大学图书馆的思库推荐活动很好地做到了这一点，所有推荐图书由读者自愿推荐。就"人生如书·Living Book"活动而言，"真人图书"的征集也都秉持自愿报名原则，图书馆没有任何倾向，朗读环节所读图书都是由"真人图书"自己选定，图书馆未做任何干预。在这两个活动中，图书馆其实就是扮演了中间人的角色，只是把读者们通过活动连接起来，为他们提供阅读交流和经验交流的线上线下平台。

同时，对于所推荐图书版本的重视，也体现着图书馆员专业性的

① 王波. 图书馆阅读推广如何体现专业性［J］. 上海高校图书情报工作研究，2018（2）：28–29.
② 范并思. 阅读推广与图书馆学：基础理论问题分析［J］. 中国图书馆学报，2014（9）：6.
③④ 王波. 图书馆阅读推广如何体现专业性［J］. 上海高校图书情报工作研究，2018（2）：28–29.

一面。其实，对于所推荐的图书，有一部分图书馆虽已有馆藏，但我往往会研究一下已有馆藏版本是否是公认的最佳版本，如果不是则会提出购买最佳版本的申请。当然如果推荐者指定了某个版本，就算不是好的版本，我也支持推荐者的版本，将"阅读书简"贴于推荐的版本，但同时也会跟进将最佳版本收藏入馆，因为其他读者可能会想看最佳版本。

（二）关于理工科大学的阅读推广工作

南方科技大学是一个理工科大学，学生人数非常少，而且学生学习任务普遍繁重，这三个特点决定了在南方科技大学开展阅读推广工作的困难，即参加活动的读者少，缺乏兴趣，没有时间。因此，在经过最初的探索、尝试阶段之后，我意识到在南方科技大学开展阅读推广工作不能求数量，而应该追求质量，做成1至2个深入人心的品牌活动即可。

回顾这三个活动，有一个共同的特点就是"旧酒换新瓶"，都是图书馆界常见的比较成熟的读者活动形式，只是在新环境下，做了一些适应新变化的内容或形式的改变。如"思库推荐"活动其实是将图书馆由来已久的书目推荐和书评导读两个传统服务合二为一了。

对于南方科技大学图书馆而言，阅读推广工作才刚刚起步，未来还有很多路要走。"少而精，简而远"，这六个字是我在南方科技大学这所理工科大学开展阅读推广工作的一个心得，即数量越少、质量越高、操作越简单的活动才有可能走得更远。

有关学习与科研服务拓展和团队建设的一些思考

黄飞燕 *

2015 年，我有幸加入南方科技大学图书馆。在此之前，我接受了近七年的图书馆学专业教育，并在全球最大的图书馆合作组织 OCLC 工作六年多。加入之初，我负责资源建设工作，之后因馆里工作需要经历过五次岗位变动。至今为止，除技术部外，其余所有部门工作我都参与过。在这里主要分享我从 2017 年 7 月开始兼任学习与科研服务部主任以来，对服务拓展和团队建设的一些思考。

一、有关服务拓展的两点思考

（一）服务拓展的关键在于准确把握用户需求

当我担任学习与科研服务部主任时，馆里对部门提的要求是全面开展信息素养培训以及尝试拓展科研支持服务。经过两年多的努力，信息素养培训从 2017 年春季学期的 2 场发展到 2019 年春季学期的 44 场，授课形式包括系列讲座、定制式培训、新生培训、新入职教职工培训、微课程、慕课等。科研评价服务已在校内建立一定的口碑，但

* 黄飞燕，南方科技大学图书馆助理馆长、学习与科研服务部主任。

凡需要科研成果统计和分析时，校领导、各院系、科研部等都知道此事图书馆最专业。然而，新业务的拓展过程并不是一帆风顺的。通过总结成功和失败案例的经验和教训，我认为图书馆在开拓新业务时最重要的是准确把握用户的需求以及在推广前做好基础的专业能力储备，并随着业务发展不断提升业务水平。

最初，我们对科研支持服务设定了两个方向：科研评价、专利服务。经过两年的努力，前者已在校内形成知名度和口碑，但后者只限于每年开展一次专利数据库检索培训，出现如此大的差异主要原因是用户需求的不同。起初，我们对两者给予同样期望，通过调研其他高校图书馆相关服务以及安排馆员参加培训，在积累了一定的专业知识和技能后，我们制作了一些基础的分析报告，就开始联系两个对口职能部门（科研部、技术转移中心）推广我们的服务。但当我们拜访技术转移中心时，被告知他们目前关注更多的是专利申请、成果转化等。此外，专利成果统计可以在他们自己的专利管理系统获取，基于智慧芽专利数据的分析数据对他们而言意义不大。之后也做过几次交流，但始终没有挖掘到合作的需求点。与此同时，科研评价工作却发展迅速。当时学校对科研成果管理、统计和评价的需求非常强烈，为此科研部以及各院系经常需要填写各类成果统计表格，耗时耗力。图书馆一推出这项服务，需求纷沓而至。最初提供的服务主要是协助科研部统计学校 SCI、EI 论文数量，之后为校领导提供科研产出分析报告，并得到校级领导的肯定；多个院系和相关职能部门请我们做数据分析，用于对标分析、一流学科评估、大学排名等。随着我们服务水平和能力得到学校各层面的充分认可，我们与科研部在科研成果统计与分析领域建立了全方位的合作关系。

通过这两个案例，我们可以发现服务必须基于需求，尤其是对口部门的需求。新服务的拓展必须基于用户的实际需求，不可为了开拓而强行开展，最后就变成了自娱自乐，但也不能因为一两次的被拒绝就自我否定。虽然被拒绝的那刻感到很沮丧，但之后应继续保持开放和勇于尝试的心态，相信再过若干年随着我校专利成果逐渐形成规模，对专利分析的需求就自然会产生。

（二）服务口碑的形成关键在于质量

当一项新的服务推出时，我们首先要确保服务达到一定的专业水准。2017年秋季学期，我们开始尝试推出信息素养系列讲座，先内部确定培训主题、时间表、授课老师，但因为刚起步心里其实也没底，因此在学期初并没有对外发布整个培训计划，而是备完一门课发一次通知，最终那个学期我们做了五场讲座。当时整个学科馆员团队都没有授课经验，所以每当一位同事备好一门新课，先在部门内部给同事试讲，大家找问题提建议。内部试讲通过后，再请馆长听课做最终把关，一门课至少经历三次内部试讲。随着讲课经验的积累，大家的建议也由最初的颠覆性变为锦上添花，即使这样通常也需要经过两次内部试讲才能通过。可以说，每一门课的背后除了主讲人的努力外，还有部门同事的集体智慧。

从这两年的经验来看，早期我们的讨论集中在培训框架和内容、授课技巧、上机演示方法、读者互动等方面，一门新课的备课周期为四周。现在，我们的备课时间一般为两周左右，有紧急任务时可能几天时间就能完成。为了让课堂更有趣，我们准备的素材和检索案例经常做更新，尽量与当下热点结合。例如，2019年3月，在语言中心《学术英语》课程进行嵌入式教学时，我们使用一张当时的热门事件"翟天临问知网是什么东西"的直播动图，用鲜活的案例让学生们认识到学术规范的重要性和严肃性。2019年4月17日，系列讲座主题是"利用WoS数据库平台助力科学研究"，在培训前一周，科学界发生一件全球性引人瞩目的事件——"人类史上首张黑洞照片"公布。同事火速将检索案例改为"LIGO在黑洞研究中的应用"，在讲解检索式构建技巧的同时，带领学生查找该领域的高被引论文、高影响力学者、世界顶尖的研究机构。因为案例与热点相结合，课堂效果非常好。正因为严把培训质量，我们的信息素养培训在师生中间形成了良好的口碑，至今已有 9 个院系 / 中心邀请我们将培训嵌入他们的课堂，嵌入式教学已成为我们信息素养培训的另一个重要方向。

二、有关学科馆员团队建设的思考

与许多同行交流过学习与科研服务工作，大家感慨最多的就是缺人，缺合适的人。在开拓学习与科研支持服务之初，我们也面临同样的问题。任何一项工作都是全新的，大家都没有经验，包括我自己。但非常幸运的是，我们是一个年轻的团队，平均年龄 30 岁左右。大家虽然不懂，但是都对做好工作充满期待，都想学习新知识实现自我提升。作为团队负责人，我的责任是制定一个可执行性强的工作目标和计划，根据团队成员的特长、兴趣和能力合理分工，并给予他们必要的支持，最终共同努力实现部门目标。以下是我这两年关于学科馆员培养和团队建设方面的思考。

（一）学科馆员的成长需要培训和时间

无论是信息素养培训或是科研评价服务，对大家而言都是全新的领域，需要给同事们提供足够的学习时间和培训机会。最初，学科馆员的日常工作是选书、参考咨询、查收查引，其中查收查引工作量最大。在和部门同事交流时发现一个明显的冲突是，查收查引工作往往是任务急，时间紧，工作时间碎片化，而培训备课等则需要较长的、相对完整的时间。与每位同事沟通后，我了解了每个人承担的工作内容、工作量以及个人兴趣，将部门工作进行重组，分为三个业务组：学习支持组、科研支持组、查收查引组。查收查引工作原则上由该小组完成，高峰时期由部门主任协调全部门同事支持。这样就解决了同事们学习新知识和技能需要时间的问题，可以集中精力在开展新业务上。同时，我们安排同事们参加培训班和专业会议，例如负责科研评价的同事通过参加科睿唯安学科服务研修班很快就掌握了科研评价分析平台的使用技能。经过两年多的学习与实践，各位同事的专项业务能力均得到长足的进步，人人都是业务骨干。

（二）"产品经理 + 客户经理"的团队合作模式

随着部门业务的发展，以及资源建设部和学习与科研服务部的合并，促使我对部门分工与团队合作进行更深入的思考。如何充分发挥馆员的特长和兴趣？如何既能分工合理，又能在机制上保障团队合作？在有限人力的客观条件下，如何将团队整体服务能力最大化？我需要回答一个问题：一位同事既是学科馆员负责服务三四个院系，又是科研支持组组长负责科研评价服务，这位同事该如何平衡这两个角色的工作，以及如何与其他同事开展协作。经过一段时间的思考，我采用"产品经理 + 客户经理"的概念给学科馆员讲解如何看待自己承担的两种角色和两者的关系以及如何处理好团队合作关系。

1. 产品经理

各个业务组组长相当于产品经理，需要思考以下几个问题：①我的产品是什么？②我的目标用户是谁？③如何建设我的产品？④如何营销我的产品？如科研支持组组长对科研评价服务这款产品的回答可能是：①我的产品是基于 Web of Science、EI、Scopus、ESI、Incites、SciVal 等引文数据库和科研评价分析平台提供科研成果统计和分析服务。②我的目标用户是校领导、相关职能部门、院系领导等。③通过参加专业培训班和相关工具的学习，根据用户需求提供各类统计数据和定制分析报告；在部门内部做相关培训，指导其他学科馆员掌握基本的科研评价能力。④通过馆领导在学校各类会议向目标用户宣传该产品。

2. 客户经理

学科馆员的角色相当于客户经理，工作重点是与客户（各院系）建立良好的关系，应熟悉掌握图书馆的各类资源和产品（服务），能解答基本问题和提供基础服务。当涉及复杂的产品问题时，邀请产品经理共同为客户提供解决方案。一位学科馆员应掌握上述分析平台的基本使用技巧，例如应具备查询某 ESI 学科 Top1% 阈值的能力，可以为负责的院系提供此类基本问题的咨询和解答。当某个院系提出定制化学科分析报告需求时，就需要邀请产品经理（科研支持组组长）加入，由科研支持组为用户提供专项服务。

两年多来，每位学科馆员的工作职责多有变化，大家也渐渐适应了这种工作状态。对于个体而言，通过岗位重设明确个人职责和工作目标，随着业务拓展个人能力也得到长足进步。对于团队而言，通过划分业务组实现合理分工，通过团队合作实现"1+1>2"的效果。

（三）一名优秀学科馆员应具备的能力和素养

学科馆员是图书馆与院系的桥梁。如果问我，你心目中的学科馆员是什么样的？我会回答：如果当一位教授在使用图书馆资源或服务中遇到问题时，第一个想到联系的人是学科馆员，那么就算是工作做到家了。而为什么第一个就想到你，我认为有两个前提条件：第一，他／她已经认识你；第二，你曾提供的服务让他／她满意。这就回到我想说的学科馆员的基本功：①沟通能力。一位学科馆员必须拥有出色的人际沟通能力，要有亲和力。②专业能力。学科馆员必须熟悉学科信息资源情况以及使用技能，具备提供信息素养教学等能力。以上是成为一名称职的学科馆员应具备的能力。但是，如果要成为一位优秀的学科馆员，我认为还需要具备以下素养：①主动性。有动力走出舒适区主动走向用户，而不是等着用户上门。②自学能力。图书馆的服务永远随着用户的需求而不断演变，服务质量提升以及新服务的开拓都需要馆员不断学习新的知识和技能。③对工作的热爱与执着。当你遇到挑战或者挫折时，能不气馁，迎难而上，保持持久的工作热情。

这也使得我在招聘新同事时，除了关注应聘者的基本能力（教育背景、外语水平、沟通能力）外，特别看重他/她的个性，对服务工作是否有热情，是否喜欢学习新知识，等等。

整个团队进步的背后是每一位成员的成长。2017年7月以前，现有团队中只有一位同事做过一次嵌入式课程教学，而现在六位专职学科馆员都做过信息素养培训，其中三位可以用英文授课。今年学校领导的报告中有关科研论文的统计数据都是由图书馆提供；我们制作的《南科大ESI论文表现分析报告》在2019年全校科研大会上作为会议资料发放给全校教授。

学习与科研支持服务是一项永远在变化、发展的工作，现在我们又开始在学术出版、学术交流领域做一些尝试性拓展，比如接下来我们还要在科学数据管理工作方面开展工作。我们需要一直保持开放、积极的心态，迎接一个又一个挑战，满足一个又一个需求。我想，这才是图书馆学习与科研服务生命力的体现、价值的体现，也是吸引馆员热爱这份工作的魅力。

南方科技大学致力于成为世界一流研究型大学，图书馆需要提供与之相匹配的世界一流的学习与科研支持服务。"不积跬步，无以至千里"。这两年取得的进步可以看作我们努力的"跬步"，让我们建立了自信。但是，我们需牢记"千里"的使命，脚踏实地继续奋进。

我和信息素养培训的故事

张依兮 *

一个平常的周三下午，"外文电子资源检索与利用"培训结束后，我回到办公室，翻看着同学们填写的培训调查问卷，一股暖意涌上心头。今天来参加培训的同学很多，超出了我的预期，图书馆 G309 培训教室坐不下了，有很多同学站在后排，还有的席地而坐。这个场景和两年前我们初次举办信息素养培训时迥然不同。图书馆信息素养培训开展两年多，我有幸参与了全程，一路走来，艰辛与收获"将这一径长途点缀得花香弥漫，穿花拂叶，踏着荆棘，不觉痛苦"。

一、信息素养培训起步阶段

信息素养培训是帮助同学了解图书馆资源和服务、掌握信息检索和获取方法、全面提高信息素养的一项重要措施。信息素养的评价标准，即信息素养要达到什么样的要求和效果是有理可依、有章可循的。2000 年，美国大学与研究图书馆协会（Association of College & Research Libraries，ACRL）发布了《高等教育信息素养能力标准》（Information Literacy Competency Standards for Higher Education，下文简称《标准》）。该标准包含 5 个一级指标和 22 项具体的评价指标，较

* 张依兮，南方科技大学图书馆学科馆员。

全面地反映了信息素养的内涵和要求[①②]。为满足高等教育环境和信息生态系统发展变化的需求，ACRL 又对其标准进行了修订，加入了"阈概念""元素养""元认知"等革新性概念，于 2015 年发布了《高等教育信息素养框架》（下文简称《框架》）[③④]。新《框架》的培养理念，引导教师在课程设计中遵循"Less is more"的基本原则，大力削减课程内容，把主要精力集中于培养学生理解信息、自主学习的能力上[⑤]。

信息素养培训在每个高校图书馆里都是不可或缺的一项重要工作。早在 2015 年我刚入职的时候，首任馆长燕今伟就一直想把信息素养培训工作开展起来。当时正处在学校大力引进人才的阶段，"查收查引"和"文献传递"的工作任务量很大，同时电子资源还未能提供充足的保障，加上人力不足，培训的计划一直搁浅。当时图书馆自主提供的培训仅限于在开学季组织一次新生入馆培训，再无其他。

（一）机缘巧合：走上培训之路

时间回转到 2017 年 2 月，在学期即将结束之前，机械系系主任融亦鸣老师向图书馆提出，希望在"文献检索与综述"这门课上嵌入一场关于图书馆资源利用的讲座。我作为机械系的学科馆员，理所当然地接受了这项工作。

第一次准备课件的过程我还依稀记得。正值春节假期，我每天都抽出一部分时间收集材料、准备课件，最后洋洋洒洒地做了 80 页 PPT，等待开学试讲。因为是首次到系里讲课，馆里非常重视，要"全票通

---

① ACRL. Information literacy competency standards for higher education [EB/OL]. [2019–10–25]. https://alair.ala.org/handle/11213/7668.

② 王馨.网络环境下大学生信息素养现状及培养研究［D］.上海：同济大学，2007.

③ ACRL. Framework for information literacy for higher education [EB/OL]. [2019–10–25]. http://www.ala.org/acrl/standards/ilframework.

④ 高等教育信息素养框架［EB/OL］.［2019–10–25］. http://www.ala.org/acrl/sites/ala.org.acrl/files/content/standards/framework-chinese.pdf.

⑤ 秦小燕.美国高校信息素养标准的改进与启示——ACRL《高等教育信息素养框架》解读［J］.图书情报工作，2015（19）：139–144.

过"才能站上讲台。开学后，馆里组织同事们来听我试讲，我兴致勃勃地讲了一个小时后，同事们开始提建议，大到课程的框架，小到具体的知识点及措辞，我记录了满满两页建议逐条修改。的确，文献检索是实操的过程，必须要带着学生动手练习，通篇对着课件讲是绝对行不通的。同时，内容太多、抓不住重点也是大家普遍反映的问题。于是，我开始重新审视自己，如果我是学生，讲什么内容是我最感兴趣的？怎么样讲是我最容易接受的？最后经过调整、精简内容，重新试讲并请鄂鹤年馆长把关，馆里这关总算是勉强通过了。

后来到系里讲课的过程倒还算顺利。通过这次到系里做嵌入式培训，使得院系老师对图书馆的服务有了进一步的了解，也更加坚定了图书馆开展信息素养培训的决心。我们的信息素养培训由此拉开了帷幕，而我也机缘巧合地走上了培训的道路。

（二）乘势而上：系列培训初具雏形

如果说嵌入式培训是基于院系老师需求的一种培训形式，那么系列培训则是图书馆主动打开服务大门、受众面更广的培训形式。如今我所在的"学习与科研服务部"各项工作运转井井有条，已初步具备开拓此项业务的时机。

ACRL 发布的《标准》和《框架》对我们开展信息素养培训工作具有一定指导意义，但在具体实施的时候，又需要结合南方科技大学学生信息素养能力等实际情况。我们调研了国内知名高校图书馆的信息素养培训情况，了解所开设的主题，并走访上海交通大学图书馆、香港科技大学图书馆等知名高校图书馆，与负责培训的老师面对面交流，到他们的培训课上实际听讲。经过调研和思考，我们对本馆的系列培训提出一个最基本的原则：强调学生的动手操作能力，以实际演示的方式带学生一起操作，杜绝完全对照课件讲课。经过一段时间的准备，我们在 2017 年秋季学期正式推出了图书馆信息素养系列培训。

信息素养系列培训讲点什么呢？秉着宁缺毋滥的基本原则，我们想率先推出几门精品培训课，主题当然是来自于同学们呼声最高的数据库或工具。作为理工科院校，SCI 数据库是南方科技大学师生使用率很高的一个数据库，研究生院也曾邀请我们在研究生新生入学时进行 SCI 数据库使用的培训，我们据此推出了"基于 WoS 平台的 SCI 论文检索与分析"这一课程。另一个呼声较高的则是文献管理软件 EndNote 的使用。图书馆购买了该软件，部分老师在课程中会要求学生学会使用 EndNote，而之前我们每年的 EndNote 培训都依赖于供应商的培训师。因此，"EndNote 使用方法与技巧培训"也是我们着重考虑的一个培训主题。两年后的今天，EndNote 的使用培训已成为系列培训中最受学生欢迎的一个。此外，当时推出的还有"发现不一样的图书馆""电子资源检索入门""Making Best Use of Library Resources"这三个课程。

信息素养系列培训有了雏形，虽远远不够完善，但我们扭转了以供应商为主的培训形式，逐步转变为以图书馆员为主的培训形式。

我有幸在信息素养培训的初始阶段担任了"主力选手"。每一次课件的准备过程都是一个自我学习的过程，我深知想让学生掌握 60 分的知识，那我至少要表达出 80 分的内容，而我肚子里的知识至少得有 100 分。因此，当我准备课件的时候，除了课件上的内容之外，学生可能会提问的其他问题，我都需要准备。当然，相比于准备课件，真正上台讲课才是最大的考验。虽然上学的时候，我有多次上台做报告的机会，但上课和做报告是截然不同的体验。在此之前，我的教学经验可谓一片空白，如何讲好课对我来说成了最大的考验。讲课的内容我都明白，但是怎么更好地表达出来？用什么方式讲学生最容易接受？这才是最难的。刚开始的培训注定不会一帆风顺。

二、质疑的声音

（一）来自老师的质疑

我们的嵌入式课程培训和信息素养系列培训是同步开展的，院系老师提出需求，就由对口的学科馆员去讲。但 EndNote 例外，这个软件的培训主要由我负责。迄今为止，我印象最深的一次培训应该是到环境学院里介绍 EndNote 使用的嵌入式培训。

这是我第一次讲 EndNote，我准备得比较充分，软件的使用方法和使用过程中可能会遇到的问题也都准备了。讲课加上带同学一起操作的时间，我共花了一个多小时介绍。讲完后任课老师站起来点评，对我提出了很多条建议，比如讲得内容太多，学生消化不了；讲得太快，没有给学生"开小差"的机会，注意力稍不集中就跟不上。老师说："我听完你讲的课后，我还是不会用 EndNote……"老师提出了很多建议，也有很多质疑，我都表示虚心接受。晚上回到家和家人倾诉后，我眼泪哗一下就流出来了。我准备了那么多，而且大着肚子站了两节课，结果老师对培训的效果十分不满。可能受到老师评语的影响，还有一位同学在问卷调查表中把"满意"改成了"不满意"。加上孕期荷尔蒙作祟，我满肚子都充满了委屈。

委屈归委屈，但眼下还有一件更为迫切的事情——第二天就要举办 EndNote 信息素养系列培训了。通知已经发出去了，可现在却倍受打击，我对所讲的内容信心全无，如何站上讲台！第二天，我赶紧把要讲的内容重新梳理了一遍，做了一些结构和内容上的调整。但就在培训开始的前几分钟，我对自己要怎么讲仍然没有把握。我是当时馆里了解 EndNote 最多的一人，其他同事对怎么讲 EndNote 也没有太多更好的建议。在学生陆陆续续来到了 111 报告厅时，我一直在脑海里想哪一部分是重点，要讲详细点；哪一部分可以让学生自己下去慢慢摸索。培训马上开始了，来不及想了，随机应变吧！

111 报告厅坐满了人，一些后来的同学没有了座位，站在报告厅的两边。培训开始后，我发现同学们都特别认真，基本上都能跟上我的思路和操作，有时不经意的话也惹得同学们笑出声来，气氛一下子变活跃了，我内心的忐忑也慢慢放了下来。讲到最后一部分的时候，我生怕讲的内容太多，学生消化不了，所以我问道："这部分还需要再演示一下吗？""要！"下面齐刷刷地回答。看到同学这么积极，我受到了极大鼓舞，饱含激情地把这场培训讲完了。

前后两天的反馈，冰火两重天，心情起伏很大，我总结了多方面原因，最为重要的，还是想感谢对我提出建议的老师，如果不是这些建议，我不会对内容和结构马上进行调整，也不会十分注重学生能否跟上我的节奏。从第一场培训到现在，EndNote 已经讲了很多场，几乎每场参加的人数都达到上百人，可以算是信息素养系列培训中最受学生欢迎的内容。虽然讲了很多次，但是每次培训的内容并非一成不变。内容的更新和优化一是来自学生的反馈，二是来自日常的问题咨询。例如，学位论文是绝大多数南方科技大学同学都需要完成的，撰写学位论文的时候如何在 EndNote 中应用学校学位论文的写作格式，是许多同学想要咨询的问题。因此，我也将这部分纳为培训的重点。当然，有一些问题是属于软件自身的问题。对于这类问题，我会给学生提出建议，也向软件公司反馈问题，为他们产品的下一步优化提出建议。

（二）来自自己的质疑

南方科技大学作为中国高等教育改革的试验田，短短几年来，取得了令人瞩目的成就。南方科技大学历年来的招生录取水平已与 985 高校的中上游水平相当。这样一群优秀拔尖的同学鞭策我在培训的过程中以高标准要求自己，当然，这中间也时常会有彷徨、有顾虑。

身为一名 90 后，24 岁硕士毕业后参加工作，毕业的第二年进到南方科技大学图书馆。我学的是物理学，与图书情报学相去甚远，我在图书馆的工作经验也微不足道。庆幸的是，学校从来都不以条条框框束缚人，图书馆亦然。在 2017 年部门重组的时候，主管和我们进行了一次深入的谈话，在可执行的范围内，让我们结合自己的优点和兴趣来承担部门中的某项工作，并给我们提供了丰富的外出培训和交流学习的机会。在馆里的支持下，我参加了"大连理工大学全国高校图书馆专业干部进修班"。通过为期 4 个月的集中学习，弥补了我图书情报专业理论知识的不足。另外，在我参加的一些培训或会议，如"CALIS引进数据库培训周""高校图工委信息素养培训研讨会"中，我看到一些同样年轻的同行，那些来自国内一流高校图书馆的优秀馆员在台上分享他们的经验时，是那么神采奕奕、自信十足，这给了我莫大的鼓舞！

正是图书馆的信任和栽培，让我每次培训时都会鼓励自己：站在讲台上，我代表的就是图书馆，众望不可辜负！同时，我希望质疑的声音永远存在，无论是来自老师的质疑还是自己的质疑，都是促使我进步的力量。

三、步入正轨：形式丰富多样

（一）线下培训逐渐完善

我们的培训在一次次的实践中逐渐变得更加完善，更加符合学生的需求和兴趣。学生对工具和软件类的培训需求比较大，结合问卷反馈，我们看到在学生希望图书馆开设的培训中，"Excel""论文排版"的出现频率很高。于是，我们进一步推出了相关的培训主题。信息素养系列培训自 2017 年推出以来，从 5 个主题增加到 2018 年的 8 个主题，再到 2019 年的 11 个主题，包括："中文电子资源检索与利用""外文电子资源检索与利用""理工科开题前的文献调研""文献获取的多种途径""EndNote 快速入门培训""智慧芽专利数据库检索""电子期刊数据库检索与利用""Excel 实用技巧培训""利用 WoS 平台，助力科学研究""生活中的检索技巧，网络信息资源查找""学位论文写作格式与排版"。

除了信息素养系列培训以外，我们的嵌入式课程也受到了越来越多院系老师的认可。很多院系老师向我们提出要求，希望图书馆在专业课上嵌入文献检索和利用等内容的培训，所有学科馆员都参与其中，有的同事还是全英文授课。另外，还有面向科研秘书或院系教授的定制式培训、教职工入职培训等。图书馆培训的受众面越来越广，2017年参与培训的人数为 888 人次，2018 年为 2287 人次，2019 年为 2865人次。信息素养培训从无到有，从有到好，逐渐成为图书馆对外服务的一项重要内容。

（二）线上培训即将见面

1. 微视频

在培训过程中我们发现有一些培训的内容是通用的，如数据库检索规则、文献检索小技巧、文献下载过程中的注意事项；还有一些内容是很实用但又不足以专门开设一个主题来讲解的，如论文原创性检测工具 Turnitin 的基本操作、期刊引证工具 JCR 的查询方法等。因此，在线下培训逐步完善的基础上，我们尝试推出微视频，通过几分钟的动画视频或录屏，生动形象地讲解某个知识点。

第一个微视频做什么内容呢？我心里有几个选择：一是论文原创性检测工具 Turnitin 的基本操作，二是图书馆的一站式资源发现平台"南科学术搜索"的介绍，三是 SCI/SSCI 期刊影响因子和分区的查询，四是 EndNote 使用中的常见问题。由于现在 Turnitin 的使用量很大，它可以用来检测文章的重复率，帮助学生发现引用不规范的问题，但很多同学在使用的时候会忽略我们的提示，将文章误传到对比库里，导致后续再查重的时候出现问题，因此，Turnitin 的需求相对迫切，越早推出，越早"止损"。我决定利用暑假在馆的时间，尝试先做 Turnitin 的介绍视频。当然，其他的几个内容今后肯定都会做，并且 EndNote 的常见问题可以做一个系列。

那就做吧！可是怎么做才是问题的关键？我抱着试一试的心态在网上查询了一些视频制作软件，很多模板的运用都需要会员权限才能使用，因此我按天数购买了 3 天"万彩动画大师"的会员。通过在模板中添加操作录屏和小动画，并自己配音，初步完成了一个小视频的制作。主管预览后觉得效果不错，随即向馆里提出开通该软件的永久会员权限，这为我们今后制作动画视频创造了有利的条件。

2. 慕课

在有了制作微视频的想法之后，主管有一天找到我说："学校现在正在搭建慕课平台，我们计划推出一个 EndNote 慕课课程，你先构思一下。"很多学生由于时间冲突无法参加现场培训，希望能通过线上视频回顾学习。现在有了这个契机，为我们制作首个线上视频提供了机会。在我的印象中，录制慕课的老师都是名气很大、经验很丰富的大咖，如武汉大学黄如花老师、中国科学技术大学罗昭锋老师，现在要由我来录制慕课，我感到既紧张又兴奋。

录制慕课和面对面培训是有所区别的，一些延伸的知识点或操作时的小技巧，重要的地方需要演示和讲解，这与线下培训无异，但不能通篇靠讲解，适当的地方用动画或文字标注，会更有趣，效果更佳。因此，我在准备慕课录制的时候，预备讲的内容要比平常培训的内容少一些，同时还与制作公司反复沟通，在视频合适的地方添加动画或者文字注释，以使视频的展现方式更灵活。视频的录制并不轻松。录制片头的时候，需要有一些人物场景的烘托，光从书架旁边行走这样一个简单的场景，就拍了十几遍。录屏操作部分也比我预想的更加复杂，需要同时录制我的电脑操作屏幕，捕捉我的人物表情和口形，并收录声音。整个过程被分成了两次录制，后期加工反复修改了五六次，从 7 月份到 10 月份，终于敲定了！

EndNote 慕课于 11 月底正式推出，上线一个月时间内，点击次数达 560 余次。相比于面对面培训，网络视频没有时间和空间上的限制，对由于课程时间冲突无法参加培训的同学而言是很好的选择。这次视频录制对我来说也是意义非凡，感谢图书馆给予我这样一个珍贵的机会。

四、来自学生的反馈

问卷调查是我们培训的一个特色环节，是最能直接反映培训效果和用户满意度的方式。尤其对于我们这样刚开展信息素养培训的新手而言，多了解学生的需求，接纳学生的建议，对培训逐步完善是很有必要的。在此，我想罗列出部分同学的反馈建议，感谢他们对培训的认可和建言献策！

1. 通过本次培训，你最大的收获是什么？

——对于文献搜索，有了清晰的思路。

——知道了很多厉害的数据库，还有众多的资源搜索途径。

——学会了如何查找高被引论文。

——学会了使用 EndNote 插入文献，非常方便。

——知道了垂直搜索平台，了解很多信息查找的渠道。

——觉得收获非常大，很多资源和操作方法是我不知道的。图书馆的培训对同学们很有帮助，非常感谢老师。

2. 对我们的建议，或希望图书馆提供哪些培训？

——关于本次培训的内容，可以出一小册使用指南或者电子版，方便线下复习与观看。

——现有的就极好，但是来听的人太少了，可以考虑增大宣传力度。

——希望开设文献阅读技巧或方法的培训。

——3Dmax、CAD、Origin 等撰写论文中需要的绘图软件。

——LaTex 论文排版培训。

3.图书馆毕业征文节选

我喜欢上了参加图书馆的读者培训活动，每一次的培训都能让我学到实用的技巧和技能，受益良多。我总是早早到 G309，坐到离培训馆员最近的桌子，打开电脑，等培训开始。这就是我现在最中意的座位。

——《我在图书馆寻找一个座位》，2015 级陈婷，十佳毕业生

作为一名工科生，平时做得最多的除了做实验与分析数据之外就是阅读文献。起初，我并不会灵活地使用各大数据库和管理下载的文献。之后参加的一些图书馆组织的培训与讲座，让我在这方面游刃有余。其中，给我帮助最大的是学习 EndNote 的操作使用，我现在写学术性论文时已经是一名灵活运用 EndNote 的"老司机"了。偶尔看到其他同学逐个修改参考文献格式时，我在建议之余仍会庆幸当初参加这些培训是多么明智的一个选择。

——《我从图书馆的三楼望下去》，2017 级硕士生李干，
优秀研究生毕业生

图书馆总会举办读者培训，教大家各种相关技能。我开心地发现，在我提出建议之后，现有的培训主题变得更加多样，除了有学术检索，还增加了日常生活需要的检索小技巧以及相关信息素养的训练。

——《图书馆伴我成长》，2015 级杜萱

五、经验和总结

经过两年多的培训工作，我对培训工作也有了一些自己的心得，称不上经验之谈，仅为粗陋的心得体会。在此总结如下。

（一）工具的有效利用，使培训效果更好

在最开始培训的时候，我一直有个头疼的问题，涉及软件和数据库操作的部分在实际演示的时候，坐在后排的同学看不清楚屏幕操作。我尝试过在培训开始前，先将课件发布给同学们，以便同学们看清楚每一步操作。这样尝试过一次之后，我发现同学们得到了课件后，全程几乎不再抬头看屏幕，导致互动性差了很多。后来，得益于 ZoomIt 小工具的使用，可即时放大屏幕内容、显示屏幕操作，我不再需要提前发放课件，也不担心学生看不清屏幕操作。此外，教学互动软件"雨课堂"、录屏工具"oCam"、在线协作文档工具"石墨文档"等，在我们的培训中都得到了很好的应用。

（二）定个基调，各取所需

对于工具和软件类的培训，比如 EndNote 和 Excel 培训，每个人的基础不一样，所以每位来参加培训的同学，可能对培训所抱的期待值也不尽相同。因此，我们在培训发布通知时以及在培训正式开始前都会先定一个基调：这是入门级培训还是进阶级培训？如果学生对基本操作已经很熟悉了，而是有一些使用中遇到的困难，我们可以和学生课下单独讨论、相互学习。如果这样的问题普遍较多的话，我们也考虑推出进阶级培训。此外，关于工具和软件类的培训，我每次在培训中都会强调：软件的使用主要还得靠操作，需要自己动手，没有绝对的技巧，唯有不断地实践。

（三）找准切入点，切忌泛泛而谈

每场培训后，我都会自己总结一下这节课的成功之处和失败之处，并记录下来，在下一次培训之前翻开看看，避免再犯同样的失误。最开始到院系里做嵌入式培训的时候，没有明确的主题，我总想着面面俱到，给学生尽可能多地介绍图书馆的资源检索和利用。其实，关于图书馆的资源可讲的内容很多，如果不找准切入点的话，面面俱到就成了泛泛而谈，很容易导致学生听完了，却没有留下任何印象。因此，几次培训下来，我们开始做减法，找准主干，把细枝末节的内容减去，而对留下来的内容进行深化。同时，我们也会与任课老师提前沟通，了解这次课预期达到的效果和重点介绍的内容是什么，再据此做准备。

（四）因材施教，了解"用户"

信息素养系列培训和嵌入式课程培训最大的区别在于受众的特点不同。自愿来参加信息素养培训的同学，都是对培训主题感兴趣，抱着学习的心态来的，所以听课非常认真。但这些同学，既有低年级本科生又有硕博士研究生，每个人的基础差异大，接受程度也不同，这就容易导致同一个知识点，有人觉得讲快了跟不上，而有人觉得进度太慢，内容还需要更丰富，可谓"众口难调"。而嵌入式课程培训在这点上就较容易协调，同一门课程基本上都是同一年级的同学，但问题在于学生都是被动接受培训的，所以上课的主动性相对差一些。如何把被动接收培训的同学注意力吸引过来，对讲课的内容和方式也是一大考验。与此同时，不同的人数规模，培训开展的方式也会略有差异：学生人数较少时，我们可以用"聊天"的方式来讲课，学生操作遇到困难也可以下去指导，遇到问题及时解决；而如果学生人数太多的话，就无法保证个人遇到的问题会被及时解决，在课上首先应该把握好整个培训的进度和节奏，个别问题只能培训结束后再一一指导。

简而言之，上课是一门艺术，我还在不断修炼。

回看这两年多的培训经历，我们遇到过很多困难，有来自自身的，也有来自外界的，但都努力一一克服。经过共同努力和用心"经营"，在 2019 年 9 月的开学季中，我高兴地发现在一些学生社团印制的校园攻略小册子里，给新生推荐了图书馆信息素养培训。尽管图书馆信息素养培训初见成效，但我们又面临一个新的"困难"：参加系列培训的学生人数增多了，现有的培训教室坐不下了！写到这儿的时候，我的内心是感动的，因为我们的培训正逐渐得到更多同学的关注和认可。

我常常想，信息素养培训对我来说意味着什么？和我之前做的"文献传递""查收查引"工作一样，培训工作只是图书馆众多业务中的一项，都要求图书馆员对本馆资源充分熟悉，也要求耐心和细致。但在我眼中，培训工作又略有不同。"师者，所以传道授业解惑也。"老师是知识的传播者，一名优秀的老师对学生理念的塑造甚至人生方向的选择都可能会产生举足轻重的影响。我们培训馆员虽不是真正意义上的老师，一小时的培训亦不会对学生带来很大影响，但站在讲台上，我就要对所说的每一句话负责，也希望通过讲授能对学生信息素养能力的提升起到帮助。前来参加培训的同学都会喊我一声"张老师"，我敬重老师这一称呼，尊重老师这份职业，信息素养培训工作敲开了我职业生涯的大门，也许我会因遇到瓶颈转而投入其他业务，但无论怎么样，此时此刻，我愿意为之而努力！

我的科研评价之路

王　禹[*]

　　一转眼，南方科技大学已经快十周岁了，俨然是一副意气风发的小少年模样。记得 2015 年初夏，我作为一位满怀期待的应聘者走在南方科技大学校园里，感觉到周围的一切都是崭新的，宛如未经人事的孩子正好奇地等待着陌生世界所将给予的体验，双眸中满是亮光，憧憬着，即便一切看似未知却也无所畏惧。

　　孩子的成长总是显而易见的，也正如众人所愿，南方科技大学在良好的土壤上自然茁壮地成长着。在教育改革的聚光灯下，影子更容易被拉长或缩短。此刻我心头忽有一念，那便是，在机遇与挑战之下，更需要认识自我，踏实前行。

　　其实，我们每个人不是也该这样吗？作为南方科技大学图书馆的普通一员，这些年，也伴随南方科技大学一起成长了，此刻为了图书馆纪念文集而作文，算是停下脚步，回首再回首，那样的念头便油然而生了。

　　认识自我，似乎没有谁能够完全地认识自我，不管是从镜子，还是照片、视频都不能完全地认识自己的外在，而更遑论有什么方法可以完全认识自己的内心或思想了。不过，虽不尽然，我们却也不曾放弃，不管是认识外在还是内在，我们都有不同程度的自觉不自觉地投

* 王禹，南方科技大学图书馆学科馆员。

入。我们都被赋予了内在的感受，周围的一切人、事、物都能调动我们的感官，看到的、读到的、感受到的，都能拨动我们的心弦，有时欢快，有时高亢，有时哀伤，有时惘然……或许色彩斑斓，或许黯然失色，这是生活给我们涂上的颜色，唯有用心聆听，低声细察，才能感受自身，多一些对自己的认识。

初入图书馆，让我有种漂泊回家的满足感，有明媚的阳光，也有安宁。不过，从使用者到服务者的角色转换，我还是需要些时间适应，例如每天做着类似查收查引一类的重复性工作，一天忙碌下来，没有以往做科研时所收获的那种愉悦感，而仅仅是疲惫。养过多肉的人都会知道，在没有太多光照的情况下，这些肉乎乎的小植物会疯狂地长长，俗称"徒长"。此刻我方能理解一些它们的感受，这是一种奋力向上挣脱黑暗的倔强。追寻阳光成了它们的生长轨迹，每一天的工作、生活不也应该是这样的吗？

2017年底，在我入职图书馆两年多的时候，一些事情的发生成为我的工作方向转变的契机。通过一些渠道和培训，我了解到当时国内各大高校对诸如"双一流大学"、ESI 学科排名等各大学及学科排行榜的热情方兴未艾，各高校的图书馆同行们也都与时俱进地学习借助一些科研成果数据管理平台和分析工具为学校或院系提供重要的情报资料。面对这样的现状，一种落差感不期而至，这些知识和技能我们馆都不具备啊！

不过这也难怪，那时的南方科技大学科研成果积累得还太少，自我评估或是和其他高校作对比分析意义都不太大，学校各职能部门都还暂时没有把这项工作当成重点，顶多就是需要我们做些简单的统计工作而已。不过，我还是深感我们图书馆要填补这个工作方向上的空白才行，我相信未来很快就会需要开展相关工作了，因为南方科技大学早晚要在别人面前比身高、体重，我们要提前储备相关的知识和技能，以备不时之需啊；而且就我个人而言，这不仅是一个较为有趣的工作，可以学习提升很多，也是一个有挑战性的尝试。自那时起一个倔强的种子埋在了我的心里，它也时常找寻并汲取能够萌发的养分。

一个偶然的机会，和鄂馆长一起去湖北做招生工作。工作之余我们有些可以一起聊聊天的闲暇时间，馆长很亲切，平易近人，愿意聆听别人的想法，我也可以轻松自然地表达出我对工作的感受和想法，没想到他对我的工作设想很支持，这之后那颗倔强的种子在我心里便是扎了根。

回首这一段经历，我感觉到认识自我真的很重要，不过能够实现自我还需要更多内外的条件，例如心内的坚持、外界的环境以及一些不可错过的机遇和挑战。

俗话说得好，"机会总是留给有准备的人"。2018年伊始，学校即将召开春季战略研讨会，鲁春总务长通过国际合作部找到我的部门主任黄飞燕老师，他们在这次研讨会上需要一个关于大学排名的报告，希望我们提供基于ESI学科的分析内容。我们如期提供了令他们满意的报告，虽然现在看来当时我们提供的报告不算太难，可彼时接到这个任务时我们感觉还真是个"大活"啊！虽然"接单"的时候的确有些忐忑，可由于这之前储备的知识和技能终于能派上用场了，黄老师和我还是兴奋地开始了这个工作。这个报告中有很多部分对我们来说都是初次尝试，可以说是在做中学、学中做的状态下完成的，中间也难免走了不少弯路，犯过不少错误，当然还是积累了不少宝贵经验，也学习到了必备的技能，这些也都为后续此类工作的开展打下了坚实的基础。

俗话又说"万事开头难"，不过我们还是给新的业务开了个好头，"招牌"也算是立了起来，后来科研部、国际合作部、宣传与公共关系部、高等教育研究中心、工学院、环境科学与工程学院、数学系、电子与电气工程系、计算机科学与工程系等都成了我们接待过的"客户"。这个业务受到广泛的认可使我们非常开心，尽管有些时候，特别是学校快要开会之前，我们同时面对多个院系、职能部门甚至校领导的多种需求时会显得有些应接不暇，招架不住。

不过凡事都有两面性，新的困难一方面是挑战，另一方面也是机遇。对我个人而言，在这么多实际业务的锻炼下，数据的处理、图表的制作、流程的设计以及语言的编撰等方面的能力都在不断地提高，效率也随之提升，出错的概率也越来越低，面对新的需求也能稍显从容。对我们团队来说也迎来了新的发展，长期以来我和黄老师搭档合作，我主做她主校，我更多的是在幕后"翻江倒海"，她更多的是台前"舞裙歌扇"，分工各取所长，业务各有互补，这种"小作坊"也是能酿出"好酒"来的，只是产量不高罢了。正所谓"花自芬芳蝶自来"，美好的事物总能吸引爱美的人，不少院系的科研秘书以及职能部门涉及相关业务的同事纷纷找到我们想学习一些做这方面工作的方法，借着这些机会我们也怀着"授人以鱼不如授人以渔"以及"教学相长"的态度或者面授机宜，或者通过网络和电话答疑解惑。后来，恰逢科研部准备为全校科研服务一线工作的同事提供一系列提高业务能力的培训，科研部的吴老师找到黄老师想和我们合作开展，大家一拍即合，参考了他们的需求和我们的实际能力后，我们部门在 2019 年 4 月到 6 月期间提供了 ESI 学科表现查询、ORCID 使用以及人文社科资源检索这三个主题的培训，效果还是相当不错的，很多老师此后在我们不同程度地参与或稍加指导之下都能够完成相应的工作。这真是一个双赢的局面，我们的团队既帮助全校科研服务工作提高了效率和水平，也锻炼了我们各方面能力，使这类业务开展得更顺畅，推广得更广泛。

通过撰写这篇文章，我才得以回顾以往，不禁感慨，经过这两年的不懈努力，我们经历了许多变化，从学习到实践再到教学，从尝试开展新业务到业务繁忙再到受到多方面的认可，我想借着这项工作，图书馆在老师们心目中的形象和地位也正在日益提升吧。至于我，心底里的那颗种子也已渐渐长大成为能遮阳避雨的良木。

　　回望来时的路，是一步一个脚印踏出来的路，我暗忖道唯有认识自我后，坚定地踏实前行，才能走出这样一条属于自己的路。一路走来有如北方秋天般的色彩斑斓，秋风萧瑟中摇曳着收获，落叶缤纷下散落着欢笑。金秋十月，在刚刚结束的科研工作会议上，有三份资料被印制和分发，其中之一就是图书馆提供的《南科大 ESI 论文表现分析报告》，鄂馆长会后跟同事们说："这是一项开拓性工作，经过近两年的努力，以这样的方式正式向全校展现图书馆的能力。"听到这样的肯定，我大感欣慰，不过我仍需谨记，眼前这条被踏宽的路需要延伸到更远，未来仍需踏实方能前行。

　　如何前行值得提前思考，未雨绸缪正当时。可以预料的是随着南方科技大学快速地发展，未来将面临更多"考试"。2020 年全国第五轮学科评估将会全面开展。新一轮的"双一流"高校的评选，年年更新的各个大学排行榜，以及 ESI 学科发展态势分析等，这些都会带动各样的业务需求。想清楚我们需要提前做怎样的准备真的很重要，例如，如何高效地处理和管理大量的数据；如何使各项流程更规范化和自动化；如何提升报告的质量与发掘更多的亮点；如何更流畅地和需求方沟通需求与反馈；如何在团队建设中更合理地分工与合作；等等，需要提高的方面还真的不少，在具体实践过程中还需要更细化的目标。不过我坚信继续脚踏实地地前进就会取得令人满意的结果。

　　一流的大学，要有一流的图书馆，这其中还要有一流的科研支持服务团队。我们在从无到有的过程中，也见证了南方科技大学的日益成长。这所朝气蓬勃的学校近来经常亮眼地出现在各个大学排行榜上，这些成绩固然好看，不过我们不应将这些成绩单挡在眼前，更需要冷静地认识自我，看清自己的所长所短。就像文章开头提到的那样，这是多么不容易的一件事啊。可喜的是现在图书馆的科研支持服务团队在经历了一系列实际项目的历练后，有了更多的底气可以承担起这份重重的托付，未来愿我们不负韶光，共赴一流。

技术提升服务

——图书馆硬件设施的更新换代

谢康苗 *

2020 年是南方科技大学图书馆建立的第十个年头，当年朱清时校长在启动校区为图书馆揭牌的情景还历历在目。在这短短的十年间，图书馆经历了从传统图书馆到现代化图书馆的巨大转变。我作为负责技术的馆员，为能够参与其中，见证图书馆技术的更新换代和变化发展而深感荣幸和自豪。

2011 年学校还在筹办阶段，为了更快获得国家办学批文，学校决定招收第一届 45 名实验班学生，以推动学校尽快"去筹转正"。图书馆作为辅助教学和科研的必要机构随即创建。为了让学生能尽快使用到文献资源，图书馆以深圳大学城图书馆分馆的名义创办。在深圳大学城图书馆赵洗尘馆长的大力支持与协助下，学生在校内即可共享深圳大学城图书馆的全部电子资源以及深圳大学城图书馆借给我们的一万册纸质文献。

图书馆向社会招聘了四名馆员，我是其中之一，并被选为组长统筹全馆事务，就这样启动了图书馆基本的借还服务。图书馆集成管理系统采用深圳科图自动化新技术应用公司的图书馆自动化集成系统 ILAS Ⅱ，利用磁条进行防盗，条码作为资产登记标示。磁条（EM）管

理系统存在的主要问题有：自动化程度低，借阅和归还均需人工处理；图书查找、顺架困难；馆藏清点烦琐耗时，劳动强度高；服务时间受限，不能充分发挥图书馆的功能。借还书时，馆员先用扫描枪读取书中的二维码，然后在系统里办理借还操作。服务台工作量巨大，每当学生放学集中来办理借还业务时，都会排起长长的队伍。那时图书馆所用的一切设备和自动化技术都处在原始阶段，烙着图书馆草创时期的粗糙和无奈。这种状态一直持续到启动校区时期的结束。

2013年，学校聘任燕今伟作为第一任馆长，新校区图书馆也即将建成。燕馆长派我们赴香港七所大学图书馆进行交流与学习。香港的高校图书馆让我大开眼界触动深刻，其功能布局、空间利用、家具设计、自动化技术都让我们受益匪浅，原来心中的现代图书馆就是这个模样！在新馆建设中，我的主要任务是设备及系统建设，包括采购服务器、查询一体电脑、阅览室电脑、办公电脑、饮水机、打印机、复印机等设备，并安装调试和维护，确保正常使用。

随着科技的发展，RFID 技术已经成熟应用于图书馆。为了提高图书馆的自动化管理水平，提升读者服务质量，减轻馆员工作量，我提出要在新馆全面使用 RFID 自动化管理系统，包括自助借还、图书定位导航、自动分拣、标签加工等功能。对接近 15 万册的馆藏使用这套设备，市场报价为 120 万元。燕馆长觉得该套系统价格偏贵、性价比不高。于是我梳理出 RFID 自动化管理系统的优点：简化借还书流程，提高流通效率；可实现图书定位，大幅降低图书盘点和查找工作量；改变借阅管理和安全遗漏流程脱节的情况；自助借还能减轻重复性的基础工作量，为工作人员节省时间，以便开展更深入的工作；提高读者满意度；改变图书馆的服务模式；利用 RFID 技术可扩展性强，可进行全面数字化管理。

经过讨论，我终于说服了馆长采购这套系统。RFID 的频率有高频和超高频两种。厂家测试数据表明，超高频 RFID 读标签的距离远，但误读率较高，现有技术还无法有效地控制；再加上整个深圳市公共图书馆都是用高频 RFID，考虑到以后有可能会加入深圳文献港的大联盟，我们最终选择了高频技术的 RFID 自动化管理系统。之后，通过政府招标，深圳海恒智能技术有限公司中标。经历两个多月的共同努力，图书馆将近 15 万册图书上的磁条全部都换成电子标签，每层书架都贴上层架标签，并将数据录入系统，自助借还书机、清点车、馆员工作站、分拣机等设备也安装调试完毕。

2013 年 9 月开学后，新图书馆正式启动，我们的努力得到了学校各方的认可。图书馆在当年的考核中得了优秀，就是对我们充分的肯定。

随着学校师生不断增加，图书馆设备也随之增多，为了完善图书馆的空间与设备管理，进一步提升服务质量，我相继完成了多个系统的采购和升级工作。

（1）电子阅览室管理系统。该系统主要解决电子阅览室 157 台电脑的上机、资源管理、网络监控等问题，能够实时、高效地管理电子阅览室的人、财、物、数字图书、设备等资源，大幅度降低电脑维护率，提高利用率。

（2）讨论间预约管理系统。该系统可提供开放化、自助化和人性化的管理模式，使有限的讨论间得到充分和有效利用，并统计、分析使用数据。

（3）随书光盘网络服务系统。该系统采用最先进的云计算技术及高效运营模式，能够在浏览器内直接在线使用随书光盘等非书资源内容，大幅提高非书资源使用效率，改变传统的先下载后使用的方式，同时保留传统的随书光盘下载辅助功能，大幅降低实体光盘的手工借还与管理工作量。

（4）图书馆多通道智能分区广播系统。该系统能实现定时播放闭馆音乐、分区广播、临时广播、多种数据音源广播、紧急广播等功能。

（5）将 ILAS Ⅱ 全面升级至 ILAS Ⅲ 系统。以 ILAS Ⅲ 数据库平台和图书馆自动化管理系统为基础，以数字资源建设和数字化服务为发展方向，通过开发和整合相关技术搭建了多层次、分布式数字图书馆应用系统，图书馆资源建设与加工、读者服务与网上图书馆、个人数字图书馆、各类数字化技术等功能有了很大的提升。

（6）多媒体管理系统。该系统可融合数字网络传输、资料检索、存储管理、多媒体、数据库、WEB 等技术，实现多媒体资料的数字化编目、存储、管理、检索、下载和交换等功能，提高多媒体资源应用的效率。

通过以上的系统建设，图书馆基本实现了自动化的管理和服务模式。

2016 年，鄂鹤年馆长到任后提出建设国际一流研究型图书馆的工作目标。我之后的工作主要围绕该目标展开，第一件事就是为所有系统（如自助借还书机、24 小时还书机、讨论间预约管理系统、电子阅览室管理系统等）增加英文操作界面，实现中、英文双语服务。2016年暑期，我们对图书馆进行了改造。改造后的讨论间内设置了高清智能触控教学一体机，内置 Windows、安卓系统和电视，可提供智能教育、网络会议、无线投屏等功能，为在讨论间内学习与教学提供非常大的便利，同时也实现了时尚、高端、实用的追求。阅览室则配备了高配电脑、新型的饮水机、条码打印机等设备。启用一段时间后，财务部、电子与电气工程系、资产管理办公室等单位均反馈表示设备好用，还找我调研这些设备的使用情况，随即发现学校很多部门都开始使用同一类型的设备。2014 年学校启动了二期校园建设，其中包含两个新的图书馆。在新馆建设中，我们采用了纳米黑板智能一体机、智能中控录播系统、人脸识别闸机等一批更加智能的设备。图书馆正在朝着智能化的方向迈进。

随着万物互联的 5G 时代的到来，无人化、智能化、定制化等都将为图书馆带来新的改变。在未来，所有的设备都将以数字化的形式展示在中控平台，能实现针对读者智能化、个性化服务与管理；AR、VR虚拟现实技术在图书馆的应用会更广泛，能使图书馆的文献内容得到现实化的体验；无人驾驶技术将让图书馆提供送书上门的服务得以实现。我们将时刻保持创新的精神，利用先进技术将图书馆向智慧化方向推进，力争早日实现将南方科技大学图书馆建设成国际一流研究型图书馆的目标。

成长·见证

与南方科技大学共成长

伍若梅 [*]

2018 年 6 月 11 日，第 855 期《中国新闻周刊》推出封面报道《南方科技大学：植入深圳基因的大学理想》，报道聚焦学校改革创新的一系列举措和办校至今所取得的突破性进展 [①]。经过几年的发展，社会各界对南方科技大学的印象早已不是创校初期的那些"争议"，这所系深圳全市人民之所托的大学，已悄然驶出风暴区，正以"深圳速度"和"深圳质量"向自己的目标开进。在这个冠有众多标签的城市，一群试图回答"钱学森之问"的教育家满腔热情为探索中国特色现代大学制度培养拔尖创新人才而开辟了中国高等教育改革试验田。在这一出世就引起世界瞩目的学校里，一群朴实无华的图书馆人为了教育家们的理想与梦想默默无闻地耕耘着，无关乎名利，无关乎荣誉，甘为他人作嫁衣，在勤恳奉献中与学校同频共振共同成长。

一、离别与回归

深圳：中国改革开放的第一个窗口、新兴移民城市、中国经济特区、国际化城市、中国硅谷、国际科技产业创新中心、中国三大全国

---

[*] 伍若梅，南方科技大学图书馆知识管理馆员。

[①] 钱炜.南方科技大学：植入深圳基因的大学理想［EB/OL］.［2019-11-16］. https://newshub.sustech.edu.cn/zh/html/201806/7806.html.

性金融中心之一、中国特色社会主义先行示范区、深圳速度、深圳质量、敢闯敢试……这些标签中任何一个抛出来都足以引起人们的关注，使人心驰神往。而我也被深深吸引，两度离开，终究回归。

2009年7月，硕士研究生二年级暑期，我在深圳图书馆王洋师姐的推荐下，在深圳图书馆数字图书馆部实习了一个半月，主要协助管理电子阅览室，参与文献传递工作。在实习期间，深圳图书馆那常常人满为患、男女老少安静学习的场景打动了我。我每天6点钟出发转两趟拥挤的公交车到达深圳图书馆，从读者的排队长龙边走进图书馆，这种强烈的学习氛围促使我产生了留在深圳的念头。实习完毕我离开深圳回到长春。11月，接到中国科学院深圳先进技术研究院科研处的面试电话之后，我再次从寒冷的北国来到深圳，以客座学生的身份在科研处的图书资料室工作。中国科学院先进技术研究院的图书资料室主要服务于科研，规模虽小，但五脏俱全。在工作期间，我参与了书刊采访、编目加工、图书上架等大部分图书馆业务流程，除此之外也对数据库有基本了解。2010年3月，由于要集中精力完成毕业论文，我不得不先离开这里。之后由于没有合适的机会，5月，我从深圳辗转到上海，成功应聘到上海理工大学图书馆采编部。上海理工大学是一所百年老校，其办学文脉源于1906年创办的沪江大学和1907年创办的德文医工学堂，其校园因布满美丽的洋楼而闻名上海。在上海理工大学图书馆工作时我主要承担中文图书编目工作，参与少量西文图书编目，兼任读秀数据库咨询馆员。在此工作的两年期间，为了能尽可能掌握编目理论知识和实践工作，我利用业余时间考取了CALIS中文编目员资格证书，从一名业务生手成长为一名业务骨干。

时隔九年，依然清晰地记得上海理工大学图书馆馆长在面试我时问道："听说你从深圳过来的，以后会不会再次回到深圳？"图书馆职业的稳定性使我回答不会。然而，由于家庭原因，两年半后我应聘南方科技大学图书馆成功，于 2013 年 2 月又回归到这块神奇的土地，踏上快速成长的旅程。

二、挑战与成长共舞

南方科技大学校长陈十一在 2019 年毕业典礼的讲话中说："Hope your road is a long one，full of adventure，full of discovery"。表达了对学生殷切的期望。南方科技大学教授卢海舟在他的一篇专访中说："拥有充满探险与发现的人生，是一件可遇不可求的事。回头看自己走过的路时，你会发现，这些挑战其实都是祝福，是让自己收获成长的机会。"[①] 这些话都给了我很多的启发和激励。

（一）从制度的遵守者到制度的建设者

没有规矩不成方圆。香港科技大学丁学良教授表示，要办一所世界高水平的大学，一要资源二要制度，这其中制度是最根本的。国家杰出青年科学基金获得者谭斌教授说："我是与南方科技大学共奋斗、同成长的。南方科技大学是一个很好的平台，这里不仅有良好的氛围，还有全新的理念与良好的制度。"[②] 南方科技大学从建校之初就重视制度的确立，在人才引进、科研创新、人才培养上制定了一系列独特的规章制度，为探索中国特色现代大学制度披荆斩棘。比如"631"的招生模式，学分制、导师制、书院制（"三制"）的本科生培养模式，教学科研人员建立团队开展科学研究的"独立 PI"制，在知识产权及科技成果归属上突破现有体制实施开放创业政策，鼓励教授创业等。作为南方科技大学的重要组成部分，图书馆也在创馆之初不断摸索各项制

---

① 2019年"国家杰青"卢海舟：把每一次挑战都当成祝福 [EB/OL].［2019-11-17］. https://newshub.sustech.edu.cn/zh/html/201909/26883.html.

② 2018年国家杰出青年科学基金获得者谭斌教授：用行动做科研的"催化剂"［EB/OL］.［2019-11-17］. http://chem.sustc.edu.cn/index.php/news/details/tid/77.html.

度的建设。作为一名图书馆新人，我也在建设图书馆制度的过程中贡献了自己的绵薄之力。

在建校早期，不管是刚出茅庐的职业新人，还是荣誉等身的业界大咖，大家的起跑线都是平等的（一切都是从零开始）。正是这个释放平等意识的舞台给了我们更多施展拳脚的机会。2012 年，燕馆长面试我时特别问到我是否做过西文图书编目，我谨慎地回答做过但不多。燕馆长注重前句的做过而未关注后句的不多，因此给了我边学边做的机会。初来南方科技大学，我面临的任务是解决堆积近 2 万册西文图书的编目问题。在西文图书编目实战经验和理论知识极度匮乏的困境下，我凭借一腔热情，在燕馆长的引导下逐步建立了从图书验收、编目加工到排架的一整套制度。

特别值得一提的是南方科技大学图书馆的中英文图书混排制度。那时燕馆长尚远在武汉大学还未上任，他了解到图书馆中英文图书的比例，提出中英文图书混排的想法，并让我总结中英文图书混排方案。在国内传统的高校图书馆，中文图书和英文图书通常是分别存放，英文图书由于价格昂贵会有专门的阅览室提供流通借阅。另外，在国内中文图书和西文图书分别采用两套独立的编目规则，采用的索取号规则在各馆也不尽相同。一般情况下，中文图书采用种次号和四角号码著者号区分同类图书，连同分类号共同组成索取号，西文图书则采用著名的卡特著者号码表作为同类图书的区分。独立的编目规则，截然不同的取号方式，如何实现中英文图书完美的混合排列？我结合在上海理工大学图书馆的编目经验，设计了三个方案：第一个方案是英文图书采用著者号，中文图书采取种次号，22 个大类，相同大类的中文图书和英文图书排在一起，先排中文后排英文，同类同语种图书再按各自不同的排架规则进行排列。比如 K 类图书先排中文再排英文，中文图书按种次号大小排，英文图书按著者号大小排。这种方式存在的问题是需要考虑新书到馆架位留存问题。一是同类中文新书与英文新书之间要预留空位，保持新书到馆后有存放位置；二是各大类之间要留有足够空间，避免大面积倒架。由于每个大类的图书采购数量无法预估，再考虑到中英文图书采购比例当时也没有定数，仅凭经验难以保证新书的预留位置合适，考虑再三放弃这一方案。第二个方案是英文图书和中文图书采用同样的取号规则，即都采用种次号，索取号不加区分（这在当时是比较少见的），同类图书按照种次号大小混排。但是由于在 ILAS 系统中，不同语种图书的书目数据保存在不同的数据库，无法生成连贯的种次号，容易造成不同图书有相同索取号，这对读者来说容易混淆。这种方案不可取。那么有没有改善的方案呢？通过与燕馆长及其他同事讨论，我们决定采用在英文图书种次号后加一个标识以区分于中文图书，这样就不会造成索取号重复的问题。这是第三个方案，在这个方案中标识的选取确定采用语种的英文名称的首字母。至于语种放在种次号的前面还是后面，第一次提出的方案是把语种标识添加在后面，我据此总结了图书馆中英文图书混排方案，在此基础上制定了本馆最初的图书排架规则。以下是第一版的排架规则部分原文：

　　索书号是每种图书的唯一标识符号，它指明了图书和期刊在书架上的位置。我馆索书号由"中图分类号／图书的入藏顺序号或种次号"构成。

　　索书号一般由分类号、种次号组成。由于我馆实行中西文图书混合排架，为了使西文图书区别于中文图书，西文图书（目前馆内只有英文图书）在其索书号最后面标注英文字母"E"，与分类号／种次号空一格。其他语种图书类同，利用该语种所属英文单词首字母标记区分。

　　　　举例：中文图书　　　英文图书

　　　　分类号　Q613　　　　Q613

种次号　1　　　　　　1 E

同分类号图书，中文图书按索书号顺序集中排在前面，英文图书则按带字母"E"的索书号集中跟在后面。不同分类号中西文图书则依照《中图法》分类号次序进行排列。

至于后来为何改变想法，将英文图书的语种标识添加到种次号的前面，由于时隔六年现在也记不太清楚了。如今拿两种索取号的形式做一对比，联想到燕馆长一贯严谨的作风，我想也许是考虑到这种方式贴在书刊上排列更显整齐美观吧。索取号打印后上方是分类号，下方是种次号，上方的分类号字母与下方种次号语种标识字母位置上下保持一致，数字也是同样道理。

除中英文图书混排制度外，在中英文图书分编、验收加工规则制定上，我与燕馆长几乎是逐字逐句推敲，尽可能语言简练而内容全面。时至今日，燕馆长在办公室边叮嘱我多加衣服，边引导我修改文件的情景在脑海里依然清晰可见。与业界大咖近距离接触，这不仅是南方科技大学学子的特别待遇，也是南方科技大学普通员工的职业福利。

（二）迎接挑战：南方科技大学知识苑建设

《功夫熊猫3》中阿宝的师傅让阿宝教别人武功，阿宝说他不会。他的师傅教导说："如果你总是做自己最擅长的事情，那你就永远不会进步。"

作为一名图书馆员，尽管供职于平凡的岗位，内心却期待着有机会尝试未知的领域，寻求更多的成长机会。我先后取得 CALIS 中文和西文图书编目资格认证，在编目岗位上工作了六年多，经历了从规章制度制定到验收、编目、加工、流通、交接甚至上架等一系列流程。我开始对岗位与自我进行分析，认为自己有转向未知领域的必要。2016年11月第一次正式向鄂馆长表达了调岗想法。我在邮件中总结了五条原因，提出三个设想：一是尝试嵌入式信息素养培训工作；二是向武汉大学学习开展学科分析和科研评价服务；三是参与机构知识库建设。前面两个设想涉及调换部门，在没有找到替换人手的前提下，这对刚刚上任 3 个月的鄂馆长来说是个难题，于是提议被断然否决。我继续在编目岗位上踏实工作，同时做着骚动不安的梦。

2017 年学校春季战略研讨会上，鄂馆长主动建议学校开始建设南方科技大学机构知识库，其定位是为提升学校影响力而实施的知识管理战略之一，是学校知识基础设施的重要组成部分。学校肯定此建议，并批准图书馆牵头建设。鄂馆长问我："你愿意做机构知识库吗？"我欣然表示愿意，自此开始新的挑战。

1. 调查研究：谋事之基、成事之道

习近平主席于 2003 年在武汉召开部分省市负责人座谈会时强调，加强对改革重大问题调查研究，提高全面深化改革决策科学性。调查研究是谋事之基、成事之道。没有调查，就没有发言权，更没有决策权。研究、思考、确定全面深化改革的思路和重大举措，刻舟求剑不行，闭门造车不行，异想天开更不行，必须进行全面深入的调查研究。我们在建设机构知识库的过程中时刻将调查研究作为开展工作的第一要义。

学校同意图书馆建设本校机构知识库后，我们立即行动，安排实地考察、网络调研、文献调查、学术交流等多条途径了解国内外机构知识库建设现状，确定南方科技大学机构知识库的建设目标，为撰写建设学校机构知识库调研报告做充足准备。我们首先了解到中国知网在搭建机构知识库平台并已有一些用户，考虑到中国知网在国内中文数字资源建设中的绝对领先地位，2017 年 3 月我们首先去知网公司总部与负责人就平台的建设现状、存在问题及发展规划做了交流。为了进一步了解平台功能和资源收集情况，我们接着去其用户首都师范大学图书馆开展调研。在调研中，我们发现知网的平台在当时是不成熟

的，存在的问题远远多于满足的需求。在调查完毕回程的路上，我们已经做出结论：不考虑与知网开展合作（当然，随着时间推移知网在机构知识库建设方面也取得了相当的进展）。在实地调查方面，除首都师范大学外，我们也走访了华东师范大学、上海交通大学、上海科技大学，与中国科学院兰州文献情报中心、爱思唯尔、宝和数据、知先、爱琴海科技公司等国内主流机构知识库平台供应商沟通交流。同年11月，中国科学院兰州文献情报中心在中国机构知识库第五届大会上发布了 Cspace 6.0 系统，听完报告后，同事邀请平台负责人祝忠明研究员来校做深入介绍。由此我们确定以此平台作为南方科技大学机构知识库的基础平台。

2017年12月，在多方调查研究之后我们完成《关于建设南方科技大学机构知识库的报告》，报告中总结国内外机构知识库建设现状与存在的问题，提出我校机构知识库的建设目标、建设方案和命名。南方科技大学知识苑为机构知识库的中文名称，英文名称为 SUSTech Knowledge Commons，简称 SUSTech KC。Commons 的英文意为"a place where people of same interest or for a shared purpose get together"，与中文"苑"字合，故有中文名称"知识苑"。2018年1月，学校审批通过项目启动申请。1月底我们再次赴兰州就科研评价功能的实现与祝老师沟通解决方案，3月启动采购程序，7月完成合同签订及付款，9月正式开启项目建设。

我们不仅在项目启动之初重视调查研究，在项目建设过程中每一个问题的处理都力争有理有据，根据调查结果提出问题解决方案。尤其在前端设计上，我们通常调研10多家单位的设计情况，汲取众家之长，结合我校需求，做出我们的设计方案。解决问题先做调查研究的理念已经成为我开展工作时遵循的第一原则。

2. 用户：图书馆永恒的中心

2004年程焕文与潘燕桃所著《信息资源共享》一书出版，书中总结信息资源共享的四个基本定理："定理一，一切信息资源都是有用的；定理二，一切信息资源都是为了用的；定理三，人人享有自由平等地利用信息资源的权利；定理四，用户永远都是正确的。"① 此书一经出版，其中的定理四就引起一番激烈的"图林论剑"，参与争鸣的不仅有图书馆学术界和实践领域的精英，更有网络中身披变幻不定马甲的草根，从课堂讨论到期刊笔谈，从网络留言到博客论剑，此起彼伏，众说纷纭 ②。由此直接导致了《竹帛斋图书馆学论剑：用户永远都是正确的》的诞生。

对于这个论断，有人击节叫好，有人暗自称道，有人不屑一顾，有人口诛笔伐。程教授本人的说法是要把"用户永远都是正确的"这种价值观、这种信念，写进更多图书馆员的脑海。北京大学图书馆王波研究员表示更愿意把程教授的见解当成专业信仰来看待，而不将其当成学术命题来讨论。关于读者或用户的重要性，不是新鲜的命题。20 世纪 30 年代，印度著名的图书馆学家阮冈纳赞在发表的《图书馆学五定律》中首次提出了被誉为"我们职业的最简明的表述"和图书馆金科玉律的经典图书馆学五定律：①书是为了用的（Books are for use）；②每个读者有其书（Books are for all；or，Every reader has his book）；③每本书有其读者（Every book has its reader）；④节省读者时间（Save the time of the reader）；⑤图书馆是一个生长着的有机体（A library is a growing organism）。1957 年我国图书馆学家刘国钧在《什么是图书馆学》一文中就提出："图书馆事业有五项组成要素：①图书；②读者；③领导和干部；④建筑与设备；⑤工作方法。"③1995 年，美国著名的图书馆学专家沃尔特·克劳福德和米切尔·戈曼合著出版

---

① 程焕文，潘燕桃.信息资源共享［M］.2 版.北京：高等教育出版社，2016：22–36.
② 钱炜.南方科技大学：植入深圳基因的大学理想［EB/OL］.［2019–11–16］.https://newshub.sustech.edu.cn/zh/html/201806/7806.html.
③ 张树华.从刘国钧先生的"图书馆学五要素"谈起［J］.图书情报工作，2007（3）：12–13.

了《未来图书馆：梦想、狂想与现实》一书，提出"图书馆学新五律"（Five New Laws of Librariship）：①图书馆为人类服务而存在（Libraries serve humanity）；②尊重知识传播多样性（Respect all forms by which knowledge is communicated）；③善用科学技术提升服务品质（Use technology intelligently to enhance service）；④捍卫自由获取知识的权利（Protect free access to knowledge）；⑤尊重过去，展望未来（Honor the past and create the future）①②。从以上观点可看出，"读者第一，服务至上"的理念在传承中不断深化，用户是图书馆永恒的中心。这些都与南方科技大学图书馆"读者至上"的价值观相吻合。

在调研过程中我们发现国内机构知识库建设面临着诸多问题，如资源瓶颈问题突出、建设机制不完善、资金投入匮乏、资源开放程度不够等。这些问题导致机构知识库的建设沦为了"鸡肋"，建设过程往往"剃头挑子一头热"，使得建库容易维护难，可持续发展成为难题，最终成为"死库"。我们认为造成这一问题的根本原因在于机构知识库没有为所在的环境（即用户）存在的问题提供有益的解决方案。南方科技大学知识苑的立项始于科研项目管理系统无法满足用户对学术成果管理的需求。因此在建设之初我们就把用户的需求放在了第一位。在功能定制方面尽可能收集一线不同层次用户的意见，从副校长到院系主任，从科研秘书到教师代表，同时也包括本馆馆员，我们都进行了面对面的交流，力争南方科技大学知识苑是真正为用户打造的平台而非图书馆一厢情愿的闭门造车。为保障项目顺利进行，学校建立了领导小组与工作小组，不定期召开会议，向小组汇报工作进展，听取多方意见与需求。根据需求不断磨合与调整平台功能，扎扎实实地为实现用户的每一个需求而努力，在理念和实践中真正实现从图书馆本

① 廖又生.试以"图书馆学五律"的变迁探讨图书馆系统经营［J］.佛教图书馆馆刊，2011（53）：127–133.

② GORMAN M. Five New laws of librarship[J]. American libraries，1995（9）：784–785.

位到用户本位的转变。

平台主要以 CSpace 6.0 系统为基础进行构建，对基本契合用户功能需求的部分做适应性调整；对不能完全支持的部分根据需求定制扩展开发，在基础平台中集成应用，形成完整的南方科技大学知识苑功能系统。平台总体架构包括 5 部分：学者库、成果库、院系部门子平台、数据统计与分析平台和移动平台。其中移动平台可以实现通过集成学校企业微信实现成果认领、提交、下载、查询与浏览等功能。数据统计与分析平台初步设想可实现大学排名、ESI 指标嵌入、成果统计与分析等功能。

考虑到决策者的需求，在功能扩展上主要有四个方面的设想：①嵌入学校最为关注的两个科研评价指标 ESI 和自然指数；②集成主流学术社交平台；③关注世界大学排名；④考虑与同行评审平台 Publons 合作。其中与同行评审平台合作在国内机构知识库建设中属于较为新颖的设想。Publons 由 Andrew Preston 和 Daniel Johnston 于 2012 年创立，与世界各地的研究人员、编辑和顶级出版机构合作，跟踪审稿人的评审活动，突出显现同行评审人员的专业知识，将同行评审成果转化为学术界宝贵的资源。我们认为同行评审工作间接证明了审稿人的科研学术水平，如果能够将学校同行评审专家的评审数据在机构知识库平台上展现，这无疑对学校科研人员在该领域的贡献表示尊重，同时也展示了学校人才队伍的科研实力，有助于提升学者的个人学术影响力。我们考虑与 Clarivate Analytics 公司合作，通过 Publons 的 API 接口获取学校同行评审专家的评审数据，将如审稿记录、审稿数量、审稿时间、审稿期刊及其影响因子等展示在学者个人主页上，表明学校科研人员对该领域做出的奉献，以体现其科研水平及在该领域内的影响力。

图书馆的本质是服务机构，其存在的价值就是为用户提供优质服务。无论是建设南方科技大学知识苑还是在图书馆其他各项工作过程中，我们应该不负用户的期望，将"用户永远是正确"的理念深深地烙在脑海，在不断满足用户需求的道路上彰显图书馆的价值。

（三）探秘前沿：科学数据管理

1. 数据密集型科学与大数据时代

2007 年，图灵奖得主 Jim Gray 在加州山景城召开的 NRC-CSTB（National Research Council-Computer Science and Telecommunications Board）大会上，发表留给世人的最后一次演讲"The Fourth Paradigm: Data–Intensive Scientific Discovery"。他在演讲中提到科学世界发生了变化，新的研究方式是通过仪器捕获数据或通过计算机模拟生成数据，然后用软件处理后将所得到的信息或知识存储在计算机中。科学家们只是在这个系列过程中的最后阶段才开始审视他们的数据。这种数据密集型科学的技术和方法与以往实验科学、理论推演、计算机仿真不同，成为科学探索的新的第四范式[①]。

数据密集型科学范式发现引起科学界和社会的巨大关注，认为这将对科学研究和社会将产生革命性影响。许多国家正在或者已经启动各种相关的计划和措施，例如 2012 年美国宣布大数据资助计划（White House Big Data Initiative），欧盟提出"驾驭大数据浪潮"的战略思路（Riding the Wave: How Europe can gain from the rising of scientific data），日本发布《面向 2020 的 ICT 综合战略》，提出要构建丰富的数据基础[②]。我国也高度重视大数据发展，国务院于 2015 年 8 月 31 日发布《促进大数据发展行动纲要》指导我国大数据发展的国家顶层设计和总体部署，又于 2018 年 3 月发布《科学数据管理办法》进一步加强和规范科学数据管理，保障科学数据安全，提高开放共享水平。

---

① 大数据时代的新科学范式：数据密集型科学 ［EB/OL］.［2019–12–13］. http://blog. sciencenet.cn/blog–242272–1004180.html.

② 梁娜，曾燕. 推进数据密集科学发现提升科技创新能力：新模式、新方法、新挑战——《第四范式：数据密集型科学发现》译著出版 ［J］. 中国科学院院刊，2013（01）：115–121.

与此同时，数据密集型科学范式、大数据时代等也引发图书馆界积极思考。国际图联科技图书馆专业委员会常设委员会在 2011 年的国际图联年会上讨论科学数据的发展及其对信息服务的影响，认为在 e-Science 和信息网络的支持下，原来被封闭在实验室或科学家手里的科学数据正逐步变成可广泛传播和广泛获取的信息资源。如何让这些信息资源得到有效揭示、组织、传播，如何保证这些（几乎都是）用公共科研资金产生的信息资源能持续地作为公共资源得到广泛获取和长期保存、而不是像研究文章一样被出版商垄断来谋取高额利润，是摆在公共信息服务者（例如图书馆）面前的急迫挑战①。对此，国外许多高校图书馆积极应对环境的变化，较早开展科研数据管理服务实践，如美国伊利诺伊大学图书馆、约翰·霍普金斯大学图书馆、康奈尔大学图书馆、普渡大学图书馆等。至今，美国半数以上的大学图书馆开展了数据支持相关服务。澳大利亚也有 30 多所高校开展了科研数据管理服务②。而国内图书馆界依然处于"理论热、实践冷"的境地，仅有为数不多的几家高校图书馆真正开始了实践探索。南方科技大学图书馆在鄂馆长的指导下步步为营、稳扎稳打为开展科学数据管理工作做了较为充足的铺垫。

2. 敏锐的意识与有效的行动

一流的大学一定要有一流的图书馆，而一流的图书馆不仅要密切关注时代环境的变化，谨防"灰犀牛"现象的发生，还需要紧跟业界理论和实践前沿，不断拓宽和延伸服务领域，在时代发展的潮流中坚守阵地、谋求发展。

鄂馆长来南方科技大学就任后，一方面带领团队做精图书馆传统业务，一方面跟踪国际图书馆实践前沿，注重拓展新兴业务。上任不

---

① 张晓林.超越图书馆：寻求变革方向——第77届国际图联大会观感［J］.图书情报工作，2011（21）：5-10.

② 陈晋.2008—2018 年我国科研数据管理服务研究述评［J］.图书馆工作与研究，2019（11）：78-84.

久他就提出科学数据管理工作是日后图书馆的发展方向，并带领团队为开展我校科学数据管理工作做好充足准备。记得在我第一次提出调岗想法后的一天，鄂馆长找我聊天，了解工作现状之后对我说："若梅，你以后要考虑往数据管理方向发展，做一名数据馆员。" 2016年的我连数据的概念都不了解，对于所谓"数据馆员"究竟做什么更是云里雾里。2017年图书馆在筹备建设学校机构知识库的同时，也为科学数据管理工作展开了一系列行动。先是邀请美国两所知名高校图书馆馆员到馆普及科学数据管理基础知识与介绍实践工作进展。选派馆内合适人选参加中国科学院的数据馆员培训，着重培训数据馆员人才，并在馆内建立跨部门合作的数字化工作小组，不定期开展科学数据管理知识交流。一手培养人才，一手开展实地调查研究。2018年3月与11月，鄂馆长带队前往北京与新加坡就科学数据管理工作现状调研中国科学院计算机网络信息中心、新加坡南洋理工大学、新加坡国立大学与新加坡管理大学。2019年再次派杜娟副馆长和我去清华大学、北京大学与中国科学院计算机网络信息中心开展交流。

科研项目是科学数据产生的主要源头，在南方科技大学科研项目管理由学校科研部负责，因此科学数据管理工作天然与科研部有密不可分的关系。为顺利开展工作，图书馆和科研部两部门召开部门合作会议，汇报图书馆的调查工作，共同探讨未来工作规划。围绕工作规划，我们初步确定了工作路线。第一步，在校内各院系开展需求调查工作，了解师生目前的科学数据管理现状，总结其当前存在的问题以及由问题引发的需求；第二步，调查国内外科学数据管理平台的功能，根据需求对平台做分析测试，确定平台合作伙伴儿；同时，根据调查情况确定试点院系和课题组；计划于2021年实施项目，年底开展服务。

鄂馆长对新兴业务的敏锐意识与积极有效的行动领先于国内绝大多数高校图书馆，这不仅开拓了馆员的视野，提升了南方科技大学图书馆业务和管理水平，更是为南方科技大学实现建设国际一流研究型大学的目标贡献图书馆力量。

三、成长永不止步

2007 年 3 月，深圳市第四届人民代表大会第三次会议，在《政府工作报告》中深圳市决定筹建南方科技大学。2010 年 12 月，教育部同意筹建南方科技大学。2012 年 4 月，教育部同意建立南方科技大学，要求南方科技大学"不断探索具有中国特色的现代大学制度，探索创新人才的培养模式"，并同意学校按照"6+3+1"模式招生。9 月，第一批录取的 188 名本科生入学。南方科技大学正式去筹转正。在这个道路上学校经历了质疑与争议，也经历了信任与希望。有人说中国教育改革的希望就在这块试验田上，也有人说这注定是"南柯一梦"。如今七年过去，南方科技大学成功实现从"南科一梦"到"高等教育鲶鱼"的华丽转变，成为高等教育领域"速度与质量并举"的名片，为新一轮中国高教改革创新的践行者们提供宝贵经验，贡献高教改革的"深圳方案"。2018 年《见证》杂志采访南方科技大学创校校长朱清时时，朱校长谈及南方科技大学的进与退时说："教育改革永远不能停步。"①

在深圳这个改革不停顿、开放不止步的城市，要生存下去，每个人也要成长永远不能止步。自 2013 年入校以来，我作为学校的一分子，在见证南方科技大学快速发展的同时，也体会到自己的成长。在成长的路上，我遭受过质疑，也感受到信任，产生过怀疑与否定，也收获了努力的喜悦。正如巴顿将军所言："如果勇敢便是没有畏惧，那么我从来不曾见过一位勇敢的人。"人的一生是不断遭遇问题并与问题进行战斗的一生。问题会无穷无尽，只有主动寻找方法解决，才能够打赢

---

① 朱清时：南方科技大学的进与退［EB/OL］.［2019–11–17］. http://china.cnr.cn/news/20180622/t20180622_524278216.shtml.

这场"战争"。每个人的一生中有众多选择，但最好的选择就是遵循内心①。在磨炼中我逐渐认识到，努力比天赋更重要，态度比能力更重要。我相信自己的选择，相信一步一个脚印可以走远，相信这一路上都是美丽的风景。

---

① 南方科技大学：加速建设世界一流研究型大学［EB/OL］.［2019-11-17］. http://www.sohu.com/a/308214867_500262.

印记

——图书馆工作中的点滴心得

申　慧[*]

光阴荏苒，时光飞逝，不知不觉中南方科技大学已建校快十年。十年很短，第一届40多位教改实验班学生的身影还在头脑中闪现，转瞬间南方科技大学已迎来了新一届2000多名本科生和研究生；十年很长，一路走来，与成长伴随的是无数努力与汗水。十年间，图书馆也从建校初期的两间图书室发展为有三个图书馆在校园同时开放。作为一个图书馆人，趁着为建校十年准备纪念文集之际，我也想停停脚步，回顾这几年的发展，记录这期间发生的些许故事。

一、应对环境，顺势而为

一个人离开一个城市来到另外一个城市，无外乎几个原因：事业、家庭、爱情。2012年底，偶然的一次契机，得知南方科技大学图书馆在招聘参考咨询馆员，我抱着一试的心态投了简历。首要原因是，如果应聘成功，就能改变与先生和孩子分居两地的状况；其次，听闻南方科技大学是事业单位企业化管理，意味着也许不用再为评职称的事而烦心。这时的南方科技大学刚筹建两年，虽然作为高等

＊申慧，南方科技大学图书馆资源流通服务部主任。

教育改革的试验田，媒体给过一些报道，但对于大多数人而言，这仍是一个没有什么知名度的学校。接到面试通知时，我还是有点紧张的，这是研究生毕业七年后再次应聘，我想我的优势便是这七年的工作经验了。面试顺利通过了，主考官是时任武汉大学图书馆馆长的燕今伟先生，也是我到南方科技大学图书馆后的第一任馆长。后来从燕馆长口中得知，录取我的主要原因一是看中我有参考咨询工作经验，其次便是考虑到我的两地分居困难。直到现在，我仍庆幸在恰当的时候抓住了机会，同时对于这位具有人文关怀的老馆长心存深深的感激。我不是最早的南科人，但也算是经历过老校区的老馆员，老馆员的好处便是亲历了南方科技大学图书馆从孩子成长为少年的这一过程。

（一）蓄势待发，为搬入新馆而准备

盘古开天辟地之前，世界一片混沌。启动校区时期的图书馆对我来说便如这混沌世界，一切都是模糊的，捉摸不定。这一时期，没有图书馆大楼，只有两间阅览室，买来的新书都堆放在走廊过道上，打包装好，为搬去新馆做准备。没有所谓的部门之分，馆员之间也没有明确的职责分工，哪里需要就去哪里。这一时期馆员的主要职责是采访、编目和馆舍建设。在资源建设方面主要是纸质资源的采购，电子资源还是以共享深圳大学城图书馆的资源为主。在服务上，仅开展简单的流通服务以满足师生的借阅需求。最后一个重要工作便是馆舍建设，为新馆开放购置必备的家具、设备。这一时期，我从熟悉的参考咨询工作开始学习如何编目，先后从事过西文编目、中文审校，一切从头学起，从无知到有知，我称这一时期为开荒期。

（二）雏形初现，各项服务相继推出

唯物辩证法的否定之否定规律表明，事物发展是前进性和曲折性的统一。2013 年 7 月，学校整体搬入新校区，这时虽有新的图书馆大楼矗立在校园中心地带，成为学校的地标性建筑，但在图书馆的建设过程中也仍然面临着许多问题。大量的纸质文献相继购入，但电子资源仍相对缺乏，不能满足教授与学生们的需要。在此情况下，馆际互借与文献传递服务成为满足需求的重要补充手段，这也是我在南方科技大学图书馆负责的首个主要工作。一方面，我们与深圳大学城图书馆达成资源共享协议，可以利用他们的资源；另一方面，在中山大学图书馆的帮助下，经过几个月的学习与筹备，我们推出了 CALIS 馆际互借与文献传递服务，通过这个系统，解决了深圳大学城图书馆无法提供的资源问题；之后又开通了 NSTL 向全国高校免费开放的资源，加入深圳文献港等地区性文献共享系统，增加了文献获取渠道；同时进一步搜集网络免费资源获取方式，逐步形成了以 CALIS 资源为主，深圳大学城图书馆、深圳文献港等资源为辅，以网络 OA 资源为补充的多渠道文献获取模式，有效地保障了这一时期的文献资源提供服务，特别是电子文献的满足率。为了促进资源建设，我们还通过对馆际互借与文献传递情况的统计分析，揭示出高请求率的数据库和期刊，通过数据分析为资源建设部门提供资源采购决策支持。

表 1　2014 年南方科技大学图书馆文献传递申请中的文献请求来源情况

文献来源数据库	篇数	比重	文献来源数据库	篇数	比重
Wiley	82	28.60%	Oxford Journals	2	0.70%
ScienceDirect	54	18.80%	CNKI	21	7.30%
Nature	23	8.10%	MathSciNet	1	0.30%
Science	13	4.50%	NACE	1	0.30%
ACS	2	0.70%	Maney	1	0.30%
RSC	5	1.80%	Risk	1	0.30%

文献来源数据库	篇数	比重	文献来源数据库	篇数	比重
AIP	10	3.50%	Ingentaconnect	1	0.30%
IOP	5	1.80%	Tandfonline	1	0.30%
Springer	12	4.20%	SPIE	2	0.70%
Thieme	5	1.80%	AES E-Library	1	0.30%
Taylor&Francis	2	0.70%	单刊	30	10.50%
Highwire Press	3	1.10%	PNAS	2	0.70%
J-STAGE	1	0.30%	IEEE 文章封面和目录页	2	0.70%
J-stor	2	0.70%	外馆纸质书	2	0.70%

继开展馆际互借与文献传递服务后，为了进一步宣传和推广图书馆的资源，部门负责人与我商量，希望我着手开展读者培训服务。由于人手和经验都相对不足，这一时期的读者培训服务并未很好地开展起来，除了每学期的新生入馆教育，其他仅有的几场数据库使用培训均是邀请数据库商来主讲。2015 年，针对是否开设信息素养课程，燕馆长让我做了一次调研，我收集了国内排名靠前的五所理工科院校和五所综合性院校图书馆信息素养课程的开设情况，对我馆开设信息素养课程做了可行性分析。因为在来南方科技大学之前，我从事的主要工作就是信息素养必修课教学，深知这样的必修课程在教学质量、教学模式上都存在着一些弊端。当时图书馆能承担教学工作的馆员本就很少，如果采用必修课或选修课的模式，一是我们没有足够的人员来开设一门课程，二是这种模式的教学效果可能不理想。通过这次调研我们确定了以主题讲座为主的信息素养培训模式。

关于"国内十所高校图书馆文检课开设情况"的调研报告

调研对象：实力排名靠前的国内十所高校，其中五所为理工院校，五所为综合性院校

五所理工科院校为：清华大学、中国科技大学、哈尔滨工业大学、北京航空航天大学、上海交通大学

五所综合性院校为：北京大学、武汉大学、浙江大学、复旦大学、厦门大学

调研内容：国内十所高校图书馆文检课开设情况

调研方式：浏览十所高校图书馆网站

调研结论：

一、文检课是图书馆读者培训的重要组成部分，是图书馆开展信息素养教育的重要方式。

在各高校图书馆网站中，有关文检课的相关介绍都是放在图书馆读者服务栏目下，具体情况见下表：

学校名称	图书馆网站栏目	学校名称	图书馆网站栏目
清华大学	服务→教学与培训	北京大学	服务→一小时讲座
中国科技大学	服务指南→课件天地	武汉大学	服务→教学培训
哈尔滨工业大学	服务→教学培训	浙江大学	读者服务→用户培训
北京航空航天大学	服务指南→读者培训	复旦大学	服务→读者培训
上海交通大学	服务→教学支持	厦门大学	服务→咨询与培训

三、**课程性质主要分为全校公选课、专业限选课、通识课和必修课。**在所调查的十所高校33门课程中，十所都开设了全校公选课，二所开设了专业限选课，二所开设了"信息素养"通识课，一所开设了必修课。具体情况如下表所示：

课程性质	课程名称	总数统计
全校公选课	清华大学：文献检索与利用（理工类、社科类/本科）、图书馆概论（本科）、信息资源获取与专题应用（研究生）	26门
	中国科技大学：电子信息检索（本科生、研究生）、前沿信息科学分析与研究（研究生）、文献管理与信息分析（研究生）、信息检索与信息分析（研究生）、国际数据库与信息检索（研究生）	
	哈尔滨工业大学：科技信息资源与网络检索（本科生）	
	北京航空航天大学：信息检索与网络应用	
	上海交通大学：网络环境下的文科信息检索	
	北京大学：电子资源的检索与利用	
	武汉大学：计算机检索与利用（文、理）、网络信息检索与利用、计算机信息检索与利用（工）、医学信息检索与利用 注：同时为政治与公共管理学院等院系开设了专业选修课	
	浙江大学：计算机信息检索（研究生）、生物医学研究信息快速获取和评价（研究生）	
	复旦大学：电子文献检索（文、理）、医学信息检索与利用（研究生）	
	厦门大学：网络信息检索	
专业限选课	清华大学：文献检索与利用（化工类）	2门
	上海交通大学：科技信息检索（媒体与设计学院专业限选课）	

图1　2015年南方科技大学图书馆关于信息素养课程的调研报告

2015年初，学校陆续有教授因为国家杰出青年科学基金和国家自然科学基金申报，向图书馆提出开具论文收录引用证明的需求。针对这一情况，我和另一位同事被派去深圳大学城图书馆学习查收查引与科技查新业务。不久后，我们为物理系一位副教授做了南方科技大学图书馆第一份查收查引报告，这也意味着南方科技大学图书馆查收查引服务的正式推出。

这一时期是国内图书馆界正在热火朝天的谈论关于学科馆员转型的高峰期。2013年中国图书馆学会年会上北京大学图书馆肖珑副馆长作"学科服务的可持续发展探索"的大会发言[①]，她认为：学科馆员经过多年的发展，成绩斐然，但目前发展再次遇到瓶颈问题，需要思考可持续发展。我们的学科馆员服务就是在这一时期开始的，部门的每一个人都被分派为不同院系的学科馆员。这时的学科馆员主要角色是"学科联络人"以及"采访馆员"。按照肖珑教授提出的高校学科馆员

---

① 2013年中国图书馆年会"图书馆学科化服务战略转型和最佳实践"主题论坛议程[J]. 图书情报工作，2013（20）：22.

发展的四个阶段:"学科联络人"—"学科服务馆员"—"学科建设与服务馆员"—"学科知识服务馆员"①,我们还处于第二阶段和第三阶段之间。

在这一时期的南方科技大学图书馆,简单的流通服务已无法满足师生的需求,馆际互借与文献传递、读者培训、学科馆员与查收查引等服务相继推出,我称这一时期为拓展期。

(三)从稚嫩走向成熟,以改变促发展

当你不满意环境时,你要试图改变。2016年,一位香港的慈善家为图书馆作了捐赠,学校为感谢他的捐赠,将图书馆冠名为琳恩图书馆。这一年的八月下旬,图书馆也迎来了第二任馆长鄂鹤年先生。也许正是因为这些变化,之后图书馆仿佛注入了新鲜血液,在许多方面都有了一些创新和突破。我所在的学习与科研服务部在这一时期也做出了一些服务的改变和调整。

1. 馆际互借与文献传递业务的转移

随着馆藏资源建设的不断发展,图书馆电子资源逐渐丰富,已有的数据库基本能满足本校师生的需求。由于读者荐购服务的推出,本馆没有的纸质资源也能通过荐购的方式购买回后再提供借阅。因此,馆际互借与文献传递申请量逐年减少。这一时期的馆际互借与文献传递服务已不再是部门的核心业务,我也从当初主要从事该项业务慢慢转到查收查引与读者培训服务上。2016年下半年,这一服务改由资源流通部门来负责,这也是这一时期做出的第一个改变。

2. 查收查引业务分工的调整

查收查引服务自推出以来,每年收到的申请逐年递增。2016年,在深圳大学城图书馆报告的基础上,我们新增了人才引进和校内评定两

---

① 肖珑.支持"双一流"建设的高校图书馆服务创新趋势研究[J].大学图书馆学报,2018(5):43-51.

种报告模式，工作量因此大量增加。这一时期，部门全部同事都参与查收查引工作，高峰期还要请求其他部门同事支援。这种所有人都参与的模式，导致读者培训等其他服务都无法有效地开展。2017年，部门成立查收查引专项服务小组，由我担任小组长，负责管理和分配任务，由专门的小组成员来完成报告，高峰时如需帮忙，再申请部门其他人员帮助。这个改变也为读者培训等服务的开展腾出了人手与时间。

查收查引工作调整说明

一、工作流程说明：

（一）大学城图书馆报告：管理员分配任务后，由检索员直接与委托人联系完成以下流程：

1. 收到委托人申请邮件后，电话与委托人确认查找项目，提醒委托人申请一旦提交，就必须交费领取报告；

2. 与大学城图书馆老师联系领取报告编号，报告初版完成后发给委托人核定；

3. 委托人确定报告后发给大学城图书馆老师审核；

4. 大学城图书馆老师审核完毕后，邮件通知委托人报告费用和付款领取报告方式，并将终版报告以附件方式发送给委托人。

（二）人才引进报告和内部报告：管理员分配任务，检索员完成报告后发回给管理员，由管理员与委托人联系完成以下流程：

1. 收到委托人申请邮件后，电话与委托人确认完成时间；

2. 报告完成后将终版报告发给委托人审核；

3. 如检索提问单中有未被检出文献需将做好检索结果标注的检索提问单一并发给委托人审核。

二、提问单统一标注说明：

1. SCI未检出：用红色字体标注；

2. EI未检出：用黄色高亮标注；

3. 重复提交：用绿色字体标注；

4. 标题不一致：在委托人提问单原记录后标注"该标题与SCI数据库检索出标题不一致，SCI数据库标题为：******"。

三、统计说明：

1. 大学城图书馆报告统计方式：各人统计，管理员分时段汇总；

2. 人才引进报告和内部报告统计方式：由管理员统一统计汇总。

图2　2017年南方科技大学图书馆关于查收查引工作的调整说明

3. 读者培训类型和内容的创新

琳恩图书馆时期，读者培训服务也在不断发展和创新。一是培训场次由早期的每学期几场增加为几十场，培训的内容也从如何使用数据库发展为如何开展课题调研、如何利用工具有效管理文献等更深层次的内容；二是部门能上培训课程的人都开始承担培训任务，除了几个专业数据库，如SciFinder必须由数据库商授课，其他主题的讲座均可由图书馆工作人员自己来完成；三是培训类型除了以信息素养主题培训为主，还增加了嵌入式、定制式等培训模式；四是开创了双语教学，在本科生课程中嵌入了信息素养课程的英文教学。

表 2　2017、2018 年南方科技大学图书馆开展读者培训类型比较（单位：场）

年份	讲座类型					
	嵌入式课程培训	信息素养系列讲座	迎新培训	数据库商培训	定制式培训	其他类型培训
2017 年	9	5	3	6	0	4
2018 年	47（含英文课）	12	3	3	3	4

4.学科服务内容的加深

学科馆员服务推出之初，虽然我们每一位学科馆员都要对接好几个院系，但主要的工作任务仅是通过邮件向对口院系发布信息以及图书采选，图书采选占据了学科馆员大部分的工作时间，这种情况一直持续到 2017 年。2018 年，学科馆员团队开始相继拜访各个对口院系，调研和了解院系需求，加深与院系之间的联系，并开始与一些教师联合开展嵌入式信息素养培训课程，通过与教师的互动，宣传、推广图书馆的资源，通过资源推荐、学科评价分析等方式逐渐参与到学科建设中去，不断加深学科服务的内容。

琳恩图书馆建设时期，各项服务从起步走向成熟和纵深发展，我称这一时期为突破期。

无论是开荒期、拓展期还是突破期，无论是我个人还是图书馆，都在不断适应着环境的变化，也在寻找着发展和创新。

二、以人为本，共同成长

"你多久去一次图书馆？去图书馆主要做什么？"这是 2016 年底图书馆空间改造之前，我们对在校本科生发起问卷调查时设置的两个问题。关于去图书馆的主要目的，60.2% 的学生是为完成作业查找资料，72% 的学生是为借书，而 89.4% 的学生是为找一个安静的空间学习。

从学生的回答可以看出现代大学生对于空间的依赖已超过了资源获取。因而我们在空间改造时，撤掉了部分书架，改造成多样化的学习空间，这样的改变也赢得了学生的喜爱。图书馆成为校园网红打卡点的重要原因是我们在改造时听取了读者的心声。无论是空间改造，还是我们其他服务的开展，都非常注重与读者的沟通和交流。

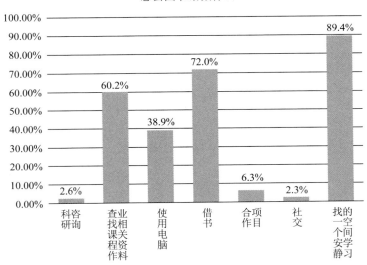

您去图书馆做什么？

图3　2016年南方科技大学图书馆读者问卷调查结果

读者是图书馆发展中"以人为本"的核心，但仅以读者为核心是无法开展工作的，馆长、馆员在图书馆的发展中也起着重要作用。只有处理好馆长、馆员、读者与资源、空间、技术、服务之间的关系，才能让图书馆成为一个生长着的有机体。我在南方科技大学图书馆经历过两任馆长，做过两个团队的负责人，换过两个部门，期间发生的点点滴滴也让我深有感悟。

（一）领导中的艺术

南非传奇斗士、南非国父纳尔逊·曼德拉曾说："It is better to lead

from behind and to put others in front, especially when you celebrate victory when nice things occur. You take the front line when there is danger. Then people will appreciate your leadership."[①] 领导是一门艺术，好的领导是成功时在背后默默支持你的人；是遇到危机时挺身而出的人。

1. 松与紧，宽与严

初见燕今伟馆长，觉得他是一位严厉的人。几番工作接触，发现在他严厉的外表下，其实暗藏着无数的关心和细心。2013 年 7 月，从启动校区搬入新校区，为了迎接 9 月份新生的到来，图书馆开始着手编制读者手册和准备新生入馆教育。由于来南方科技大学之前有过多年信息素养课程教学工作经验，燕馆长指定这两项工作由我来负责。当时图书馆各项制度和服务还不完善，读者手册的初稿经过反复敲定和修改才完成。交了初稿，原以为不会有什么大问题，但拿到燕馆长的反馈意见时，我还是傻了眼。从内容编排到遣词用句，从段落格式到标点符号，几乎每一页都有他详细的修订意见。之后的新生入馆教育课件，燕馆长也是坐在我身边，逐页讨论，指出不足，并告诉我制作 PPT 应该注意的细节。燕馆长对待工作的严谨细致、认真负责给我留下了深刻的印象，从他身上学到的这些良好工作素养，也在我之后所从事的各项工作中起到了重要作用。

2. 开放与包容，危机与信任

鄂鹤年馆长是我们的第二任馆长，他到来时我负责的主要工作是查收查引服务。这个时期的南方科技大学正处在大力引进人才的阶段，大批的教授和青年学者被引进，他们申请各种人才项目需要图书馆开具论文收录引用证明。由于没有科技查新资质，我们的查收查引工作是与深圳大学城图书馆合作开展。当时的深圳大学城图书馆还没有采

---

① What Croatia's president taught the world about leadership at the World Cup[EB/OL]. [2020–06–08]. https://www.weforum.org/agenda/2018/07/croatia-s-president-taught-a-lesson-in-leadership-at-the-world-cup/.

用 CALIS 查收查引系统，所有报告中的数据都是人工完成，而我们也是按照大学城图书馆的查询方法和要求来做。人工完成费时、费力，还要求细心、仔细，我们每份报告的完成都不容易。但老师们不了解情况，在拿到报告时，也时常会有一些疑问，比如：引用次数为什么比他自己查找的少？JCR 分区为什么是 Q2 而不是 Q1？有些老师在拿到报告后，一看引用次数少了，以为是我们查询的错误，立即就会来质问。

有一次，我们就碰到了这样的情况。当时某系一位知名教授提交了申请，我和小组成员加班完成了这份报告，在发给教授确认之前我反复检查了好几遍。第二天，鄂馆长突然把我叫到办公室跟我说："你们给某教授做的报告是怎么回事？他打电话来说这是他第一次用图书馆的服务，没想到就这么差。"我心里咯噔一下："应该没有错误啊，我反复检查了的，怎么回事？"鄂馆长接着说："你现在可不可以和我一起去找他当面了解情况？""可以"，我答道。我们到教授的办公室时，教授和他的项目组成员都在。鄂馆长说的第一句话是："这是我们负责查收查引的申老师，她从事这个工作已经有好几年了，是我们的资深馆员，无论是专业技能还是处理问题都有着丰富的经验，有什么情况你们可以问她。"馆长的话无疑给了我一颗定心丸。经交流，我发现并非是我们的报告有什么问题，而是他的项目组成员在传达数据含义时没有表述清楚，让这位教授产生了误解。我把和深圳大学城图书馆的合作模式以及报告中每一项数据的查询方法、标注的含义对教授做了一一说明。问题的原因找到了，教授也因此了解了我们工作的不易。从教授办公室出来，我长吁了一口气，跟鄂馆长说："馆长，不好意思，我们的工作还做得不太好。"馆长说："你没有什么不好意思的，刚刚他们已经说了是他们的错。"回想这件事，除了工作中的严谨、细致让我们有了足够的底气面对各种问题，也是鄂馆长在面对危机时的充分信任才能让这件事得到圆满的解决，让我们的服务得到尊重和认可。

（二）单丝不成线，独木不成林

如果说馆长引领着图书馆发展的方向，那么馆员便是推动图书馆向前的坚实力量。俗语有云：能用众力，则无敌于天下矣；能用众智，则无畏于圣人矣。我在南方科技大学曾担任过两个小组的负责人，一个是查收查引小组，一个是信息素养小组。于我而言，之所以能把这两项工作做好，得益于小组成员之间的配合与协作。

1. 在枯燥中寻找乐趣

"这个工作太无趣、太机械了！"大部分做过查收查引工作的人都会发出这样的感叹，然而我却在这个岗位上工作了三年。早期的查收查引工作碰到过很多困难，报告量大、时间紧迫、人手不足、经验欠缺。在高峰期，全部门的人都要停下手中的工作来集中完成各种项目报告。加班是常事，任务紧急的时候，为了把报告赶出来，常常会忘了喝水、上厕所。作为小组长，我需要给每个人分配任务，有时候看着源源不断而来的申请，头痛欲裂。小组成员能感受到我的压力，一旦做完一个报告立即跟我说："再发给我一份吧。"大家都不停手中的工作，尽自己最大的努力去帮助老师们在申请时间结束之前拿到报告。面对日复一日、枯燥又机械的工作，虽然大家偶有抱怨，但也不忘用调侃的方式去缓解工作的疲惫。一位同事接到了一个200篇文章的申请，短暂崩溃后会故作轻松地说："我接到个大牛的单，你猜他发了多少篇Nature？"另一位同事在申请日期截止前一天帮老师把报告赶出来了，松了口气地说："教授该请我喝杯酒吧？"还有同事在看到申请者简历上的照片时，会激动地说："这么年轻帅气的副教授，有女朋友吗？"大家就是在这样时而紧张、时而轻松的氛围中，一次次度过高峰期。遇到工作流程不顺畅的地方，大家会一起想办法去改进；遇到不会查找的问题，也会互相帮助去解决。鄂馆长曾经问我："如果查收查引工作单独成立一个部门，你愿意做负责人吗？"我毫不犹豫地回答说:"当然行!"虽然大多数人认为这是一项枯燥乏味的工作,但我却从这种团队合作中体会到了温暖与简单的快乐。

2. 在头脑风暴中激发灵感

信息素养培训一直是我喜欢的工作,我喜欢它,是因为在准备课件时能不断地学习到新知识、新技能;在与学生的交流中能接收到新思想、新问题;每上一次课都是在挑战中成长,每上完一次课都会产生"1+1>2"的效应。2018 年,由于负责培训工作的同事休产假,我接手了这项工作,担任信息素养培训小组组长。学期工作计划制定后,大家积极投入到备课中,由于大部分培训馆员都没有太多上课经验,在试讲时便会邀请有空的组员去听课,组员回来后分享感受和建议,不断提高和进步。在上课时,组员也会帮助上课馆员分发作业、调查问卷,在现场实践环节一起指导学生。大家时常讨论备课的思路,遇到没有思路的课程,会在头脑风暴中寻找灵感。

还记得有一次社会科学中心的一位老师找到我,要我在她的写作课上教学生如何检索文献。这位老师给学生布置的作业很有意思:选择历史上某个学科或者技术上的一个重要进步,介绍这个进步的具体背景和内容,在促进此发现或革新发生的因素中择其一二,深入论证,讨论"什么带来学术(技术、思想)的进步?"的问题。当时我手头正在准备的还有两门课程,有一门课程还是新开设的,需要花很多时间来备课。这个新任务一来,压力倍增,我想用代入法来上这次课程,把自己假设为这位老师的学生,按照她的要求,拟定一个主题,来演示查找文献资料的经过。但难题是我该从一个什么确切的主题入手?思考了一晚也没有什么进展。第二天在办公室,求大家支招,大家你一言我一语,纷纷提出自己的想法,有个名字飞进了我的头脑"屠呦呦""对!这个人物大家比较熟,这个事件大家也都知道,就从这个入手吧!"突然而来的灵感,让我的课件制作瞬间有了思路。我初步拟定了四个主题:①在青蒿素可治疗疟疾这一发现中,中药的贡献;②现代技术手段对这一新发现的帮助；③举国体制对科学研究带来的帮助；④屠呦呦发现了世界上有抗疟药的存在，对医学发展的贡献。最后，我选择了第一个主题，这次课程也得到了老师的认可。这种思想碰撞在我们的工作中比比皆是，就是在这样的团队协作中让我们的课程效果和授课水平逐步得到认可和提高。

（三）聆听读者的心声，在反思中求进步

《论语·里仁》里说："见贤思齐焉，见不贤而内自省也。"《论语·述而》又说："三人行，必有我师焉。择其善者而从之，其不善者而改之。"善于从他人身上发现自身的不足，加以修正和改进，才能有所进步。我们常说，读者是我们工作的催化剂，就是要从读者的反馈中，找到缺点和不足，从而不断改进和提高。

1. 一次谈话，改变自我

2018年底，鄂馆长找我谈话："下学期我想重新调整一下部门结构，我认为你是流通部门负责人的合适人选。你有什么想法？"这距离我初次听到这个传言已有些许时日，内心已从最初的震惊转为平静。我缓缓地说道："我从来没有在流通部门待过，虽然偶尔也在服务台值过班，但这种短时间的接触实在不能算作是有过流通工作经验，我更擅长的还是在信息素养教育领域，我不知道是否可以胜任这项工作"。鄂馆长没有反驳我，而是继续说道："流通工作不是一个复杂的工作，你有专业知识背景，学习一阵就能掌握要领。流通工作的复杂是人员的管理，你身上有别人没有的特质，你就做好你自己就行，管理好人就成功了"。这次谈话后，我从工作多年的学习与科研服务部，调到资源流通服务部担任部门主任。开启了职业生涯的一次新的探索，从一个熟悉的领域走向一个不确定的领域。

2. 一封邮件，引发反思

调到流通部之后，经过忙碌的业务学习期，逐渐熟悉了流通服务

的特点。无论是查收查引还是信息素养工作，服务和面对的对象多数是老师，流通服务则是图书馆服务的最前端，直接面对和接触的对象多数是学生，出现的情况也更复杂，容易引发的矛盾也更多。然而，无论是老师还是学生，我们所要做的都是尽可能地帮助他们解决问题。

还记得一位同学因为入馆刷卡制度向我们提出意见，认为我们在入馆登记核实身份时流程不合理。在接到他的邮件时我粗略地阅读了他的建议并写了回信，解释了设立这个制度的初衷，举了一些事例，希望他能站在我们管理的立场考虑。没想到邮件发出去后收到了这位同学的回信，信中用颇为讽刺、愤怒的言语反驳了我的观点。我内心很难过，不管是从事信息素养教育还是调到流通部后与学生的接触，我都从未与学生发生过冲突。回到家，我又认真地看了几遍学生的回信，发现学生提出的问题也不无道理，从学生的角度来思考，可能我们的工作流程确实给他们带来了困扰。学生在信中提到，在中学做学生干部时，他的父亲告诉他，管理管理，在理不在管，做学生干部不是要管着同学，而是要理清同学的困难，帮助他们解决问题。我们的工作不也是如此，我们的制度是为了管理而制定的，但同时，我们管理的目的也是为了给读者提供更方便舒适的服务。如果读者觉得我们处处在为难他们，那我们的工作岂不是毫无意义？认真思考后，我给他回了信，真诚地将我们产生矛盾的关键点指出来，表示对他提出的一些观点的赞同，并邀请他来面谈商议解决问题的办法。不久后收到了学生的回信，学生为自己上封信的言辞激烈道了歉，答应来面谈。经过几封邮件的沟通，我与学生都对问题有了一些不一样的认识。第二天，与学生谈了两个小时，从与学生的谈话中，了解了他们的一些实际情况，也发现了我们工作中有待改进的一些问题。这次事件后，我也有所反思：不能轻视任何读者的意见，一定要站在对方的角度再审视一遍问题；在给读者回信时用词和举例都要反复斟酌，对待读者一定要真诚，诚之所感，触处皆通。

人的一生中总会碰到这样一些事，这样一群人。他们是同僚，是伙伴，在风雨中携手同行；是良师，是益友，在不断前行的路上给予扶持，共同成长。罗大佑在歌中唱到，"流水它带走光阴的故事改变了我们""我们曾经哭泣，也共同欢笑，但愿你还记得，永远地记着，我们曾经拥有，闪亮的日子"。多年之后，当我们唱起《光阴的故事》，我想我一定记得这些"闪亮的日子"。

三、筑梦前行，未来可期

狄更斯说："这是最好的时代，这是最坏的时代；这是智慧的时代，这是愚蠢的时代；这是信仰的时期，这是怀疑的时期……"《双城记》中的经典台词也是对我们这个迅速发展变革时代的诠释，他话语中所体现的两面性不正映射了我们当下所面临的各种机遇和挑战吗？高校图书馆区别于公共图书馆的地方，在于高校图书馆的受众是固定的群体，高校图书馆的服务也要基于学校的定位。南方科技大学的办学目标是：扎根中国大地，建设世界一流研究型大学。那么图书馆的愿景便是作为学校创知、创新、创业事业中不可或缺的一员，成为校园里一个便捷而又卓越的知识与学术活动中心。为此，我们正在做着不懈的努力也面临着许多挑战。

（一）以学习促发展，不断提升自身能力

无论是从事学习科研支持服务还是流通管理服务，对我而言，都面临着不断学习的需求。南方科技大学图书馆有一个特点就是人员结构相对年轻，我们的许多工作都是一边向别人学习一边摸索着开展。面对自己不了解的知识、不熟悉的领域，只有不断地学习，通过学习来提升自身能力，才能把每项工作做好。在未来的工作中，专业知识、英语交流能力都是非常重要的技能。比如现在的流通工作，图书馆人

员就必须掌握 Alma 系统平台的应用，不仅要熟悉流通事务管理，还要学会统计功能。在读者活动和阅读推广方面，图书馆员还应掌握一些新媒体应用技术，比如微信平台的编辑技巧、图片处理技术等都能更好地促进工作的有效开展。另外，流通服务的特点是与读者的交流特别多。南方科技大学目前的外籍教师和学生越来越多，用英语流利地交流成为流通馆员必须要具备的一项能力。社会不断进步，新技术、新思想也将给图书馆带来许多改变，行业交流和学习也必不可少。在南方科技大学图书馆，学习将是我面临的首要挑战。

（二）善用数据分析，为管理提供决策支持

我们常说现在的时代是大数据的时代，数据分析也成了各行各业辅助管理的常用技术。图书馆从 2017 年开始发布年度大数据，已在着手一些数据统计的工作。在未来的日子里，还要更多地考虑利用数据分析，进一步为管理提供决策支持。比如可以根据图书预约的统计数据，考虑为高预约量的图书增加复本；可以通过对借阅量的统计，适当调整馆藏布局；可以通过对读者咨询问题的统计，帮助设定新生入馆教育中讲解的重点；通过对入馆读者类型的统计，关注服务对象的层次和特点；等等。大数据时代的到来对图书馆的发展来说是一个机会，更是一个挑战，如何正确合理地使用大数据技术，为读者提供更好的服务是我要着重思考的一个问题。

（三）了解用户心理，提升服务质量

"读者至上"是图书馆服务的宗旨。作为图书馆直接面向读者的窗口，我们的流通馆员每天面对和接触的读者很多，除了必要的耐心、责任心，还要了解用户的心理，学会与不同层次的读者打交道，这样我们的服务才能得到更多人的认可。另外，流通部门有一个得天独厚的优势：可以通过各种各样的读者活动接触到不同类型的读者，因此

我们可以了解读者的真实需求，发现问题，促进服务的提升；还可以借助读者活动的开展，拉近与读者的距离，让读者参与到图书馆管理中来，加深对图书馆的认同感。用户心理学是提高服务质量时我要重点学习的一个内容。

（四）寻找可利用的高新技术，提高工作效率

在日常的流通服务中，与各种技术设备打交道的地方很多。可以根据工作中的实际情况，充分考虑高科技手段应用的可行性，以提高管理水平和工作效率。比如在空间管理时，是否可以利用机器人来巡视、上书，多个馆舍之间是否可以实现机器人分拣；是否可以让机器人带领参观讲解；是否可以让机器人辅助咨询解答；等等。当然，这些想法是否可以实现还需要与技术部门做进一步的交流和沟通。提出需求，与技术部门共同讨论，寻找可利用的高新技术，提高工作效率是未来在服务和管理时我要重视的一个方面。

回忆我们经历过以及正在经历的一切，未来可期，却也充满着无限挑战。1919 年，林语堂先生离开清华大学去哈佛大学比较文学研究所学习，看到哈佛学院卫德诺图书馆，林语堂先生发出了这样的感慨："我对过去在学校读书总感到不甚满意，但也弄不清所以然，一直等我进了哈佛大学，我才体会到在大学时代，我所损失的是什么。""这个世界，卫德诺图书馆就是哈佛，哈佛也就是卫德诺图书馆。"[①] 林语堂先生的话道出了图书馆对大学的重要性。我期望多年以后，人们谈论我们的图书馆之于南方科技大学时，也能如林语堂先生谈论卫德诺图书馆之于哈佛大学一样。

---

① 马金松．作为图书馆学家的林语堂［J］．贵图学刊，2008（2）：74．

琳恩的日与夜

——图书馆员的自我修养之路

周　丹[*]

斯坦尼斯拉夫斯基在谈论演员的自我修养时，将演员的创作分为六个组成部分。

第一个准备性的过程，即意志的过程。演员开始去熟识诗人的作品，对这部作品发生迷恋或者迫使自己发生迷恋，从而激起自己的创作愿望。

第二个过程，即探索的过程，演员在自身和自身以外探索创作所需的精神材料。

第三个过程，即体验的过程，演员在别人看不见的情况下为自己创作。

第四个过程，即体现的过程，演员在别人看得见的情况下为自己创作。

第五个过程，即汇流。将体验和体现的过程结合起来。

第六个过程，演员影响观众。

正是这六个部分，引发了我作为一名图书馆员的自我修养的思考和审视。乍一眼看去，演员和图书馆员，是两个完全不相干的两个职业，但仔细想想，却有同工异曲之妙。演员表演的意图无非就两个方

---

*周丹，南方科技大学图书馆采访馆员。

面，一是把自己的情感、思想传达给别人，二是感受别人的情感、思想。而从图书馆员这个职业来讲，也无非两种意图，一是用自己的尺度去引导读者获取、掌握知识，二是关注读者的需求反馈从而改进自己的职业尺度。这也是为什么我选择从自我修养的角度来谈谈我的图书馆员之路，也即南方科技大学图书馆员之路。当然个人经历有限，从学生时代毕业成为一名图书馆员到现在，也才短短三年时间，对于图书馆事业的尊敬和热爱自然毋庸置疑，但对于成为一名优秀且专业的图书馆员，仍在自我修养的路上。路漫漫其修远兮，愿与各位同行一路前行，不忘初心。

一、意志与探索——走上图书馆员之路

> 我终于相信，每一条走上来的路，都有它不得不那样跋涉的理由。每一条要走下去的路，都有它不得不那样选择的方向。
>
> ——席慕蓉

我曾经梦想过成为一名科学家／记者／主持人，但从未梦想过成为一名图书馆员。

而在研究生毕业的那一年，我竟然没有想过除了图书馆员之外的任何一条路。

在高考填志愿之前，我从来都不知道有一个专业叫图书馆学，在大学新生开学典礼上，我第一次知道原来有一种事业，叫现代图书馆事业。开学典礼上，时任武汉大学信息管理学院院长陈传夫教授说，图书馆员注定是一个没有"钱"途，但是很有"前"途的职业。钱途还是前途？从此这个疑问就印在了我的心里。

在随后几年的专业课学习里，我像从一条小河游入了大海，大海中卷起了一幅幅画卷，上面书写着每一代图书馆人持之以恒地探索如

何让图书馆更好地传播知识、服务社会、授人以渔的内容。而说不清什么时候，对图书馆的热爱就悄悄在心中发了芽，野蛮生长。是珞珈山的老图书馆太美太有故事了吗？是文华公书林成立后为了开放更多地借阅，毅然决定"书籍之损失，若非出于有心，并不负赔偿职责"吗？是"欲推广图书馆事业，务须在中国组织培养人才之机关，将来学业有成可以充图书馆之应用"，从而创立"博我以文，约我以礼，智慧服务群侪"的文华图专吗？还是信息管理学院的老师们几十年如一日在图书馆事业上的默默奋斗，并向一代代学生们薪火相传？答案或许就在这之中。

"情不知所起，一往而深"。于是研究生还未毕业的我，就踏上了求职图书馆的道路，并最终幸运地成为南方科技大学图书馆的一员。

二、体验、体现和汇流——青春逢盛世，奋斗正当时

> 我们学着只争朝夕。人生苦短，道路漫长，我们走向并珍爱每一处风光，我们不停地走着，不停地走着的我们也成了一处风光。
>
> ——汪国真

在南方科技大学图书馆工作的日子，像一条奔腾的小溪，越过山岗、走过草地，勇往直前，生生不息。在熠熠发光的蓝天下，在深圳这个朝气蓬勃的城市里，我遇到了一群可爱又务实的同事，马不停蹄地扎入了业务工作的海洋。

就职后我从事的第一个工作是读者荐购工作。作为"超一线"服务工作，读者荐购的原则就是"以人为本"，尽最大可能保证读者三天之内收到处理回复，一到两周之内收到荐购图书。这不仅是对读者的需求满足，也是对读者的人文关怀，更是对自身的查漏补缺。"事无礼

则不成"，工作的过程即实践的过程，满足读者需求是工作的起点，却不是工作的终点。在整理、总结读者荐购工作的时候，我也梳理出了《读者荐购操作指南》的规章制度。这一套较为完整的工作手册，为后续的长远发展打下了良好的基础。

第二个工作是电子资源采购工作。资源配置是科研工作的基础保障，地基不稳抓地不牢，学术研究的大厦也就缺少了底层支撑。不敢懈怠，也不能懈怠，涉及金钱和使用的问题，每一丝马虎，都可能造成重大的损失。每天都在不间断地与每一个电子资源供应商在采购、使用和维护问题上你来我往，确保电子资源正常访问。铁打的采购，流水的销售。变化的是随着学校各项规章制度的完善而不断调整的采购流程和随着学科发展不断新增的资源需求，不变的是全面覆盖、重点保障的资源配置初心。

在这样忙碌的时光里，图书馆也仍然在跟着学校前进的步伐，进行自我革新。

（一）与图书馆自动化系统和采访前置系统上线的斗智斗勇

图书馆改革创新的第一把火，是图书馆自动化系统的更换。从购买新一代 Alma+Primo 系统到正式上线，只有短短的半年时间。在这半年时间里，既需要去学习这个新系统的功能、构建、逻辑、处理、配置、运转流程，又要结合我们已有的采购工作去梳理基于新系统的全部采购流程及管理。

那是在 2017 年 9 月，正是秋高气爽的好时节，我们的工作开始了。作为一个尚未汉化的国外图书馆管理系统，其全部系统页面、培训视频、说明文档都是英文，且英文视频没有字幕。根据进度安排，两个月后我们还要参加这个系统的系统管理员考试。有太多培训视频要听，有太多说明文档要看，于是在短短的一个半月时间里，我的英语听力和阅读能力突飞猛进。被推着走的不仅仅是项目，还有我一路飙升的英文水平：早上唤醒我的不是铃声，而是系统视频的"温柔一刀"；下班路上催眠的，也不再是各类轻音乐，而是每个模块和功能的全英文说明文档。而这还仅仅只是了解这个系统的开始。

我们之前使用的图书馆管理系统特别传统，每一个业务在系统中都是相对割裂的模块，读者、馆配商基本都被排除在此系统之外，在系统内的采访工作流程和与供货商发订验收、读者荐购的工作流程是分别完全闭环的。而新系统却是基于全部业务、全部类型资源一体化的逻辑开发。这意味着从后台到前台、从图书到读者在这个系统中都是牵一发而动全身。不仅要理解这个系统的开发逻辑，还要根据既有的采访流程去调整和改进工作流，使新系统同我们的采访工作——整合。从梳理纸质资源采访在 Alma 中的工作流程，到撰写采访操作指南，培训采访相关人员使用系统，这三个月的时间，逐个功能测试，逐个细节调整。从面到点、由点及面，那个时候，突然觉得再也没有比"因果联系的重要性、整体和部分的辩证关系"更正确不过的哲学思想了。

度过这段备受煎熬的日子，没有想到又出现了新的困难。Alma 系统在国外可以直接与馆配商系统进行对接，书目数据可直接在馆配商系统中显示，采访馆员可直接在供货商系统中选书，实时发送到 Alma 中。一旦在 Alma 中创建了订单，订单即可直接打包发送给供货商。一般无须人工进行上传书目、学科分包、查重等工作。因此，Alma 的系统设计中并没有选书这一重要环节，只有直接进行订单的创建和发订，而缺失的选书环节正是我们采访工作的重点。这意味着我们还需要一个采访前置系统，去配备给学科馆员挑选新书。

在经过广泛了解、重点调研之后，我最终确认了几个可选的采访前置系统，并报领导审批后，采购了麦达芸台购系统，解决了学科馆员选书工作的需要。由于这是 Alma 系统与国内前置采访系统的首次对接，于是又经过长达一年的时间反复进行功能需求测试和模块调试，才最终实现了与 Alma 和本校 CAS 认证系统对接，与图书馆工作流程的匹配。在这一过程中我撰写了《芸台购操作流程与指南》，以供采访馆员和学科馆员使用。

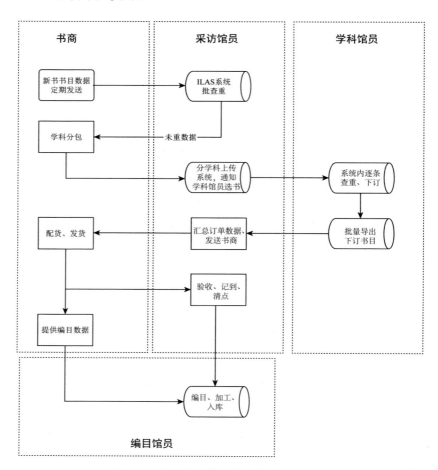

图 1　南方科技大学图书馆传统采购流程

前途是光明的，道路是曲折的，辩证唯物主义诚不我欺。在度过了这两段挣扎的岁月后，我们的纸质资源采访工作终于进入了一个明朗的阶段，而我也在这两个系统的上线过程中，快速成长。总结这一阶段图书馆管理系统的更新换代，充分调研、做好规划、全面准备、分步实施、及时培训方为制胜之道：

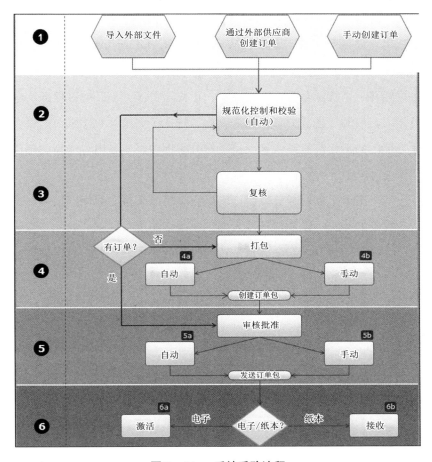

图2　Alma 系统采购流程

（1）新旧系统的交替往往意味着图书馆全业务流程的重塑，因此必须在前期进行充分的调研，包括新旧系统的功能模块和系统比较分析。最好在这一阶段就有每个业务模块的人员参与其中，充分讨论，以便从全业务流程上去考量新系统的各项功能和模块使用。

（2）在经过充分论证后需制定权责明晰的工作规划。工作规划需考虑两个层面：

①系统部门和开发商充分沟通图书馆已有的业务流程和系统的全部功能，从整体上设计整个项目的推进方案，如明确系统安装的具体

时间、内容、步骤、数据的数量质量要求、风险与控制等。

②建立项目工作分解图（Work Breakdown Structure，WBS），将具体任务进行分级，如最高层级任务包含硬件平台建设、数据库准备、数据迁移、系统试运行、系统培训、正式运行等。下一层级任务中的具体内容按照子任务的形式镶嵌在内，进一步分解、充实细节。每个业务部门的工作都需纳入到项目工作分解图中，业务内容交叉的部门须充分讨论在新系统中的工作流。

（3）在工作规划制定好后，须做好充足的人员、时间、数据、技术参数等的准备。以数据转换为例，原系统的书目数据、典藏、流通及读者信息向新系统安全移植是转换过程最关键的问题。数据处理前提供内容尽量详细的数据明细单，以便转换时一一对应。数据准备是新系统安装中最重要的工作，直接关系到新系统安装运行的质量，须周密思考，稳妥进行，不留后患，充分准备，科学衔接，从而一次转换成功。

（4）根据项目任务和业务工作流程，分步实施。每一个新阶段的实施前都需要对上一阶段的成果进行验证，逐步形成完整工作流，从而在系统中实现全流程运行。

（5）应组织骨干力量，尤其是计算机系统维护、业务操作人员尽早参加培训，在项目开展初期就熟悉了解与掌握新系统，然后在项目中期，在安装、调试、试运行阶段大面积地在馆内有针对性地对全体员工进行培训。

（二）与科研政策、版权管理和开放获取的前世今生

伴随着学校机构知识库项目的展开，知识产权建设、开放获取、知识库管理办法等一系列规章制度和政策的研究和建设也提上了日程，鉴于之前在校学习时有进行知识产权知识方面的学习，于是这个任务落到了我身上。这个任务非常具有挑战性，尤其是在开放获取这个新

领域，我并没有足够的信心能把它做好，只能尽自己最大的努力。

自 2002 年 2 月 14 日"布达佩斯开放获取倡议"提出，开放获取运动已经在全球发展了 30 多年，但经历了最初十多年的蓬勃发展，之后的进展一直缓慢。国际学术界、出版界、信息传播界和图书情报界早已进行了一轮又一轮的探讨和尝试，但到今天仍然没有一个完善的解决方式。绿色 OA 还是金色 OA？强制开放还是不强制开放？怎么保证开放？在这之中，政策作为引导、规范和调节实践行动的基础保障，其发展尤为不乐观。

以美国国立卫生研究院（National Institutes of Health，NIH）的强制性开放获取政策为例，它的实施大体经历了准备、请求和强制执行三个阶段。在 2004—2005 年，美国国立卫生研究院陆续公布了开放获取的请求性政策。然而，政策公布后，其手稿的最终提交率远远低于预期。于是 2005 年 11 月美国国立卫生研究院开放获取工作组（PAWG）正式提出开放获取政策的强制性实施建议，但此提议搁浅。直至 2007 年经过不同利益相关方的激烈争论，美国国会终于在 2007 年的财政拨款案中首次将"请求（request）"，改为"要求（require）"并于 2008 年将美国国立卫生研究院的强制性开放获取政策作为一项永久制度确立下来。

由此可见，每一个开放获取政策的提出到实施，都不是一帆风顺的事情。政策从制定、执行到反馈是一个动态、完整的过程。以美国国立卫生研究院的政策为例，其以多元化政策制定主体、严格的政策制定程序、完善的政策实施机制和科学的评估形式构成了政策制定与实施良性运行的过程[①]，但这一过程同样需要反复地论证、各方的支持、全面的实践。

更为严峻的事实是，在国外开放获取运动蓬勃发展的同时，国内

①　曹淼，肖希明.美国图书馆政策的发展历程、制定与实施［J］.国家图书馆学刊，2012（1）：9–14.

在这方面的发展却远远滞后。截至 2019 年 11 月，在开放获取知识库登记网站 ROARMAP（The Registry of Open Access Repository Mandates and Policies）中注册公布开放获取政策的数量达到 769 份，其中美国地区发布了 198 份，欧洲地区发布了 463 份，而中国地区仅为 7 份，且主要是中国科学院、国家自然科学基金委员会和香港、台湾地区的高校[①]。从美国、英国、德国等发达国家的经验看，政府组织和科研资助机构是开放获取政策建设的主导者，但在我国缺少明确支持开放获取的法律法规条文和上游政策。国家宏观政策的缺失是造成我国机构知识库发展不力的关键因素，也造成基层开放获取政策建设的整体乏力。

图 3　ROARMAP 注册的开放获取政策统计图[②]

在南方科技大学的开放获取政策制定之初，我们机构知识库的建设者伍若梅同志就提出了两大原则：一是根据图书馆目前的条件量力而行，二是规章制度能够落实。我非常赞同，怎样才能把政策落到实地是贯穿整个制定流程的最重要的内容。政策制定首先就要从以下几个维度去考虑：①确定政策的目标，制定政策主要是为了解决什么问

①②　ROARMAP[DB/OL]. [2019-11-10]. http://roarmap.eprints.org/dataviz2.html.

题；②设计政策的方案，从哪些维度哪些层面去制定政策；③提出政策的具体实施措施和推行保障。

综合各方因素考量，就"强制存缴和强制开放获取"这两个方面的设想，我们逐步完成了《南方科技大学学术成果保存与共享暂行规定》《南方科技大学学术期刊开放获取政策》《南方科技大学知识苑管理政策》这三个方面的政策文件。在制定政策的过程中，有些问题并没有标准答案，需要结合我们自己的实际去思考处理方式。以落实开放获取政策中的"图书馆作为协助教职员工与出版商谈判开放获取条款的服务"条款为例，这一条款设想的是一个比较理想化的状态，但是在实际操作过程上非常有难度。教职员工在发表论文时自己会去与出版商争取，签订开放获取补充协议，几乎没有办法实施。最初的考虑是在我校开放获取政策发布之后，通过代理商，以获得各出版商的反馈。经过调研发现，如加利福尼亚大学在开放获取方面也仅争取了与 Karger、SAGE、Springer 、Taylor & Francis 、Wiley 五家出版商签订了开放获取协议，而 Nature、AAAS、IOP 等出版商，均拒绝了加利福尼亚大学的开放获取协议。考虑到我校同出版商博弈的力度，最终我们决定公开发布开放获取政策，根据情况分批与出版商进行开放获取协商。

感谢以伍若梅同志为首的机构知识库建设团队，在这几个政策制定过程的讨论中，我们逐字逐句地去审视其含义、信息传达是否明确，有的时候我们常被自己的问题问住。但正是这些疑问，促使我去一次次审议自己制定的文件，去思考每一句文字的来龙去脉。在完成约五个版本的修订后，终于形成了《南方科技大学开放获取政策》和《南方科技大学学术成果管理办法》的内部定稿，并且提交学校层面复议和发布。这一政策制定的过程，几经波折，却也使我收获颇多。

三、影响——图书馆服务真正有益他人

自马神庙至沙滩红楼，从西南边陲到湖塔之畔，这里拥有最简单的丰富，哺育南来北往的生命，滋养独立自由的思想。每一束光的下面都不止一个故事，每一把椅子的上面都不止一个身影，每一本书的背后都不止一段传奇。

——北大图书馆宣传片《力量》

正如演员创作的最终目的是要"影响观众"一样，图书馆员所做的任何工作也是为了服务于读者和用户。图书馆购买了那么多资源，但是根据平时搜集到的一些反馈，有些读者并不知道图书馆拥有这些资源，也有读者知道但不知道如何使用。于是，数字资源推广工作提上日程。根据前期规划，每月一期，按主题进行资源推广，由对应的学科馆员整理材料，由我负责开展和实施。本学期计划的四期分别是英语学习、外文电子书、非学术期刊和学位论文，目前已完成三期，第一期收到的反馈最好。

在开展工作的同时，我也在调研、学习其他图书馆相关的宣传推广经验，深感道阻且长。资源推广工作的核心仍然是读者，切实契合读者需求才是资源推广的长久发展之道。因此根据不同读者的行为习惯开展各具特色的资源推广活动显得尤为重要。对于刚进入科研学习领域的本科生，现场活动、有奖活动的关注度更高，例如今年图书馆举办的"图书馆 LOGO 征集大赛"，吸引了大量的转发和关注。而对于可以熟练使用数字资源的研究生，论文写作与投稿、开题报告与文献调研等专业讲座更有吸引力。未来的资源推广工作，仍然需要不断寻找读者的需求点，逐步构建资源推广体系，做到全面优化，重点突出。

暑往寒来，不知不觉已在南方科技大学度过了三个春秋，这三年

是充实忙碌、锐意进取的三年，也是初入职场、转变自我的三年。电影《无问西东》中，时任清华大学教务长的梅贻琦先生问他的学生吴岭澜对自己是否真实。吴岭澜困惑地说，"我不关心是否对自己真实，每天我把自己交给书本，我心里就踏实。"梅贻琦先生说，"你把自己交给繁忙，得到的是踏实，却不是真实。"接着他又问道："什么是真实？做什么和谁在一起，你看到什么听到什么，是否有一种从心灵深处满溢出来的、不懊悔也不羞耻的平和与喜悦。"

我常常问自己，这样就够了吗？作为图书馆专业的学生，你很早就会听到过"图书馆消亡论"的论调。我们姑且不去评判这样的观点到底对不对，但不可否认的是，在网络技术飞速发展的浪潮中，只要"图书馆消亡论"的达摩克利斯之剑仍然高高悬挂，图书馆员就会有一种天然的危机感。逆水行舟，不进则退。工作内容虽繁忙充实，可是方向是否正确呢？吾日三省吾身，是否学有所用，学以必用，并可保持终身学习以不被时代抛弃？

《国际图联战略报告（2019—2024）》明确提出了"建立一个强大、联合的图书馆界，助力信息互通的文明参与型社会"的四个战略方向、十六项关键倡议。"千里之行始于足下，九层之台起于累土"，每一个图书馆员都应分享自己的行动，积极开展交流，然后传播到全世界，最终才能塑造图书馆界的共同未来。

革命尚未成功，同志仍需努力。信息时代赋予了图书馆员新的角色和任务，而唯有保持学习才能沉稳面对知识技术的日新月异，并在时代的浪潮中占有一席之地。

最后，以一首歌结尾，Frank Sinatra 的《My Way》，与君共勉。

......

I've lived a life that's full;

I've traveled each and every highway;

And more, much more than this,

I did it my way.

Regrets, I've had a few.

But then again, too few to mention.

I did what I had to do

And saw it through without exemption.

I planned each charted course,

Each careful step along the byway.

And more, much more than this,

I did it my way.

......

琐碎、忙碌与快乐

——我在办公室的日常

夏　雪[*]

在我儿时的记忆里，家中超过半数的亲戚都在学校任职，教师几乎成了我们家职业的代言词。受家庭氛围的影响，成为一名人民教师是我一直以来的心愿，所以高考填报志愿时也毫不犹豫选择了师范大学。在美国读研期间，我最喜欢做的作业是演讲展示，实习也选择了中小学营养教育宣传。回国后，有几个还不错的就业岗位向我抛出橄榄枝，可当时的我一直犹豫不决，冥冥之中有一个声音告诉我："再等等。"一个偶然的机会，我看到了南方科技大学图书馆的招聘信息。高校的魅力唤起了我儿时的梦想，隐约间我感到机遇在不知不觉中来临。而今，我荣幸地加入了南方科技大学图书馆的大家庭，成为高校教职员工队伍中的一分子。入职一周年，适逢学校筹办建校十周年庆典活动，同事们相约写一本文集献给南方科技大学，于是便有了这篇文章。

2018 年 11 月 1 日，是我参加面试的日子，应聘岗位是图书馆办公室助理。走进学校的正门，在保安的指引下，我第一次看到了琳恩图书馆。初冬的阳光洒在图书馆的玻璃上，整座馆舍看起来既庄严肃静，又别致精神，宽大的建筑主体就像张开的臂膀，仿佛在对我说："你好，欢迎！"

上午 9 点的校园，人不太多，赶着面试的我也顾不上欣赏校园的

---

* 夏雪，南方科技大学图书馆馆长助理。

景色，大步朝图书馆的方向走去。

参加面试的应聘者一共四位，均为二十多岁的女生，我是第三位进去面试的。短短五分钟的自我介绍结束后，紧接着进入提问环节，面试官突然切换成英文提问。虽然之前我参加过用英文面试，但仅限于自我介绍，英文对话形式的面试还是第一次遇到。一开始的几句问答我还有些拘束，然而很快就进入了状态，仿佛回到了留学时与教授之间的对话。由于我在来之前仔细浏览了图书馆的官网，找到了一些图书馆的规划发展与我职业规划契合的资料，并已整合在自我介绍的PPT中，所以面试官更加侧重考察我的服务意识。在面试结束的时候，他们非常认真地告诉我："身为图书馆工作者，读者的感受是首先要考虑的。"也是从那一刻开始，我才真正意识到，作为一名图书馆工作人员应与读者保持良好的关系，我要学习的地方还有很多。

当天中午，我接到了学校人力资源部刘洋老师的电话，通知我已成为候选人。大约一个月后，我接到了盖着"南方科技大学"公章的聘任信，于是，我来到了深圳，来到了心仪的南方科技大学。

2018年12月10日，我正式入职南方科技大学图书馆。办公室同事周嘉颖在我来之前已经贴心地准备好了我的办公用品，随后带我去每个办公室介绍同事们给我认识，后来发现这是每一位新同事都会有的待遇，办公室事务的琐碎与细致就此可见一斑。初来乍到，我有些手忙脚乱，好在有嘉颖和其他同事的悉心指导和热心帮助，倒也算顺顺利利地开了个好头。其中有两个"第一次"开展的工作至今令我印象深刻。

第一次做资产报废清查。馆内有一批阅览椅并未达到报废年限却已经破损严重无法使用，需要清点出这些椅子的位置、数量及其资产条码。然而由于破损的椅子数量大，存放地点分散，刚入职的我又不熟悉图书馆的布局，清点工作开展起来十分困难，只能求助书库管理员余浩。在他的帮助下，我们从储藏间、书库等处将破损椅子全部找了出来，完成了清点的工作。然而核对资产条码时又遇到了新的困难：部分椅子因种种不明原因导致条码缺失，更伤脑筋的是原有的资产清单与我实际清点出的椅子无论是条码还是数量都有一部分完全对不上。因此，我采用了在原有资产清单基础上倒推的方式，最终确定了部分缺失的条码，并将实际多出椅子的条码补充了进去，完成了本次报废资产的清点盘查工作。经过本次资产清点，办公室的同事一致认为有必要对馆内资产进行一次全面清点，后又经过两个月的努力，终于做出了一份具体到每一件物品的照片、数量、位置的清单。至此，我们对图书馆家具类资产有了一个清晰的概念，为今后资产管理工作奠定了一个良好的基础。

第一次参加图书馆管理委员会会议。图书馆管理委员会由分管校领导、图书馆馆长、部分院系教授和学生代表组成，主要职责是审议图书馆的重大决策并监督执行，是图书馆的最高管理机构。

图书馆管理委员会会议原则上每年召开一次，刚入职的我幸运地赶上了这么一场重量级会议，有压力，但更多的是磨炼和挑战。会议前一周，我电话逐个联系了各位委员，确定能够出席会议的人员并预定了会议地点。开会前一天，我再次给各位委员发送了短信，并提前去现场调试设备。会议结束后，我根据会议讨论的内容完成了纪要。

经过此次会议，我充分了解到筹备一个会议远比参加一个会议所看到的要复杂得多。首先是会议准备方面，具体到提前多久发出通知、确定参会人员、预定场地、准备会议材料、是否提供茶歇和餐食、现场设备的测试等环节，缺一不可。会议中要做好记录、签到表、拍照摄影都是必不可少的。最后是尽快整理出会议纪要，要用词准确，语句精炼，内容完整，格式规范。在学校党政办公室李飞亮老师的悉心指导下，我以校内其他部门会议纪要为参考范文，最终完成了我的第一份正式的会议纪要。本次筹办会议的经验在 2019 年 3 月上海科技大学图书馆张晓林馆长来我校举行"开放科学的发展与挑战"专题讲座时得以成功应用。

作为一名办公室职员，我更多的工作是日常琐碎的点点滴滴。我同时兼任图书馆宣传信息员、工会小组长兼联络员、考勤员、报账员、馆长助理等职务，在办公用品统筹、卫生监督、会议纪要、工会活动组织、福利发放、日常考勤、报账、勤工助学学生招聘及薪酬发放、官网和微信公众号信息发布等事务中不断地切换角色。身兼数职就必须具备一项重要的能力：区分任务的优先等级，平衡项目与项目之间的关系，抑或是找到项目之间的联系。我在日复一日的实践中不断地摸索，总结经验。努力就会有回报。当我帮助读者获得所需服务和资源的时候；当我做好同事们的后勤保障，配合工会将福利发放到每一位同事的手中的时候；当我获得年度校"优秀宣传信息员称号"，并作为代表在学校宣传思想文化工作培训班第一期结业典礼上讲话的时候，我的内心是激动且满足的。

身为工会小组长兼联络人，热爱校园活动的我当然少不了组织同事们参加学校的各项文体活动。入职一年，参与了不少学校承办的大型活动，让我感慨南方科技大学不只是一所学术性大学，也是一所注重文体素质培养的高校。还记得很多令人印象深刻的活动，比如2019年的三八妇女节"女神跑活动"，一改往年比谁跑得快，而是比谁的平均心率慢，以达到有氧运动的目的；比如首届教职工羽毛球比赛，"幸运"地因对手弃赛而直接晋级的我还是在半决赛中被两次击败，感受到了自己技术不足和对战经验缺乏。图书馆成立了一个小型合唱团，由我担任排练指挥，期待能在今后的一些合唱活动中一展我们图书馆人的才艺。

校园生活五彩斑斓、丰富多彩，无论是作为曾经的"夏同学"还是现在的"夏老师"，我一直积极地参加有益的社会活动，努力在校园各项活动中获得身体和心灵上的放松和成长。不知不觉来南方科技大学已经一年了，同事们总开玩笑说感觉我来了很多年似的，我自己也有这样的感触。一年的时间，说长不长，说短不短。褪去了刚入职时的懵懂与青涩，现在的我多了一份成熟稳重。虽然已熟悉校园的一草一木，但对图书馆行业我还只是刚刚触及外表。回想起刚入职的时候，鄂鹤年馆长教导我不要着急在工作上有所建树，要慢慢地看、慢慢地学、慢慢地领悟。当时我还不太理解，毕竟在工作中，领导都希望自己的员工能够尽快独立，在工作上尽快产出成果。然而在实际工作中我才发现，重复性工作做多了就自然熟练了，理解性和学习性的工作必须有长期的积累才能看到成绩。满足于知其然并不是一个合格的员工。但想要知其所以然，除了自己本职的行政工作外，也必须保持不断学习的态度和决心，时常与同事们交流沟通，时时关注图书馆界的最新动态，对行业动态保持高度的敏锐。

纵观今日的图书馆，已不再是个单纯的只能满足读者借阅需求的场所。馆员的工作也不局限于文献流通工作，馆际互借、文献传递、读者培训、读者荐购、图书捐赠、论文收录引用证明、学术产出报告系统研发……都是今日南方科技大学图书馆员的日常工作。

在网络信息飞速发展和生活节奏日益加快的今天，人们更多使用电子移动设备，以文字、视频、音频的方式快速汲取着新闻、娱乐等讯息，安安静静捧着一本书仔细品读的场景越发少见。我们作为图书馆人，无法去评判两种阅读方式哪种更胜一筹，但可以为读者提供不同的选择，无论是纸质还是电子资源，线上还是线下资源，无论未来发展趋势如何，我们都随时准备着。

每一座校园都有自己的特色，但相同的是永远朝气蓬勃的年轻学子。图书馆就像一捧清泉、一杯甘醴、一丝细雨，滋润着他们茁壮成长。我想，用润物无声来形容图书馆之于读者应该是再恰当不过了。

2020年，图书馆成立十年了。我赶上了第一个十年的尾巴，憧憬着下一个十年的开始：在花香弥漫的校园里，三座靓丽的图书馆连成一线，迎接着朝气蓬勃的南方科技大学学子！

从南洋理工大学到南方科技大学

杜　娟[*]

杜　娟[*]

南方科技大学建校 10 年，我加入不到 10 个月。2018 年 1 月收到聘书后，我经过了一年多的时间离开新加坡南洋理工大学（Nanyang Technological University，NTU）图书馆，加入了南方科技大学图书馆。

一、与年轻大学结缘

新加坡南洋理工大学是一所年轻的大学，1981 年建校，2019 年 QS 世界大学排名第 11，泰晤士高等教育年轻大学（50 年以下）排名世界第 1[①]。南方科技大学是一所更年轻的大学，2010 年筹建，在短短的 10 年内取得了骄人的成绩，在 2019 泰晤士高等教育（Times Higher Education，THE）年轻大学排名位列中国内地第 1 位、世界第 55 位[②]；在 2018 年自然指数上升之星中，位列中国第四，并居于全球新兴大学

---

　　* 杜娟，南方科技大学图书馆副馆长。

　　① Nanyang Technological University. About NTU – world's top young University [EB/OL]. [2019–10–15]. https://www.ntu.edu.sg/AboutNTU/CorporateInfo/Pages/Intro.aspx.

　　② Young University Rankings 2019[EB/OL]. [2019–10–20]. https://www.timeshighereducation.com/world-university-rankings/2019/young-university-rankings#!/page/0/length/25/sort_by/rank/sort_order/asc/cols/statshttps://www.timeshighereducation.com/world-university-rankings/2019/young-university-rankings#!/page/0/length/25/sort_by/rank/sort_order/asc/cols/stats.

上升之星的首位①。能够在海外学习、生活近三十年后加入这样一所正迅速崛起、有巨大潜力的国内新型大学，我感到兴奋和荣幸。正如鲁春副校长所说，我最终做了一个正确的选择。

我早年在北京大学图书馆学系读书时主修计算机科学，当时系里效仿国外培养图书馆员的方式，让每个学生除了图书馆学专业外也掌握另一门学科的基础知识，我所在的理科班学生被分到物理系、生物系和计算机系上基础课，我在计算机系花了近三年的时间学习计算机相关课程，毕业设计的题目是图书馆流通系统。信息技术与图书馆的发展是不可分割的，没有信息技术的应用就没有现代化的图书馆。现在想起来那时能去计算机系学习还是很幸运的，为后来能专门从事图书馆自动化方面的工作打下了坚实的基础。然而，系里的这种安排试行了两年就取消了，我们和下一届的一批学弟学妹们成了前无古人、后无来者的"稀有品种"，当然这些都是题外话。毕业后我在国家图书馆做了几年图书馆自动化系统的设计和开发，然后到新加坡国立大学攻读计算机硕士学位，并先后在新加坡的国家图书馆和大学图书馆从事与图书馆信息系统相关的开发和管理工作。信息技术的运用在很大程度上决定了图书馆的工作效率和服务质量②。过去多年在图书馆信息系统开发和管理方面的相关经验让我有信心能够在南方科技大学图书馆这个平台上发挥自己的特长，为南方科技大学图书馆未来跻身进世界一流的高校图书馆做出贡献。

---

① Nature INDEX[EB/OL]. [2019−10−25]. https://www.natureindex.com/supplements/nature-index−2018−rising-stars/tables/top−30−under−30.

② 鄂鹤年.我心中的高校图书馆——过去、现在和未来［J/OL］.［2019−11−01］. http://kns.cnki.net//KXReader/Detail?TIMESTAMP=637082204134501250&DBCODE=CJFD&TABLEName=CAPJLAST&FileName=TSGL20190827000&RESULT=1&SIGN=hAwwoFT4azFE2T%2bLkMTeOrhTGNw%3d.

二、不同的境况，相同的选择

Ex Libris（艾利贝斯）的 Alma 是世界高校图书馆界公认的领先的新一代图书馆管理系统，支持纸质和数字资源统一管理，采访和编目流程一体化。该系统可提供全面的分析报告以支持数据驱动的优化馆藏建设和政策制定以满足读者的需求。

来南方科技大学晚了一些的原因之一，是南洋理工大学图书馆在 2017 年中开始调研新一代图书馆管理系统，准备更换已使用 10 多年的 Symphony 系统。项目于 2017 年 10 月开始招标，2018 年 7 月选定 Alma 和 Primo 开始部署，计划于 2019 年正式启用。这个项目的最大挑战在于要把十多年来产生的数据从旧的系统迁移到新的系统中。我作为项目的负责人，要确保项目在最后的实施阶段顺利进行后才能放心离开。

与南洋理工大学图书馆不谋而合，南方科技大学图书馆也在 2017 年 5 月购买了 Alma 和 Primo，9 月开始部署，并在 2018 年 2 月正式上线，整个实施周期只用了不到一年的时间。南方科技大学图书馆是国内使用该系统的 6 所高校图书馆之一，这就为其对标世界一流高校图书馆奠定了基础。当然，Alma 的功能是异常强大的，我们还需要做很多工作才能真正发挥它的潜能。在这方面我们也初步做了一些探索和尝试，包括教参书的管理与搜索、数据库的管理、读者荐购的设置等。特别值得一提的是南方科技大学微信企业号中图书馆账号的建设，除检索功能外，学生与教职工也能通过微信预约所需的图书、续借即将到期的图书、交付过期罚款、预约讨论间等。虽然通过微信为读者提供服务在国内图书馆已经比较普遍，但在使用 Alma 和 Primo 的图书馆中还寥寥无几，因此负责这个项目的邱建玲被艾利贝斯中国用户协会特别邀请，在 2019 年会上与其他用户分享项目经验。

三、别具匠心，后来居上

加入南方科技大学图书馆后参加的一个重要项目是南方科技大学机构知识库的开发。

和很多国外著名学府的机构知识库一样，南洋理工大学图书馆的机构知识库采用的是早期的开源系统 DSpace。该系统具备基本的存贮、检索、导航功能，但在通过统计数据展示学校的科研实力以及为学者提供管理个人学术成果的虚拟空间方面比较欠缺。

经过对国内外机构知识库的充分调研和比较，南方科技大学图书馆决定采用中国科学院开发的 CSpace，并同开发商一起定制图书馆提出的特殊功能。机构知识库最终定名为"南方科技大学知识苑"（Knowledge Common, KC）。作为一个高起点的创新型大学，图书馆一开始就把"南方科技大学知识苑"的建设目标定位为世界一流：

①学校科研成果的"档案馆"；

②开展学术评价的"利器"；

③学者学术交流的"纽带"；

④学者的个人数字图书馆；

⑤学校影响力的"助推器"。

加入南方科技大学之前我已为该项目的需求提供了参考意见，加入之后立刻就投入到系统的建设之中。为保证系统的顺利实施及可持续发展，"南方科技大学知识苑"项目采取了以副校长为组长的自上而下的领导小组，并以工作小组为主体自下而上地实施小组双向推动模式。以伍若梅、王伟和我为主的项目工作小组除了一周一次 3 小时的例会外，还有其他大大小小的讨论会和每天数十甚至上百条的 QQ 群信息，讨论内容大到如何自动抓取数据、推送、认领，小到英文逗号后是否要加空格。许多问题会反复讨论多遍，单是首页的设计就有不少于 6 次的大调整，细微的调整就更不计其数了。

每个模块的功能和版面设计都经过调研和对比国内外多个系统后反复推敲和调整。最令大家挠头的是那些其他系统鲜有的功能，如院系子平台、机构规范等，没有太多的资料可以借鉴。大家发挥创新精神，潜心研究，争取做到功能合理、完善，并便于使用。数据的准确性和完整性是衡量机构知识库质量的一个重要标准，由于作者姓名格式的多样化和通讯地址的非标准化，再加上有些作者的唯一标识并不唯一，大大提高了系统自动匹配的难度。若梅带着学生一起逐条检查、核对，尽力把每条成果都认领到正确的作者。除了学者们在南方科技大学发表的论文，我们也收集了他们整个学术生涯的研究成果，在"南方科技大学知识苑"上形成完整的个人主页，真正成为我校学者的个人学术成果虚拟空间。

本着既努力创新又精益求精的精神，我们与科研部、网络信息中心及试点院系等多个相关部门紧密合作搭建这个平台，展示南方科技大学及学校学者们的科研实力，传播学术知识，提高学校的知名度和影响力。这样一个图书馆，距离实现世界一流的高校图书馆的目标已是指日可待了。我们期待着"南方科技大学知识苑"按计划在 2020 年 4 月正式上线的那一天，并为自己是创建成员感到骄傲和自豪。

四、寻找差距，急起直追

在科研数据管理方面，南洋理工大学已远远走在了大多数高校图书馆的前面，2016 年 4 月即推行了科研数据政策并制定了数据管理计划（DMP）模版。南洋理工大学的科研数据管理系统使用的是由哈佛大学与多个合作机构开发的开源软件 DataVerse，2017 年 11 月正式上线，截至 2019 年 10 月，已收集了 226 个数据空间及 268 个数据集[①]。

---

① Nanyang Technological University Library. DR-NTU (Data) [EB/OL].[2019–10–15]. https://researchdata.ntu.edu.sg/.

南洋理工大学也与哈佛大学的定量社会科学研究所（The Institute of Quantitative Social Science，IQSS）合作举办了多场面向图书馆员以及全校师生的讲座和培训，普及数据管理的相关知识，提高对数据管理的认识。在国内，实施数据管理的高校还屈指可数。鄂馆长颇具前瞻性地看到了开放科学及科学数据管理的发展趋势，准备在"南方科技大学知识苑"上线后立即着手进行相关的工作。目前，我们已开始做初步的调研，计划邀请国际权威机构举办培训和讲座，并与其他大学合作，共同推进国内高校的科学数据管理工作。

五、新的起跑线

一流大学图书馆的内涵包括多个维度。从信息科技的角度来看，先进的图书馆管理系统以及新信息技术与设备的应用是基本的衡量标准。除了前面提到的图书馆管理系统、机构知识库、科研数据管理系统，我观察到其他信息技术在南洋理工大学和南方科技大学图书馆的应用都大同小异，如基于 RFID 的自助借还书系统、馆际互借和文献传递的管理、使用 LibGuides 的教学服务平台、与校园卡系统对接的闸门等；也有一些根据各自的需求定制的系统，如讨论间的预约管理系统等。人工智能、大数据、智慧空间、无人运营等工业 4.0 技术在图书馆的应用还在起步阶段，在这方面南方科技大学与南洋理工大学以及其他世界一流大学图书馆都站在同样的起跑线上。我们不会为了使用新技术而盲目地应用，在技术成熟的基础上，采用那些能够提高图书馆员的工作效率并能为读者提供更优质服务的新一代信息科学技术，如智能书架、导航机器人、人脸识别系统等。这些将使南方科技大学图书馆能够与世界一流大学图书馆并驾齐驱。

南洋理工大学和南方科技大学，两所学校既有相似之处，又有各自的优势。曾经以为南洋理工大学是我图书馆职业生涯的最后一站，如今又加入了南方科技大学这个新的大家庭。南方科技大学是在中国高等教育改革发展的时代背景下创建的一所高起点、高定位的新型大学。它的目标是建设国际化的世界一流大学。我和先生一来到南方科技大学就选择了一个能够俯瞰校园全景的住处，可以亲眼见证学校日新月异的发展变化。近处的理学院和商学院的新楼从当初刚开始挖掘地基，到现在已拔地而起；国际会议中心也初步建成，即将投入使用；远处的工学院大楼外层的脚手架已经开始被一层层拆除，露出崭新的褐色外墙；图书馆的 3 号馆已完成施工，正在进行内部装修和完善；2 号馆也脱去了一身绿色外衣，4 层楼高的红砖墙在一片碧绿中格外耀眼，与阳光照射下反射出金色光芒的玻璃窗相互辉映，成为学校的另一个标志。夜幕之下，琳恩图书馆灯火通明，排排书架陪伴着南方科技大学的莘莘学子探索知识，潜心钻研。我是建设南方科技大学图书馆、为学校师生服务的一员，在为实现创建世界一流大学的进程中做努力和贡献。

付出·成长·见证

——与南方科技大学图书馆共同走过的六年

邱建玲[*]

时光飞速流转，一转眼南方科技大学建校十周年了。至今还记得十年前，当她横空出世时在教育界引起的关注和反响。十年过去了，其终不负社会所望。回眸过去，很庆幸，当初我能下定决心挑战自己，加入这个大家庭。如今，我与南方科技大学已经共同走过了六个春秋。

那是2014年的三月，我从北方第一次来到深圳，初见南方科技大学。与整个深圳树木浓郁苍劲、遮天蔽日不同，一进校门，映入眼帘的是蓝天白云下新栽不久的小树，吐着生机和新绿；旖旎的春光洒在水面上，波光粼粼。这般景色与北方的春景恰有几分相似，让初到他乡的我，不但不觉陌生和紧张，反而生出一种熟悉和温暖。

离面试时间还有一段空闲，我被这春光春景吸引着，边走边细细品味。面试的地点是行政楼，它以银色、简洁、大方的外层遮阳表皮包裹，一改传统思维里的严肃形象，给人一种亲切、开放之感。行政楼后面就是图书馆了。图书馆位于校园主轴上，采用了四面内凹的弧形轮廓，美丽中透着谦逊。环绕四周的水池里铺满了鹅卵石，一只白鹭悠闲地在水中觅食。通透的十字连廊的设计，引领师生走向知识的

---

* 邱建玲，南方科技大学图书馆系统馆员。

殿堂。穿过图书馆，沿着蜿蜒的小河向上，穿插于山水之间的小尺度建筑，既具现代设计感，又与自然和谐相融。那时建校时间不长，校园内人还很少，十分的静谧，漫步这里，犹如漫步一片未开垦的处女地。

面试时，面试官问我，是什么让我放弃原来985高校图书馆的工作，来深圳，选择南方科技大学图书馆。我想，是这座城市，这所大学，能给那些勇于筑梦和逐梦的人提供一个平台。而我，不是一直想摆脱眼前的舒适、安逸，从温水里跳出来，塑造一个更好的自己吗？这里一切都是新的，等着被探索，被创造，我想与她一起逐浪、一起成长。

如今六年过去了，我见识了南方科技大学的飞速发展。作为图书馆的一员，更亲身经历了图书馆的变化。图书馆从一个馆增加到三个馆。馆舍不仅美丽得可以成为网红的打卡地，功能也更加多样化，能满足读者不同的需求；服务的读者也从只有国内学生，到现在不仅有外籍教师，还有外籍留学生；服务的内容也从面向读者的借阅服务、培训，到学校的科研数据报告，变得更加丰富、专业；支撑图书馆服务的软件系统也在不断地提升。下面，结合我的工作，谈谈软件系统的提升。

一、从细节处提升用户体验——网站建设

我是一个大大咧咧、风风火火的人，做事快，但不太注重细节。初来南方科技大学图书馆工作时，对这里一件事甚至是一句话都要反复打磨的风格，甚是不习惯。但经过每个细节的斟酌，最终获得一个好的作品时，我领悟到：只有注重细节的打造，才能将工作做到极致。

2015年，图书馆网站改版，此次改版的一项重要要求就是"提升网站的用户体验"。图书馆的这一要求，与2015年和2017年美国新媒

体联盟（New Media Consortium，NMC）发布的《新媒体联盟地平线报告（图书馆版）》中提到的"提升用户体验的价值"不谋而合。

为了提升网站的用户体验，我们在视觉设计、界面设计和导航设计上都做了调查研究。并通过迭代的可用性测试，不断地发现网站中存在的问题，不断地进行调整，力求将细节做到极致。视觉设计方面，我们调研了当前的用户视觉趋势，并通过问卷调查来筛选符合用户视觉审美的版本；在界面设计方面，努力避免使用用户不熟悉的词汇；通过网站分析工具确保关注度高的栏目放在醒目的位置上；通过如实观察法和可用性测试，力求设计出视觉层次清晰、符合用户心智模型的界面；在导航设计方面，通过卡片分类法做好信息的组织与分类、导航的功能模块设计。

（一）视觉设计——力求"一见倾心"

网站整体色彩采用了学校规定的墨绿色系，搭配白色和黑色文字，并以少量黄色点缀，力求给人宁静、祥和又不乏生机之感。整体布局采用规整的布局、宽屏高留白、扁平化的视觉风格，让页面整体感觉清爽。改变以往用线条来分割区域的办法，采用间隙和留白，让页面给人顺畅自由呼吸的感觉。网站采用了响应式的网页设计，页面能够根据用户行为及设备环境，如系统平台、屏幕尺寸、屏幕定向等，进行相应的响应和调节。无论用户使用手机、iPad 或者是笔记本电脑，都能够获得最佳的显示效果。

（二）界面设计——力求"目标清晰"

界面设计最基本的原则是功能性和使用性。通过界面设计，让信息更加流畅地传递给用户，功能更加好用，操作更加简单。界面设计的要求包括标识设置能否被用户所理解、页面布局是否能够凸显页面重点、是否符合用户的习惯等。

（1）为了让网站的内容对于读者来说是一目了然的，我们尽量将读者不熟悉的词汇换成便于读者理解的词汇。比如，OPAC换成了馆藏目录，并在搜索框中注明"查找本馆收藏的纸本图书"；资源发现系统换成了南科学术搜索，并在搜索框中注明"提供本馆所有资源的一站式搜索"；查收查引换成了论文收录引用证明；题名换成了书名/篇名；责任者换成了作者等。

（2）为了确保关注度高的栏目放在醒目的位置上，我们利用网站分析工具来确定关注度高的栏目。对改版前的旧版网站进行分析可知，关注度高的栏目有数据库导航、馆藏目录（当时还没有资源发现系统）、我的图书馆等。

（3）心智模型是影响用户与网站交互时，内在的、可预测的认知模型，也是隐含在用户内心深处的一种思维方式和思想观念，直接或者间接地影响着用户的行为。也就是说，当用户在网站上寻找某一元素时，并不是从上到下依次寻找，而是在用户心中已经形成了关于这个元素应该放在哪个位置的预期，然后根据预期去寻找该元素。了解用户的心智模型，可以知道用户心中栏目的位置，从而提升栏目位置与用户预期的位置吻合度，将用户在使用网站过程中的思考降到最低、操作简单到极致。

为了调研用户的心智模型，我们采用了如实观察法。如实观察法主要是让被试用户在一个可控的实验室环境里完成指定任务，通过观察用户信息搜索过程，总结用户的行为数据等。这一方法不仅能清晰地观察到用户的操作，直接、及时地获取用户的反馈，还能够捕捉用户的细微反应，挖掘用户内隐的体验信息。比如用户发出"咦？""哦！"等声音，或者皱眉、挠头等动作，这些都能反映出网站存在的问题。通过迭代的可用性测试，我们不断地发现网站中存在的问题，通过布局的不断调整，让用户的操作变得简单、再简单。比如，图书馆在调研的过程中发现，用户在完成"查看我的借阅信息"的任务时，偶尔使用图书馆网站的用户，受其他网站的影响会在网站的顶端寻找"我的"相关栏目；经常使用图书馆网站的用户，因知道该信息会在"我的图书馆"中找到，所以找寻的栏目会锁定在"我的图书馆"，而找寻的位置会受到图书馆旧版网站的影响，在网站中间的直接导航部分找"我的图书馆"栏目。综合这两种情况，在新版网站的设计中将"我的"放置在网站上方全局导航的区域。"我的"这个栏目被设计为用户的个人空间，里面的内容不仅包含用户在网站中个性化定制内容、个人基本信息、荐购信息等，还包含图书馆管理系统中"我的图书馆"中查询和操作的信息。另外，在网站首页的直接导航区域设置"我的图书馆"的入口，方便读者进入"我的图书馆"。

（三）导航设计——力求"路线清楚"

导航是网站内用户的指示路标，可以说是网站最为重要的设计环节，其功能为引导用户进行浏览和查找信息。一个好的导航能够让用户在离开网站时犹如享受了一次愉快的旅程。导航设计首先要将网站的信息进行分类组织。一个精心设计的分类体系能够采用简约的风格，将信息梳理到最符合逻辑、最易于用户理解的类目，让用户不经迟疑、无须复杂操作就能访问到他们想要的内容。

我们在信息分类前期采用了开放式卡片分类法，给被试人员足够的自由度来进行信息分类。这种方法不仅得到了丰富的分类结果，而且还发现栏目命名中存在的问题。之后采用了封闭式卡片分类法，先确定栏目分组的个数和名称，再将属于这些分组的卡片分给被试人员，让被试人员根据自己的期望，把卡片归类在不同的名称下；以此再对信息架构设计结果的有效性进行验证。

根据导航所处的区域和功能不同，网站采用了全局导航、局部导航、直接导航、面包屑导航、网站地图等，力求使用户在导航系统中清楚地认识到网站信息结构和自己浏览到的位置。

二、从方式上提升用户体验——移动服务

随着智能手机的出现，用户获取信息的主要工具也慢慢从计算机变为智能手机。各行各业都推出了移动服务，微信公众号以及各种App开始进入人们的视野。虽然微信公众号和App对我来说都是新鲜事物，需要从头学起，但是为了适应用户的习惯，我们还是开始大力推进移动服务。2014年图书馆申请了微信公众号，建设了图书馆的官方微信号，为读者提供信息推送服务。为了便于读者使用手机进行阅读、学习，2015年我们购买了移动图书馆App，里面有电子图书、电子期刊、报纸、视频、公开课、有声读物等资源。为了便于读者在手机端进行与图书馆相关业务的查询，图书馆微信公众号和移动图书馆App都与ILAS系统及网站挂接，在移动端实现了馆藏查询、图书预约、续借、借阅信息查询、开馆时间查询等功能。2018年将ILAS系统更换为Alma系统后，图书馆微信公众号和移动图书馆App也重新挂接了Alma系统。

2018年9月我们开始启动学校微信企业号中"图书馆"频道（以下简称图书馆频道）的建设。在图书馆频道的建设中，绝大部分功能需要挂接Alma系统来实现。Alma系统是新一代的图书馆管理系统。南方科技大学图书馆是首个将Alma中读者常用功能和服务集成在微信企业号中的中国地区用户。因此，我有幸被邀请在第十七届艾利贝斯产品中国用户协会暨Summon中国用户协会2019年会上，介绍我馆图书馆频道的建设情况。图书馆频道的建设可以较好地改善之前存在的三个问题：便捷性问题、覆盖率问题和分散性问题。

（一）便捷性问题

图书馆频道中增加了移动支付功能，用户可以通过手机直接支付逾期款，无须再到总服务台进行人工办理。读者荐购服务采用的是网

站在线提交荐购申请的方式，读者提交申请和查看荐购回复，都需要登录网站。但荐购有回复时，系统不具备提醒功能，读者难以及时获知。图书馆频道将读者荐购以及读者荐购回复查询、读者荐购通知都集成在微信企业号中，方便读者操作，而且当有荐购回复时，系统会及时通知。图书馆频道把其他常用的功能和通知提醒在微信端集中实现，与网页版相比，使用更加便捷。

（二）覆盖率问题

图书馆的移动服务虽然已经有微信公众号、移动图书馆 App。但是微信公众号的粉丝并不能涵盖所有的师生，使用移动图书馆 App 的人数也有限。学校微信企业号则涵盖了学校所有学生和正式教职工。

当前图书馆给用户发布通知的途径是由 Alma 系统通过邮件发送预约到书提醒、图书即将到期提醒、图书逾期提醒等。但是，由于 Alma 系统未能通过有效的途径将教师的邮箱导入系统，邮箱的用户覆盖率不高。另外，系统中保存的学校邮箱不一定是用户的常用邮箱，也存在邮箱填写错误等问题，造成邮件送达率不高。通过学校微信企业号，消息可以送达全校师生。

（三）分散性问题

在图书馆频道建设之前，用户需要到总服务台缴纳逾期款；需要到网站上提交读者荐购申请、查看荐购回复；需要通过邮箱接收预约图书到馆通知、图书即将过期提醒、图书过期提醒等。学校微信企业号的图书馆频道将这些都集中在一起，实现了逾期款缴纳、馆藏查询、图书预约、续借、读者荐购申请、荐购回复查看、讨论间预约、个人资料修改、消息提醒等常用功能的移动端一站式集齐。

三、从管理平台上保障管理的先进性

随着图书馆的快速发展，原来使用的 ILAS 系统已经无法满足我馆的需求。更换新的图书馆服务平台成了我馆迫切的需求。为了符合我校建设国际化高水平研究型大学的目标，我们必须着眼全球，甄选适合我馆的先进管理平台。这个任务对于英语不佳、信息掌握匮乏的我来说，感到十分茫然和困难。好在鄂馆长迅速锁定了艾利贝斯（Ex Libris, a ProQuest Company）集团开发的 Alma 系统。该系统采用了新一代图书馆的资源管理框架，能够支持图书馆的全部业务。之后，主要的调研工作就放在了 Alma 系统能否很好地满足我馆的工作需求上，尤其是在编目及其他与国外图书馆不同的需求方面上。2017 年 5 月我馆正式签约购买，成为紧跟北京师范大学、清华大学、香港中文大学（深圳）之后的中国大陆第四家用户。该平台的选择恰好符合 2017 年发布的《新媒体联盟地平线报告（图书馆版）》中提到的下一代图书馆服务平台将在未来的 2—3 年内得到广泛应用的预测。截至 2019 年 11 月，全球排名前 100 的高校的图书馆中已有 35 家选用 Alma 系统，包括剑桥大学、哈佛大学、帝国理工大学等高校的图书馆。

（一）改变是痛苦的

2017 年 9 月，南方科技大学图书馆开始集中进行系统的学习、业务流程的梳理、数据的整理迁移等工作。Alma 是一个功能强大的系统，也是一个复杂的系统。工作人员要掌握该系统，需要一个比较长的学习期和摸索期。当时，Alma 系统的培训视频、帮助文档都没有中文版。Alma 系统虽然有中文版本，但是翻译得也不大好。这让英文不好的我倍感困难和痛苦。

Alma 系统采用了下一代图书馆管理系统的架构，与上一代管理系统有着很大的不同。它是基于工作流驱动的系统。要保证整个业务流程的顺利实施，必须梳理好采访、编目、流通的工作流程和具体细节，一个环节没有处理好，就会影响到后续的流程。Alma 系统与上一代管理系统相比，另一个优势就是可以有效地管理电子资源、数字资源。这项功能对于我们来说是全新的，我们毫无经验。在电子资源的管理和工作流程梳理上，由于在系统部署期没有设置好，系统上线后，我们花了一年半多的时间，才将整个流程理顺。

（二）管理优势初显

风雨之后见彩虹，坎坷之后现通途。如今，系统已经运行两年多了，各项工作也在逐步理顺，系统的优势逐步显现。

1. 教参书的揭示与管理

2019 年初，南方科技大学图书馆做了一个纸质教参书的借阅情况调查，发现有高达 52% 的学生不知道图书馆可借阅教参书。为了更好地揭示与管理教参书，我们改变了原来在网站中通过网页展示教参书列表的方式，在 Alma 系统中启用了教参书管理模块。该模块不仅可以帮助工作人员便捷地管理教参书，还可在图书馆网站上最突出的位置设置搜索框，读者可以按照课程名称、课程代码、授课教师进行教参书的检索。

2. 资源添加

Alma 系统的一大亮点就是可以实现对所有资源的统一管理。南方科技大学图书馆推出的"思库推荐"荐书活动，推荐语都是推荐者手写的，是一笔宝贵的馆藏资源。为了更好地在 Alam 和 Primo 系统管理并展示推荐语图片，南方科技大学图书馆探索了三种方式。一种是在详细书目信息中增加一个字段，填写推荐语图片的 URL 地址。另一种是使用 Alma D，将推荐语图片放在数字化内容部分，点击之后可查看。第三种是直接将手写推荐语图片放置在原来图书封面的位置上。为了更直接、明显地展示，图书馆决定采用第三种方式，让读者在查看图书时可以十分明显地看到推荐信息。

3. 便捷的统计分析

Alma 系统可以通过配置 SUSHI 账号，自动收割电子资源使用数据。减少了与数据库商的沟通成本；也可以通过系统后台上传的方式，收集使用数据（支持 COUNTER 标准）。我们可以通过 Alma Analytics 中已有的设计报表或者新建报表，来查看电子资源的使用情况并进行分析。

Alma 系统针对采访、经费、编目、教参、读者使用情况等内置了很多统计报表，也可以根据需要自由地设计。利用这些报表可以进行数据库之间的资源对比分析；可以进行不同学科的经费支出分析；可以统计出被请求次数多的资源，以便补充；等等。

Alma 系统的功能很强大，我们还在不断地探索，比如读者荐购、数字资源建设、利用统计分析优化馆藏资源建设等。Alma 系统自身也在不断优化，不断推出新功能，比如推出的机器人 DARA 可以通过数据分析，给出资源建设和管理建议。

冬雪红梅映晴川，晚来雏菊斗银霜。如今，我已步入不惑之年，虽已不再年少，但斗志更盛。南方科技大学就是有这样一种魔力，一种让你满怀激情、努力奔跑的魔力。南方科技大学建校不足十年，已获得"泰晤士高等教育 2020 年世界大学排名"中国内地高校第九的成绩，让每一个南方科技大学人坚信梦想可追、未来可期。南方科技大学，全球遴选优秀的图书馆馆长、副馆长，引领图书馆人去践行图书馆的国际化道路。南方科技大学图书馆的馆长、副馆长，通过参加国际会议等方式，开阔馆员的视野，激发馆员努力奋进的斗志；通过在国内、国际会议上做报告等方式，让馆员将自己的工作做到更好。当你还在感慨领导者这四两拨千斤的管理能力时，其又以春风化雨的方式，不断地给你支持和鼓励，让你不断地成长。作为这样的组织中的一员，我深感幸福和自豪。我想说："与你相遇，是时光最美的馈赠；与你同行，要更加努力的自己。未来的日子里，我将更加努力！不负时光，不负卿！"

馆歌《天雨流芳》的创作[①]

毕宝仪　夏　雪　鄂鹤年　田　磊[*]

馆歌的诞生是意外的收获。

2020 年 3 月，南方科技大学艺术中心举办"南科大第一届五四原创歌曲大赛"，我们的参赛作品《南图流芳》获得了最佳人气奖。鄂鹤年馆长提议将该歌曲修改后作为图书馆馆歌，得到了大家的赞同。随后在艺术中心的帮助下，我们最终完成了馆歌的创作。

馆歌是图书馆的另一张名片，然而艺术性的表达往往比较抽象，故以此篇记录馆歌的创作过程，借以阐释我们的治馆理念，并向作曲者毕宝仪老师，以及参与制作和录音的老师与同学们致谢。

一、馆员的心声

尽管现代图书馆已经发生了天翻地覆的变化，但是仍然有一些读者将图书馆当作只能借书还书的地方。我们在埋头做事的同时，也希望有机会传递自己的声音，消除这种误解。用艺术的形式传递图书馆人的心声就是一个很好的形式，因此在参赛时，我们没有选择"抗

---

① 《天雨流芳》由夏雪、田磊作词，鄂鹤年翻译，毕宝仪作曲，夏雪和本校师生演唱。

* 本文第一部分由田磊、夏雪撰写，第二部分由毕宝仪撰写，第三部分由鄂鹤年撰写，第四部分由夏雪撰写。

疫""青春""五四"等切合时势的主题,而是"不合时宜"地选择了图书馆这个冷门的主题。

作为一种文化标签,馆徽、馆训是常见的形式,馆歌则很少见,一个重要的原因是图书馆人并不擅长音乐创作。与图书馆接触久了,脑中已形成了条件反射,一提到馆歌之类的文字,首先想到的是赞美馆员的艰辛和伟大,以及强调资源建设、阅读推广等具体业务的重要性,这样难以使听众产生共鸣,也难以表现出歌曲的艺术性,自然不会产生较大的影响。因此我们在创作歌词的时候,尝试避免空洞的赞美,因为任何一个行业都是伟大和艰辛的;也避免具体业务的罗列,因为在有限的篇幅中无法完全列举,也无法厚此薄彼地割舍一部分。另一个重要的原因,图书馆的业务形式是不断变化的,会根据环境的变化和读者的需求推陈出新。馆歌当然不会随着业务形式的变化而经常修改。我们应该超越目之所及,书写那些亘古不变的法则,比如阅读的意义、图书馆的价值、立馆宗旨、治馆理念,等等,唯有这些才是永恒的、有生命力的内容;也应该为读者书写,传递阅读的情怀和求知的真谛,唯有这样,才是"我们"的,有亲和力的歌曲。

修改首先从标题开始。"南图"不能特指"南方科技大学图书馆",如南京图书馆、南山区图书馆都可简称为"南图",以此做标题显然不合适。"流芳"却是个美妙的词汇,于是我们联想到"天雨流芳"。这是特藏室的名字,本义是"天降润雨,滋生万物",在纳西语中的意思是"读书去吧"。南科大人大多知道"天雨流芳"这个高雅的存在,以此作歌名,含义既贴切,也容易使歌曲与南科大图书馆关联起来,而且含蓄的歌名更具有普遍的意义,便于在其他场合传唱。

歌词分为引子、主体、尾声三个部分。于谦诗云:"书卷多情似故人,晨昏忧乐每相亲。眼前直下三千字,胸次全无一点尘。"道出了阅读的温情和价值。歌词的引子部分化用了这几句诗,指出阅读的意义,点明歌曲的主旨。鄂鹤年馆长经常从文献、空间、服务、技术四个维度阐释我们的治馆理念，并且指出技术只是提升服务的工具，不是我们努力的目标。这与程焕文教授提出的"资源为王，服务为本，技术为用"异曲同工。

歌词的主体部分首先从图书馆的角度强调资源（包含文献与空间）与服务的重要性，这是图书馆立馆的根本。随后歌词中用了很大的篇幅，从读者的角度阐述阅读的意义和图书馆的价值。陈寅恪在《王观堂先生碑铭》中说："士之读书治学，盖将以脱心志于俗谛之桎梏，真理因得以发扬。"读书治学的最终目的是追求真理，这需要有自由的思想。我们鼓励阅读，汲取先贤的思想，也鼓励批判思维，突破权威的桎梏。"打开心灵的门窗"即暗含此意。这不仅是一句口号，也是图书馆人孜孜以求的目标。它在图书馆工作中的表现之一即是坚持"价值中立"的原则，例如在收集一个主题的文献时，不会按照自己的理解只收集某一种"权威"的文献，而会将各种观点的文献都汇集起来供读者研究，以此实现保存最真实的历史，帮助读者实现"求真"的目标。"承载文明的印记，还原了历史的模样"即表达此意。

歌词的尾声部分在形式上呼应了引子，用隽永的文字，明确表达了"自由""求真"的治学理念，阐述了图书馆"保存人类文明，开展社会教育"的本质。"涵泳"是"从容求索，深入体察"的意思，是一种读书治学的重要方法。宋代陆九渊即有"读书切戒在慌忙，涵泳功夫兴味长"的诗句。"涵泳"也是我们即将启用的特藏馆的名称。尾声部分以"涵泳兴味长"和"天雨永流芳"结尾，增强了一语双关的效果。

明确了思路以后，歌词的表达又是一个技术难题，比如如何搭建歌词架构、如何精炼排比、如何使之富有感染力、如何让歌词适合演唱，等等。我们虚心向同事们请教，在创作的过程中同事们给了我们很好的建议，在编写歌词时能够引经据典、用词精确。例如"经籍""典章"二词就取自文华图专（武汉大学信息管理学院前身）校歌中的"经籍辉煌，典章博大"，这得益于武汉大学信管学院校友的帮助。编写歌词也要考虑演唱的难度，因此对一些语句不得不做一些技术性的调整，比如"点点滴滴的积累"中"滴"和"积"的发音相似，距离又太近，演唱难度较大，于是改成"滴滴点点的累积"；又如"因为将智慧化作服务，才让平凡的人生熠熠生光"，前半句与"因为有滴滴点点的累积"形式不一致，所以最终改成了"因为有日日夜夜的坚持……"。修改后的歌词，尽管有些语句读起来会拗口，但却易于演唱，这也是不得已的做法。

二、纳西古乐的魅力

酷暑难耐，似有凉风扑面，原是承蒙鄂馆长厚爱，为图书馆馆歌《天雨流芳》谱曲，心中泛来缕缕清爽。

《天雨流芳》的制作由我和两位音乐家——旅德女高音歌唱家、南方科技大学附属中学教师盛元瑾，旅俄青年钢琴演奏家、南方科技大学艺术中心教师刘珂廷——共同创作完成。

初闻"天雨流芳"，脑海中浮现出唐人的诗句："天街小雨润如酥，草色遥看近却无。"恍惚间映现出斗柄回寅，春暖神州，天空细雨霏霏，山川草木葱茏，人间芬芳四溢，一派万物复苏的美好景象。然而我们确实望文生义了。

"天雨流芳"在纳西语中的含义为"读书去吧"！在长期的历史实践中，纳西族人民创造了富有自己民族特点的灿烂文化。独特的宗教信仰和弥漫悠久质朴气象的风俗习惯，给外界增添了无限的神秘和向往。纳西族崇尚读书学习，经常谆谆劝导子孙"天雨流芳"——"读书去吧"！多么动听优雅的祈使句啊！

"书中自有黄金屋！"的确，读一本好书，对于心智的滋养，就像天雨之于谷物的成熟，让心灵沐浴着智慧的缕缕清香，感觉无比的幸福和知足。读书是一种放达，在历史与现实的冲击下，读书人可以忘却时空，即使是惊鸿一瞥，也执掌起漫天光芒。"天雨流芳"的使用，就能使我们领悟出图书馆对于"读书"的深厚期盼和殷殷追求。

歌词的引子和尾声处均用古文写作，形式典雅而韵味隽永。为体现古文的美感，突出歌曲的风格、内涵，我们决定将中国民族曲调、古代音乐文化、西洋和声与现代流行音乐元素融入其中，使之合而一统、兼而得之。

我们翻阅了大量的音乐文献后得知，纳西古乐至今依然流传。它起源于公元14世纪，是云南最为古老的音乐，也是中国乃至世界最古老的音乐之一，是中国传统音乐的"活化石"。纳西古乐与纳西语言融合而成的作品必然是二妙兼得。

歌曲的主体部分采用现代音乐风格，以便于更广泛地传唱。引子和尾声部分将纳西古乐中"浪淘沙"曲牌里的元素进行结合和扩展，吸取纳西古乐的精华，让它与歌词相吻合，呈现出鲜明的特点。以古文形式呈现的引子和尾声，设计了以女声吟诵的方式："书卷似故人，我馆别有香……"这样不仅能与主体部分流行音乐元素起到强烈的对比，也能完美结合中国民族音乐与西洋音乐、古典音乐与现代音乐的特点。

一首好歌离不开恰到好处的乐器伴奏。在乐曲伴奏的配器上，为使音律悠扬和谐，我们尝试使用中国民族器乐与外国乐器相伴融合。纳西古乐给我们带来灵感：以胡琴、苏古笃与笛子等乐器填充中间音域，避免乐曲两头大中间扁；以古筝充当重要的旋律演奏、加花润饰，节奏型伴奏的角色起到中和乐曲的重要作用。诸多乐器的配合，使得整个声响更为饱满丰富，乐曲更添典雅之美。

《天雨流芳》这部作品的创作，总体来说在顺水行舟中充满了挑战。对创作背景的解析，对少数民族的音乐形式的了解，铺垫了整个创作的通畅大路。

"读书之乐何处寻，数点梅花天地心。"我们希望大家通过歌曲，体会到图书馆人的赤诚之心；希望有更多的人能够通过读书追古溯源、体味原真。"明真谛，识大体"，让我们在博大精深的中华文化瀚海中揽月凯歌。

三、隽永的小诗

对我这个英文专业出身的人来说，翻译是一件常做的事，但更多的是在工作与生活范畴，真正以发表为目的而见诸文字的则不多。

回忆我做过的翻译工作，翻译馆歌是最难的一次。其难之一，是要反映中文歌词所表达的南方科技大学图书馆同事们的共同目标、理念、思想和实践。如果对这些精神与情怀没有真挚的认知和感受，是无法用英语表达中文原意的。庆幸的是，这几年我与同事们朝夕相处，亲历了南方科技大学图书馆一步步走向一流研究型高校图书馆的过程，品味了其间的酸甜苦辣，能够深刻理解中文歌词的一字一句。

第二个难点是若干词句的翻译，特别是"涵泳兴味长"和"天雨永流芳"这两句。我个人感觉，即使受过良好中文教育者也未必能真正理解其义。当我就"涵泳"向陈跃红教授问询时，他惊讶地问我是怎样挖掘出这个含义高远的词。他的反应令我欣喜，"we are seeking deep and far"就是这种欣喜的直接呈现。

第三个难点是歌词最后一段的格式：如何用恰当的英文格式将中文那种严格的排比表达出来。经过反复推敲，我对最终的英文翻译还是非常满意的，在忠实表达中文原意的基础上，英文的格式与中文格式也基本一一对应。

翻译完成之后，我征求了几个英文造诣很深的朋友的意见，他们对此均给予了充分的肯定。然而，当毕宝仪教授说音乐创作团队无法将英文歌词唱出来时，我又略有一些遗憾。不过，在那些不懂中文的外国朋友眼里，这也许是一首用英文写作的隽永诗词。这样想来，又

让我对这一番辛劳有了些许慰藉，就当它是一首小诗吧。特将英文的
歌词录于文后，以飨诸友。

The scrolls are old friends

and my library distinguished from others.

Cleaning dust in my heart,

with ever-lasting pages.

For accumulation bit by bit,

We feel fulfilled with the square inch;

For persistence day and night,

We make life extraordinary.

Swimming in an ocean of books,

opening a window to the mind,

like enjoying the sweetness

and fragrance of an aged wine.

This is a sacred hall,

memories of civilization, restoration of history.

This is where dreams set sail,

leading to the future and guiding us forward.

Immersed in the melody of knowledge,

whispering lines of time,

like enjoying the sweetness

and fragrance of an aged wine.

This is a sacred hall,

231

memories of civilization, restoration of history.

This is where dreams set sail,

leading to the future and guiding us forward.

Free from vulgarity,

close to truthfulness,

we are seeking deep and far.

Opening the mind,

passing the torch,

with ever–lasting pages!

四、收获

词曲创作完成之后，我又迎来了一个全新的体验——演唱自己创作的歌。身为一个爱唱歌的人，儿时曾学过六年少儿声乐，也曾获得一些省级歌手大赛的奖牌，后来因为课业繁忙，不得不暂时放弃了训练，但爱唱歌的习惯一直保留了下来。本科时我有幸加入了上海师范大学泊乐合唱团，作为副团长带领团员们参加过许多大大小小的比赛和演出，但这些终究只是作为团体成员出战，尚未独自承担过大任。许久没尝试独唱，我十分激动，一方面希望能通过歌声表达自己的情感；另一方面因为这首歌融入了一些我从未接触过的戏腔元素，录制时间又非常紧迫，所以不免有些担忧。在艺术中心毕宝仪老师及其团队的指导下，我利用工作之余的时间进行集中训练。也许是在合唱团里待得久了，刚开始训练时，稍微高音的部分我就习惯性地用假声去唱，企图"蒙混过关"。毕老师语重心长地告诉我，这部分完全可以用真声去唱，这样声音更为饱满；同时让我录下高音部分的真声，对自己充满信心。经过一周集训和反复练习，我和南方科技大学的另外几名老师、同学一同完成了歌曲的录制。紧张的录制完毕后，录音师就马不停蹄地开始了修音工作。在这个过程中，录音师根据我们的意见不断进行微调，保证伴奏和人声的比例合适、和声部分音色和谐，同时又加强首尾两段独唱部分的声音力度。经过几十次反复试听和修改，《天雨流芳》才最终定稿。当我听到最终版的歌曲时，激动和骄傲的心情难以言表，同时内心又有一些遗憾。由于我非科班出身，导致独唱部分略显粗糙，整首曲目的录制效果未达到预期，距离一首优秀的演唱作品还有一定的差距。我的内心也有过挣扎，想请一位更为专业的歌手来完成独唱部分，总觉得这样才不辜负合作伙伴们所倾注的心血。鄂馆长、毕老师还有田磊老师纷纷鼓励我不要气馁，创作和演唱的道路还很长，未来还有很多机会。由我们创作自己演唱，无论对于图书馆还是创作者本人，都非常有意义。我也努力发掘自己的优势：作为一名馆员，我了解图书馆的工作和艰辛；作为一个读者，我理解图书馆的价值和意义。我能够在两种角色之间自由切换，从不同的角度去欣赏图书馆。我的图书馆情结立体而饱满，丰富不单一，这点是无可替代的，因此就算我的声音不是最完美的，感情一定是最真挚的。在同事们的鼓励下，我调整好心态克服了内心的矛盾，勇敢坦然地接受了自己的不完美，也对未来的创作憧憬无限。

短短几个月，我收获颇丰：一首好歌、一群细致专业的伙伴、一批铁杆粉丝，一路走来，不断成长；也让我充满了自信，我会继续用歌声去传递图书馆的故事。音乐的力量是无穷的，我许下一个愿望：愿所有听到《天雨流芳》的人，都能爱上阅读，爱上学习，爱上图书馆。

抗疫记事

南方科技大学图书馆[*]

引 言

2020年春节前，图书馆原计划一直开放至除夕前一天的1月23日。在这之前，没有值班任务的同事都在准备回老家，盼望着与亲人团聚，过一个其乐融融的春节。但谁也没有想到……

新型冠状病毒！武汉！传染！死人！封城！居家隔离……很多同事不得不取消计划，滞留深圳，不能回家过年了，这是谁也没曾有过的经历！

"大风起兮云飞扬，众志成城兮安四方！Together we are，braving the storm，till we conquer！"这句话是我们2020年2月6日发布的"图书馆疫情防控期间服务"通知中的最后一句。它体现了我们对突然爆发的疫情所做的一种直觉反应，是我们看到全民在统一号令下抗疫的那种不屈精神和坚强毅力后产生的一种意识和使命感，我们要用它来激励自己在抗疫期间克服困难，履职尽责。

一

2月1日，原本是新春过后的第二个工作日，却因为疫情，社会停

---

* 本文的引言和后记由鄂鹤年撰写，申慧执笔第二部分，黄飞燕、章增安、党婉玉在部门其他同事的协助下分别完成了一、三、四部分。

摆，所有人都宅家齐心抵抗疫情，学校也没有要求大家居家办公。但我预判，如果师生无法返校，那么读者对电子资源的校外访问需求将最为迫切，必须马上启动工作，保证校外访问不中断。于是，我和学习与科研支持服务部（LRS）资源建设组的三个同事组成"电子资源组"，紧急启动"电子资源校外访问"专项工作。2月—3月期间，读者咨询的一半以上都是关于校外访问的问题。这也印证了我的这个预判。"电子资源校外访问"专项工作的目标就是快、全、便。2月2号我们就根据整理好的第一批资料，发布推文《科研战"疫"丨宅在家的第一百零九式》。这篇推文在2月4日就被学校官微转发，吹响了启动工作的号角。

结合资料和可利用的资源，我们展开了充分讨论。除去现有的方式，还有没有更多的校外访问方式？免费开放的资源要不要收集发布？各个数据库相关资讯频繁发布，要不要筛选和甄别？面对这些问题，电子资源组分别与数字图书馆部主任章增安、学校信息中心以及62家数据库商建立了紧密联系，搜集和整理了126个数据库的校外访问解决方案。

通过反复沟通、配置和测试，我们开通了多种校外访问方式满足不同数据库的访问需求。2月14日正式发布图书馆官网《电子资源校外访问》中英文栏目，并相继通过《疫期指南丨校外访问一网打尽》《疫期指南丨Elsevier旗下数据库校外访问最强攻略》《疫期指南丨中国知网CNKI校外访问最强指引》《疫期指南丨超超超好用的新校外访问方式来了》，详尽介绍了校外访问电子资源的各种方法，以日常使用量最高的英文数据库Elsevier和中文数据库CNKI访问攻略为例向读者推介。

至3月16日学校全面复工，我们共开通5种校外访问方式供读者使用，远程访问电子资源覆盖了几乎所有图书馆已购数据库，电子资源组与数据库商保持实时沟通，对偶尔出现的校外访问故障进行快速解决。"宜未雨而绸缪，毋临渴而掘井"，面对突如其来的疫情，我们把事情想在前面、做到了前面，从而切实保障了读者校外访问电子资源的刚需。

关于 LRS 疫情期间的工作，我还要特别讲一讲通过网课开展信息素养教育这方面的事。

2 月 11 日，LRS 部门会议指出，疫情防控局势还未明朗，学生返校日期不可知。我们培训工作是等待，还是行动？秉承"抱最大希望，做最坏打算"的精神，确定学习支持小组立刻准备在线培训预案。如何在线培训？哪些软件可用？能否支持回看？学习支持组成员张依兮、周绿涛、王娟玉不断研究授课形式、录制软件、后期处理软件等，紧锣密鼓地筹备线上试讲。经过 26、27 两日的充分调研和试验，我们确定了录制方案和课程发布方案。从 3 月 11 日开始，每期的系列培训讲座都按时上线和读者见面，发布在图书馆《读者培训》专栏和多媒体平台，并支持往期视频回看。在培训主题上，我们考虑到无法返校的学生的实际需求，内容更多侧重在学习资源和软件工具上，例如专门为毕业生量身定制《利用 Word 编排文档，以学位论文为例》。视频上传后，我们收到许多来自师生的赞许，诸多老师转发到自己的学生群，还有读者专门发邮件来说"太好用了，做毕业论文非常有用，感动哭了"。截至 4 月底，我们系列讲座网页累计访客数 2852，浏览数 4433。看到我们制作的课程视频被师生多次观看，切切实实帮助到了他们，我们真得太高兴了，前期的大量投入都有了实在的意义。通过努力学习、专业素养、开拓进取，我们开展了切合需求的信息素养培训，读者覆盖面、观看自由度、实际效果都超出了我们的预期。

3 月 9—13 日，我们在学校公共基础课"学术英语"的嵌入式教学任务顺利完成，共 24 个班级，504 名本科生参与学习。周绿涛、王娟玉、杨曼琪、黄飞燕分工协作实时在线答疑，保障良好的课堂效果，确保知识传播到人。课程负责人语言中心讲师 Matthew Jellick 赞扬我们的专业和努力，写道：

> This integrated class gives my students not only the opportunity to practice their academic research skills, but moreover, ask questions, in real time, of the Librarians, as they "attend" our Zoom classes with us. Truly a great example of cross-departmental collaboration, I am grateful to the SUSTech Library for their continued support of our CLE programs.

之后，我们又应邀在医学院张健教授"医学科研概论"和高等教育研究中心赵建华教授"文献综述与内容分析"的课程中开展嵌入式教学。

在准备线上培训的过程中，学习支持组的几位同事从零开始学习各类视频软件使用，又开拓了培训新渠道。结合读者反馈，我们想是不是再做些深加工，将 Word、Excel 一个小时的培训视频按知识点拆成多个短视频，做成 LibGuides 专题指引，方便读者随时温故。我们还计划制作一些实用小视频，解决读者经常咨询的问题或者容易混淆的问题呢？带着这一想法，学习支持组成员趁热打铁，相互协作，筹备推出系列实用小视频和专题指引，包括图书馆检索小技巧、实用小工具操作等。信息素养培训是数字时代赋予我们图书馆员的新挑战。只有我们自身具有较全面的知识结构，专业的信息素养，才能顺利对读者进行信息导航和指引，才能解决读者的实际问题真正帮助到读者。而我们，一直在路上。

二

谁也不曾想到 2020 年会以这样一种方式开启。封城、感染、死亡这些字眼不断地冲击着人们的视线，全国人民居家隔离的生活就在这样的紧张气氛中开始了。当儿子瞪着一双明亮的大眼问我："妈妈，我们什么时候才能出去玩？"我有些无奈地回答："等到病毒这个大坏蛋被打败了，我们就可以高高兴兴地出门了。"居家隔离的这段时间，每天刷着手机上的新闻，关注着疫情变化的情况，陪父母聊聊天，和儿子玩玩游戏，日子在不知不觉中一天天过去。

2 月 7 日，是原定新学期的教师返校日，学校下发了通知：除非必要返校，均居家办公。在此之前的几天，馆长、副馆长和我们几位部门主任已通过电话会议商量了图书馆抗疫期间的服务方案，关于流通业务这部分，我们开展如下工作：

①提供图书预借服务；

②不接受外借图书还回；

③不提供纸质图书馆际互借，仅开展电子文献传递服务；

④一般性参考咨询通过邮箱和电话来提供服务。

一大早，我打开公共服务邮箱，有 2 封新邮件提醒，心想：刚发通知就有人来预借图书吗？南方科技大学的老师真是爱读书。果不其然，两位老师提出了图书预借申请，考虑到当时的疫情形势，学校对于入校还有比较严格的流程和手续，于是我给老师们回了邮件，询问是否是急需的图书，如有电子图书，是否可以用电子图书替代？老师们均回复说：可以。于是我便摩拳擦掌，开始上网搜索。连上 VPN，先看看是否有馆藏电子资源；登录电子书下载神器 Library Genesis 网站，打开京东阅读、微信阅读 App，同时查找大众阅读类图书。一番操作后，找到了两位老师需要的电子图书，邮件回复了他们。长舒一口气，开始洗手做羹汤，准备午饭啦。电视新闻里传来医生、护士、志愿者们在一线抗疫的动人事迹，我突然发现，除了隔离在家为祖国做贡献，我似乎又找到了一些自我价值：作为一名专业的图书馆员，我可以利用我的专业知识为老师同学们提供知识服务。

下午，我整理了一份如何下载电子图书的文档，详细说明了查找和下载电子图书的几种方式以及如何通过百链云图书馆申请文献传递的方法。多年信息素养培训工作，让我养成了"授人以鱼，不如授人以渔"的习惯。接下来的几天，陆续有老师或者同学发来邮件，多是关于电子文献下载的咨询。除了发给他们找到的电子文献，我也将整理好的查找和下载方法发送给了他们。许多老师和同学在收到我的邮件后，第一时间回复："学到了好多东西""感谢老师的帮助"。在这个被阴霾笼罩的初春，我内心划过一丝温暖与甜蜜："能帮到人的感觉真好！"

3月9日，我早早地起来，心情有些激动，今天是返校上班的第一天。开车上班的路上，宽阔的深南大道上车辆很少。一路驰行，到了校园，路边盛开的鲜花映入眼帘，我打开车窗，初春的空气里夹杂着花草的清新，一丝香气扑鼻而来。深吸了一口气，我的内心欢呼雀跃："久违的校园，我回来了！"到馆第一件事，就是围着图书馆巡视一遍。书架旁边的书车上和自助借还书机旁边的还书箱里散落着一些书籍，是上学期放假前来不及整理上架的图书，偌大的图书馆安静得只听得到我自己的脚步声。下楼的时候碰到了来馆值班的同事，戴着口罩的我们相视一笑："是你啊！"简单聊了几句，我们便各自返回工作岗位。图书馆还未恢复开馆，但我们仍然提供图书预借服务。邮箱里收到了好几个预借申请，我在书架上找到读者申请的图书，帮他们办好借书手续，放到临时取书点通知他们来取。不一会，邮箱就收到他们感谢的邮件。接下来的两周，服务台的同事相继返校。3月19日，我们开了返校后的第一次部门会议，互相问候各自的情况后，我对接下来的开馆工作做了分工安排。同事们回到服务台，有的联系物业商量馆舍和设备消毒的事情，有的开始整理这段时间积压的报纸，有的把 24 小时自助还书屋里的图书拉出来在图书消毒机中集中消毒、整理上架，有的开始着手清查错架图书，有的将错位的桌椅、沙发摆放归位……一切井然有序，同事们忙碌的身影让安静的图书馆恢复了些许往日的生机。

三

尽管按照国家规定 2 月 10 日前不得复工，但是居家期间我们已经在考虑如何按照计划开展工作了。数字化图书馆建设部本年度的一项重要工作是完成"南方科技大学知识苑"（以下简称南科大知识苑）项目的建设，2 月初最紧迫的任务是尽快完成 470 多位学者的数据采集工作，同时开展面向院系科研秘书的在线培训，力争在 3 月底上线试运行平台，为即将到来的全校教师年度考核工作做好支持服务。

保证数据的精准性是南科大知识苑建设的重中之重。由于平台收录、对接的数据类型繁多，数据建设过程异常艰辛，建设团队付出了大量的心血，初步建成了集收集、保存、展示与传播为一体的南方科技大学师生学术成果管理平台，目前已收录数据 11 063 条，建成 2411 人的学者主页和 22 个院系子平台。当前最紧迫的任务是采集已经做过清洗的 470 余位教研系列学者的学术生涯成果数据并完成认领。由于正处疫情期间，数据采集工作面临诸多困难。负责数据采集的若梅春节前回老家探亲，谁料疫情暴发后，所在地村村封路、户户封门，初期忧虑怎么才能抢到一张回深圳的车票，后期又烦恼怎么从距离省城 300 多公里的乡村赶到车站。直到 2 月 9 号，若梅才背上行囊、告别亲人，登上了返程的列车，终于回到了久违的深圳。在居家办公的环境下，南科大知识苑以一种特殊的方式又开启了建设历程。部署在云端的南科大知识苑服务器始终连接着身处各地的建设者，强大的网络技术和交互方式提供了便利的沟通渠道，所有工作都在有序展开。每周四下午照常召开项目建设例会，我们的内部研讨会也搬到了网上。曾经认为，居家办公模式会严重拖慢数据采集的进程，但在大家的努力下，工作取得了可喜的进展。首先，给力的平台商通过 VPN 登录到远程服务器来调试完善了数据采集接口。接着，我们重新梳理了经 Elsevier 清洗的南方科技大学学者名单，与系统比对后确定出最终需要采集成果的学者名单。最后，通过远程控制办公室电脑实现到馆采集的效果，从而解决 VPN 带宽受限的问题。由于需要采集的学者学术成果跨度时间长，且署名方式多种多样，采集后还要不断去修正采集的结果，过程异常艰辛。有时遇到成果量非常多，且在多个机构有任职经历的学者，数据采集就更加困难，我们甚至要花几天工夫才能完成一位学者成果数据的采集与修正。就这样，不断往复、修正，经过四十多天漫长的采集过程，最终圆满完成了此项工作，一定程度上解决了南方科技大学学者库展示学者的数据准确性问题。

早在 2019 年底我们就计划好在 2020 年 2 月下旬通过集中培训的形式面向各院系科研秘书提供培训，让各院系科研秘书尽快掌握南科大知识苑的基本功能，从而为本院教师利用该平台提供支持服务。由于居家隔离政策的规定，原定的集中培训方案无法实施，面对新情况，我们调整了培训方案，临时决定采用在线形式提供培训。自 2 月 7 号起我们就开始了紧张的准备工作。为了让在线培训更贴近各院系科研秘书的需求，我们通过微信、QQ 和电话了解参与培训的各院系科研秘书的需求，征集参训人员名单，设计调查问卷，挑选培训内容、精心准备教学课件，并制作了在线的培训课程网站，以把南科大知识苑最好的功能展示给科研秘书，为未来正式上线起个好头。怀着忐忑不安的内心，3 月 15 日我们终于拉开了在线培训的帷幕。培训过程由参训者自行完成，通过观看培训视频，实践操作练习，达到掌握系统功能的培训目标。培训期间，项目建设团队为各院系科研秘书提供了及时的指导与帮助。在为期 10 天的培训过程中，包括院系科研秘书、科研部、图书馆学科馆员在内的 35 人参加了此次培训，并填写了调查问卷。我们耐心细致的态度和专业的培训材料得到了科研秘书们的好评，尤其是功能强大的南科大知识苑平台更是让参训人员充满期待。通过与参训人员的积极沟通，我们从功能、数据建设及宣传推广方面收集了诸多宝贵的建议，为后续改进南科大知识苑平台提供了依据。

培训之后接踵而至的是上线试运行，我们重点解决了学者库的展示学者筛选问题。面对这些优秀的学者，如何抉择成为一个难以决定的问题。经过无数次的讨论，最终确定了 309 位学术成果斐然的学者名单，之后精心补充了学者们的个人信息，并重新梳理了成果数据。3 月 30 日，历时两年的南科大知识苑正式上线试运行，在全校师生面前亮相。试运行之后，平台引起了广泛的关注，很快就收到了老师们的反馈意见。其中老师们最关注的还是数据准确性的问题，一位讲席教授反馈他的成果数量、收录类型、引用频次、H 指数等存在问题。接到反馈后，我们第一时间开始查找问题出现的原因，协助解决该问题，经过与教授 6 轮的邮件沟通，很好地解决了他的诉求，并得到了他的认可与褒奖。这是平台上线试运行以来我们工作的一个缩影，耐心细致地接待每位学者的咨询与疑问，以最快的速度响应并为其解决问题，从而获得大家对平台及建设团队的认可。

4 月 20 日，南科大知识苑迎来了人生的第一次大考，那就是为即将开始的全校教职工年度考核提供论文及著作数据支持。从正式通知下达的那一天起，我们就开启了繁忙的咨询服务工作模式，既要解决出现的各种平台功能问题，又要解答使用者的各种疑问，还要处理各种异常数据，常常忙到很晚才能休息。面对着积成小山的邮件，我们耐心地一封封处理，尽力让老师们满意。由于平台刚上线运行，老师们对平台功能不太熟悉，在使用过程中对平台功能及建设团队产生了一些误解。比如某位教授当初就不认同由图书馆来牵头南科大知识苑的建设，因为其提交的一篇论文填写信息过少，被图书馆审核人员要求补充相关信息时，产生了极大的不满情绪，对南科大知识苑建设团队的专业性提出了质疑。当听到这样的反馈时，我们的内心充满了委屈。当然，这种质疑也说明我们的工作和平台功能还有改进之处，未来我们还有很大的提升空间。反馈中更多的是鼓励与支持，这些支持就像甘甜的泉水滋润着我们的心田，虽然辛苦但还是感觉很欣慰，尤其是科研部领导专门找我们来谈心，借机给我们鼓劲打气，使我们对未来的建设工作充满了信心。

2020 年的春天，我们经历了此生难忘的居家办公模式，曾经这是许多人梦寐以求的工作模式，但当我们真正面对这一切时，也深刻体会到了其中的孤独与无助。2020 年的春天，南科大知识苑开始扬帆起航，前路漫漫、任重道远，我们的建设脚步还将继续前进。

四

岭南的夏季像往年一样，在四月中旬就早早地来了。

4 月 20 日是周一，气温直逼 30℃。图书馆的中央空调因防疫要求还未启用。一月中旬回湖北老家过年的同事雪晴终于达到复工要求，返校上班了。这天距离她原计划返深上班的日期已经过去了 74 天。距离我接到学校第一个关于疫情防控工作的通知，也已过去了 85 天。距南方科技大学图书馆因疫情宣布闭馆已 85 天，距《图书馆疫情期间公共服务方案》发布 79 天，距馆员开始在家办公 75 天，距同事们分批返校复工 48 天，距全面有序恢复工作秩序 41 天，距图书馆适度恢复开放 24 天。

据我所知，图书馆至少有 5 位同事原计划在一月下旬回湖北过年，包括我在内至少有 2 位同事有春节期间去武汉的打算。1 月 19 日，武汉 1 天新增 17 例不明肺炎确诊病例，1 月 20 日，深圳确诊 1 例，北京确诊 2 例，均有湖北武汉旅行史。这使得 12 月底就关注到"武汉出现多起不明原因肺炎"新闻的我警惕起来，当天我取消了出行计划，决定待在深圳。之后的几天，其他几位同事也取消了出行计划，仅有一位同事因休假较早，在"新型冠状病毒感染的肺炎""人传人确定存在"的信息被大众所知晓前已动身回到湖北老家。

情况比我预想的更加严重，武汉封城，深圳确诊病例迅速增至三位数，假期延长，居住的小区开始严控出入。因为多年前登记过一张武汉的身份证，我甚至收到了社区打来的关照电话，询问家里是否有人从武汉来。全国人民一夕之间全体动员，联防联控、抗击疫情的战争开始了。

自 1 月 24 日起，我有了一个"防控专员"的头衔，负责图书馆的防疫工作：接收、理解和传达学校防控办的各项通知，向学校防控办上报图书馆防疫工作方案、疫情期间公共服务方案、恢复开馆方案等。其中最日常的一件工作即是：每日统计、上报图书馆员工行程及健康情况。我的同事们觉悟甚高。共同居住人将从外地返深、小区里有确诊或疑似病例、家人突发肠胃炎有些发热等情况，都能主动、尽早、如实地向我反馈，我再去询问学校防控办老师应对的办法。相比学校其他人数众多的单位，仅有 36 人的图书馆，工作量并不大，但我却时时保持紧张。"防控专员"是头衔，更是责任。从春节至今，不论工作日还是休息日，按时、如实完成"每日一报"，督促同事们完成当日个人健康申报，是不可马虎的重要任务。

在"腾讯会议"里相聚的同事们盼望着早日返校复工，开馆服务。我们为此做了诸多准备。夏雪从 2 月初就开始采购防疫物资。口罩，额温枪，酒精，消毒液，一次性手套，消毒洗手液，自封袋（用于分装口罩），等等，想得十分全面。疫情流行的 2 月，市场上此类物资求购无门，即使有口罩的货源也难辨真假，不敢轻易下单，幸而学校在复工后每日为职工发放一只医用口罩，缓解了不少因口罩匮乏带来的焦虑感。夏雪还联系校园服务办公室对馆舍进行了全面消杀清洁，保证了馆舍环境的卫生和健康。

除了做好防控常态化的思想准备，认真对待有关疫情防控的每件小事外，终于返校复工的同事们，像是要把耽误的时间夺回来一样，按照去年底已制定的工作计划，朝着确定的工作目标，有序高效地开展着各项工作。有关新图书馆建设的项目一个一个确定了供应商，采购的货物进入了生产阶段。4月初，我们终于又能去一丹图书馆的工地现场了。两三个月不见，新馆内部的装修进展很快，风格初现，效果图上的一个个空间正在成为实物。工人们紧张地忙碌着，和春节前并没有什么区别。

3月2日，除仍在湖北的雪晴外，其他同事均回到深圳，按照学校防控办要求居家办公。3月9日以后，同事们陆续满足居家隔离时间的要求，回到办公室工作。我与雪晴联系过几次，也许因不在武汉，她的心态尚好，只是忧心待定的返深日期。每次我都告诉她不要着急，待学校有允许在鄂人员返深的通知后，我会第一时间联系她。其间，校工会还给在湖北的职工发放了每人500元的慰问金。3月20日，深圳市新型冠状病毒肺炎疫情防控指挥部办公室发布了关于优化调整湖北入深返岗人员健康管理措施的通知（深圳市防控办33号文），在鄂人员可以返深了。学校在3月23日根据该通知的精神，发布了在鄂教职工返深的工作指引。图书馆在3月24日的馆务会上决定为雪晴办理返深证明。会后我立刻和她联系，查看她的湖北健康绿码，提醒她提前和社区报备，帮助她向学校人力资源部申报。终于在3月31日，雪晴乘坐高铁回到了深圳的住处。

在鄂人员开始返深后，学校要求这部分同事居家隔离。4月8日以后，学校明确了此类人员返校复工的工作指引，需同时满足抗体检测阴性、核酸检测阴性及返深后居家隔离14天的要求，方能申请返校复工，且抗体检测和核酸检测的时间要间隔7天。4月17日，雪晴终于拿到了核酸检测的结果：阴性，满足了返校复工的要求，可以回来上班了。

图书馆全体同事经历疫情，终于全员无恙重返工作岗位了。

春节前，可能没有人会想到 2020 年的世界是这样的。新冠病毒比 SARS 传染性强，也更狡猾。此时此刻，在全世界很多其他地方的人类仍在经受传染病带来的生理和心理折磨。在国内疫情流行时期经历了严格防控措施的我们，生活和工作渐渐恢复正常了。雪晴是幸运的，除了等待花费了许多时间，她的返深复工之路可以称得上顺利。我们图书馆的同事都是幸运的，人人阖家平安。

有时候，滥俗语句更能引起凡人共鸣。"明天和意外不知道哪个先到来"。与病毒狭路相逢，对每一个凡人都是意外，有些人的生命永远停留在上一个冬天，有些人因此为工作、收入和房租发愁，有些家庭支离破碎。但是，朴素的中国人永远不缺少为更好的生活再努力一次的勇气。

前几天，中国科学院微生物研究所宣称新型冠状病毒可能受气温的影响小。也许新型冠状病毒不会像它的前辈一样在夏季悄然离去，但我们已不再害怕。

季节更迭如常，校园里荔枝树又一次挂果了，丰年在望。

后 记

南方科技大学人文社会科学学院王晓葵教授在 4 月 14 日的《新京报·书评周刊》发表了一篇题为《灾难记忆与灾后反思——如何构筑一部全球人类史》的文章。该文通过描述里斯本大地震（1755 年）、唐山大地震（1976 年）和东日本大地震（2011 年）三个灾难前后所发生的事，提出了文章的核心观点：灾难既是加害人类的罪魁，也是文明发展的催化剂。这次量级如此之高的灾难对我们图书馆的每个人来说都是第一次，而且是那么猝不及防。在这个催化剂的作用下，我们要思考和回答很多诸如以下的问题：

灾难为什么会发生？

它对我们每个人及其所处的环境意味的是什么？

生命与地球共存，只要这个地球存在，灾难总有结束的那一天；但它结束后我们将面临一个怎样的世界？而我们又将怎样在这个世界生存？

……

抗疫期间，特别是居家工作那段时间里，图书馆的每个部门都以日志的方式记录所做的工作，限于篇幅，本文仅引用其中的一小部分来展示，图1是图书馆学习和科研服务部在2月1日至3月16日所做的日志。

本文完成时，疫情还没有结束。中国开始进入了恢复期，但东亚之外的世界各地，特别是欧美，疫情还非常严峻。学校的最新通知说，研究生和毕业班的本科生将于5月15日之前全部返校，我们在为迎接他们回来做着各方面的准备。

4月21日，在图书馆有限开放三个星期后，广东省教育厅下发通知，要求各大专院校在学生返校后暂停开放图书馆。当学校就此征求图书馆的意见时，我们对此持保留意见。新型冠状病毒威胁着我们，为抗击这个威胁，我们做了很多努力和牺牲，但我们不能因这个恶魔的存在而失去继续工作、生活的勇气，我们盼望图书馆人流如梭和伏案苦读之象早日再现！

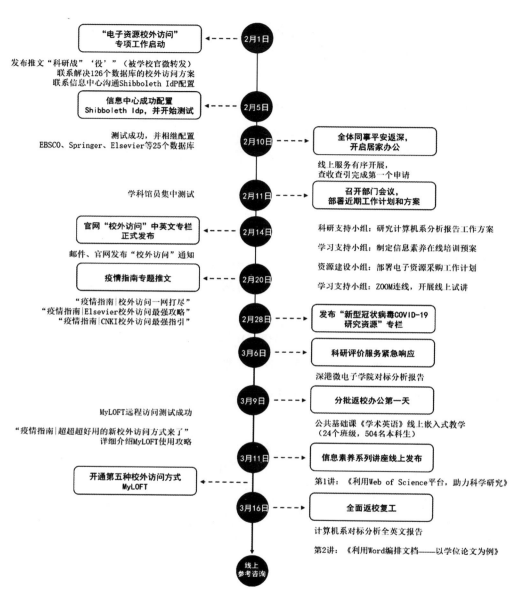

图1 南方科技大学图书馆学习和科研服务部工作日志
（2020 年 2 月 1 日—3 月 16 日）

书缘·书事

SUSTech
LIBRARY

我在图书馆寻找一个座位

陈 婷*

我在图书馆的座位，随着我学习生活的变化而动。

大一刚入学的时候，我最喜欢的位置是图书馆三楼靠学生餐厅的窗边。这里的皮质椅子是当时图书馆里最惬意的"老板椅"。我总是带着厚厚的英文原版教材，坐在窗边，一点一点慢慢地啃。累了、乏了、不想啃了，就舒舒服服地躺在椅子上看窗外的人和风景。在这里，早上能望见涌向"一教"的人流；中午能看到学生餐厅里攒动的人头；傍晚往窗外一抬头，就能看到怒放的、梦幻般的最美晚霞。

后来，我上了电子系的课，相关书籍多是在图书馆二楼，我的根据地也跟着转移到了二楼。不变的是窗边的"老板椅"，窗外的景色却变成了迷宫一般的行政楼、神秘的碉楼和零星的几个人。这些已经不够吸引我，于是我开始更多地寻找图书馆内部的乐趣。在图书馆一楼，我遇见了文字简练凶狠、最擅长从极不合理之处写出极合理故事的东野圭吾；我遇见了真挚、平实的季羡林先生；我遇见了语言犀利、沉稳睿智、温暖而有力量的白岩松。我又找到了自己喜欢的座位！那就是一楼的圆形拼接桌。桌子空间很大，足够我放下电脑、摊开教材之后还有写作业算草稿的余地，与文学作品的书柜不过几米距离，走过去、捧起一本书就能进入另一个世界。

---

* 陈婷，南方科技大学 2015 级学生。

　　大二下学期的时候，图书馆一楼开始装修了，文学类书籍从一楼搬到了三楼。恰好力学的书籍也在三楼，所以我又回到了三楼。在这两类书的书架中间，有一块得天独厚的风水宝地，既可以俯瞰整个小花园，也可以仰望天空。这里自此成为我心中的 No.1，每次去图书馆定是要先去这里找位置的。这个习惯一直保持到大三下学期，我们集体搬进了力学系的本科生自习室，我来图书馆的次数就少了。

　　故事就这么结束了？并没有。我喜欢上了参加图书馆的读者培训活动，每一次的培训都能让我学到实用的技巧和技能，受益良多。我总是早早到 G309，坐到离培训馆员最近的桌子，打开电脑，等培训开始。这就是我现在最中意的座位。

　　这四年，我几乎走遍了图书馆的每一个角落。座位一直在变，但我求知的欲望没有变，图书馆让人奋进的氛围也没有变。

我是如何阅读的

——作为图书馆阅读达人

马政佳[*]

第一次得知自己是 2018 年度学校图书馆借书最多的读者时，其实并不惊讶，反而有些尴尬，其实所借的 198 本书，大多数都是技术类书籍，剩下的也只是一般的幻想小说而已。

首先，也许是一时兴起，我在一个近乎疯狂的 25 学分、横跨 3 个专业 6 门硬课的学期幸存下来后，突然去图书馆做了一年勤工助学。一开始就抱有"也许能与一本有趣的书邂逅"的心态参加的工作，我确实在工作过程中经常会从要上架的书里发现有趣的书，并且顺手借了下来。但这种邂逅实属缘分，许多人就算天天在图书馆工作大概也不会有在一年里借 198 本书这么夸张的数字。

绝对有人会怀疑：365 天是怎么看完 198 本书的，这个人肯定借了书不看完。事实也的确如此。其实这 198 本书之中，还是技术类书籍为主，而且很大一部分都是快速读了一遍就还掉了。我之所以会用这样看似浮夸的读书方式，与我的学习方式有关。

大一这一年，我读的书很少，读起来也很慢。我仅仅一字一句地把 *Thomas' Calculus*、*Principles of Physics*、*Linear Algebra and Its Applications* 读完了，推导了每一个公式，把每一个概念都在脑海中建立模型。此

---

* 马政佳，南方科技大学 2016 级学生。

时我突然发现，有很多原来读着很痛苦的书，现在借助高等数学、大学物理、线性代数这三根思考的拐杖，读起来就轻松多了。

大二结束后的暑假我选择留在学校里自己学习，再一次一字一句地将 *Computer Organization and Design*、*The C programming language* (K&R)、*Dynamics and Statics*、*Mechanics of Materials* 研读完。从此读起别的书就更快了，有时一页书仅仅扫一眼就往后翻了，新的概念往往也很快就能理解。

我的学习方式有两个特点：第一是喜欢把知识建模，变成可以在脑海里从各个角度看到的动画；第二是注重逻辑，尽可能不去背公式而是去推理公式，而且学习的时候喜欢从最底层一路推到最高层。

在思考的时候我会闭上眼睛，去想象那个动画。高中的时候学到简谐运动，我想尽办法把简谐运动抽象成一个绕原点匀速旋转的箭头在 x 轴上的投影，每次做到简谐运动的题目，就会自动播放这个动画。后来学到复数之后，我又额外查了点资料，发现复数也可以用类似的方法去建模。上了大学之后发现，这些都是《信号与系统》这门课的基础，有了这个脑海中旋转的模型，学起这门课来有如神助。这点我与视频作者"3blue1brown"的理念很像，他将数学概念图像化、动画化。对理解数学概念有困难的同学可以去看看他的视频。

虽说有哥德尔不完备性定理的存在，但是逻辑推理能力仍然是最重要的能力之一。我花了不少时间打通了从半导体能带理论一直到操作系统的逻辑链，从此不再觉得嵌入式编程很难或是很玄学。

虽说这是个知识爆炸的年代，但是绝大多数的新知识是构筑于现有的知识体系之上的。有了各式各样的知识原型，有了底层系统逻辑，再去学习理解那些构筑于这些知识原型之上的知识，自然就会很快，快到有时看一眼配图就能知道这一大段大段的文字在说什么。这就是为什么我读一些技术类别的书特别快的原因了，而且在基础知识扎实的前提下，我喜欢多读点东西，最好能够大致了解一个领域里每一个知识与技术的基本概念并且了解它们的基本用法。

我认为，在现在这个年代，知识面的广度比知识面的深度更重要。

尤其是现今，任何人都能随时随地使用互联网，想要深入了解一个知识很容易，甚至还会有大量样例可以直接拿来用。但是，你怎么知道这个知识点是否存在呢？广而浅地去了解有什么，出现问题的时候才能快速想到可以有什么解决的方案，然后可以再去深入研究如何把解决方案做到最好。这才是高效利用互联网的方式，而不是去搜索引擎搜索"如何制作一台遥控机器人"之类的问题。人生是有限的，一个人最后一定会定居在一个地方，但是如果一辈子没有好好地环游过世界，我认为那样的人生是可悲的。就像一个人需要一项专精的技能，同时最好也要"环游世界"——尝试去了解各种各样自己不知道的东西。

"人类最古老最强烈的情感便是恐惧，而最古老最强烈的恐惧则来源于未知"。有了目录之后，做项目时"未知"就会变少，甚至只要确定项目需求，脑海中的目录里记载的那些孤立学科的知识就已经拼凑整合为一体，那种没有经验导致的不自信与恐惧都会被消除。把大致的技术路线与任务划分清楚之后，再一步一步地深入去学习，最后把项目做好。

总而言之，不管怎么样，基础一定要打好，尤其是数理基础。接着要尽可能广而浅地在脑海中构造一个技术目录。然后一定要多多实践，利用目录找对方向，再深入研究实现解决方案。这算是我个人的方法论，不一定适合所有人，但还是在此做个小小的分享。

被重力束缚于地面，只能环游这个世界；但是想象力是没有边界的，除了环游这个世界，我们还有能力仰望星空。

虽然技术类的书籍都是快速看一遍就过，另外一种书我却会认真去读，那就是各种各样的幻想小说与推理小说。虽然读的不算多，但是一旦找到对口味的，我会废寝忘食地跟着主角去冒险，有时一读就是一个通宵，与主角的冒险结束之后才肯带着余韵进入梦乡。

在我看来，文字在各种艺术载体中，表现能力既是最弱的，又是最强的。

说它弱，弱在表达速度上。《1984》里，对那四座金字塔一般的建筑的文字描述是需要一定时间给读者读完并去想象的，作者通过大量笔墨对"电幕"进行详细的描述才构筑了一种被人随时监控的不安气氛；在电影《银翼杀手》中，一个镜头就将泰瑞尔公司那座阴森的金字塔大楼表现了出来，导演在背景中大量使用探照灯一样的灯光效果在观众的潜意识之中埋下了被人时刻监控的感觉；在游戏《半条命2》中，随时可见远方那高耸入云的外星城堡，无时无刻都在播放的宣传广播，到处飞行的监控无人机，几乎是第一时间就将反乌托邦的压抑的氛围传达给了玩家。

说它强，强在可能性上。虽说电影版的《流浪地球》对"地球发动机"的"死亡之墙"表现得非常震撼，却远没有当时第一次在原作小说里读到时，我脑海中浮现的场景震撼；《神经漫游者》与《全息玫瑰碎片》中那前无古人地对赛博空间的描写，成了无数类似《攻壳机动队》或是《赛博朋克2077》的后来者们想象的出发点；仅仅依靠文字进行的桌面角色扮演游戏《龙与地下城》经久不衰，并且启发了无数后来的电视、电影、游戏。

随着阅历的丰富，我反倒越来越喜欢看书。我发现似乎是因为自己曾大量玩过各式各样的游戏，看过各式各样的电影，读起书来反而更加有味，而书中那些发生在各式各样光怪陆离的世界之中的冒险故事，也变得更加生动：读《疯狂山脉》时，结合在游戏《战地1》开第一次世界大战时期战斗机的经历，我感觉自己就坐在那架在南极上空飞行的螺旋桨式飞机里，眺望着那巨大而诡异的古建筑群；读《莱伯维茨的赞歌》时，脑补《神秘海域3》的沙漠关卡，我仿佛就站在沙丘上，远望着那携带着被当作"圣遗物"的电路图的苦行僧在无际的沙海中进行着朝圣；而在读《无人生还》最后的瓶中信之前，我在一片狼藉的孤岛上，在每一个现场里，用魔法回溯着时间，试图拼凑真实，就像《海猫鸣泣之时》里那样；在《遗落的南境》的南境局里，跟着"总管"调查前任局长失踪之谜，而在这个过程中我总是闪现出有关《SCP 基金会》《脑叶公司》或《CONTROL》这些其他媒介上同属新怪谈类别的作品的回忆……

小说，电影，游戏，是完全不同的东西，没有某一项会取代另一项的说法，在某种程度上还是互补的。而每一本小说，每一部电影，每一部游戏，都是一个崭新的世界。不管是哪一种，都能成为一成不变的日常中一颗闪亮的星。

星空是璀璨的，不仅仅只有哪一颗星值得去观赏、去崇拜；物理世界有各式各样的限制，但精神是自由的。在信息时代，暂时放下现实，去一个未知的新世界成本是如此之低，途径是如此之多！为何要为了一个包装出来的所谓"明星"浪费人生？为何要被困在同一个虚拟的"峡谷"，一遍又一遍地进行着重复的"厮杀"？恋爱剧也好，宫斗剧也罢，为何要浪费时间去一遍又一遍地观测着相似的、充满了虚假"爱情"的"世界"？

去新世界探索吧！真正英雄的故事应该是波澜壮阔的！

图书馆书籍推荐装置的诞生经过

唐克扬 [*]

2018 年下半年，我的老朋友、南方科技大学图书馆鄂鹤年馆长提出，让工作室帮着做一张图书馆书籍推荐活动的海报。我"好心"地提出了更多的意见，建议不仅仅做"平面设计"而是要立体地考虑这件事，于是一发而不可收，海报变成了一个小小的公益设计项目——"思库推荐"书架。

2017 年初到南方科技大学的时候，我其实已经想过如何让阅读成为推动师生公共交流的媒介。众所周知，微信、微博为代表的移动通信工具极大地冲击了当代人的阅读习惯，现在包括我在内的大部分人在屏幕上"读书"已多于在书架上取阅了。这种"进步"不是没有代价，正需要广泛阅读的大学生们，对传统书籍的兴趣就更淡薄了。姑且不论哪种阅读方式更有益一个年轻人的成长，电子阅读进一步挤占了本来就稀缺的公共交流的时间——结果，便是社会学家口中的"一起孤独"，大家各人捧着自己的手机坐在一起，"岁月静好"。

两件事情给我很大的启发：一是记忆中图书馆"借书卡"引发的故事，两个素昧平生的人，可能因为同读一本书而在借书卡上相识；二是当代的"网红书店"，最近我也有机会在深圳设计了一座这样的书店。这两者的由来其实各有历史因缘，背后的动因却可能背道而驰。

258   * 唐克扬，南方科技大学人文科学中心教授。

一源于物理限制中的偶然联通，一发自主动营销的积极需要。但是，"借书卡"和"网红书店"却在我的脑海中"不谋而合"：能否以"荐书""识书"为契机，使得年轻人们"相聚""相识"，乃至让"万物互联""喜悦重组"？

不夸张地说，这已经成了我如今专心思索的一个科研话题。从2015年左右开始，我放弃了单纯的"艺术范儿"，越来越多地回到"日常生活的创新"中来。2016年帮助学生在北京五道口开设的WeCAFE，竟然比后来爆红的"共享……"思想还领先一个身位；同年设想过的清华东门"吃辣"餐厅，计划可以借着餐桌灵活重组年轻人的社交空间。到了深圳之后，我对"共享"和"灵活使用空间"有了更进一步的理解，基于社会交往的设计，不仅是"声色多矣"，它还得有扎实的行为模式和现实制度的内核。

我在多个场合向朋友展示过，图书馆思库推荐书架诞生前后的半年，我们微信小组中竟然有着数千张各式各样的讨论图片——有必要如此小题大做吗？似乎，不过是各位教授、名家、同学，写下对于某本书的隽语，然后将他/她的话，连同书和推荐海报拿出来晒晒而已。可是事实证明，小题目确实可以作大文章。

首先，我相信这里要有活化的空间。作为一座"学习之城"，这里不应是暮气沉沉适合睡觉的"知识宝库"，当代大学的图书馆中理应有日常化、轻松活泼的空间，使得读书跨越仪式的边界。因此我们提出要做一个读书的专架，同时也是一个迷你的空间，一座袖珍图书馆，兼有展示、阅读、交流、贮存的功能。鄂馆长问起这个设计项目的用意，我随口答道："那就是知识的'壁炉'吧！"书架无须太满，展示不用过多，只有火花迸溅，产生温度，明亮爽朗的图书馆才是当代的年轻人们真正需要的。

落实在具体的设计中，这件"图书馆家具"聚焦了图书展示的功能。不再是原有书架的"琳琅满目"，随着向下投射的灯面，它让全部的注意力转向那张宽大的木桌上。原计划在这个专架的各个面上都贴满海报，实则只有楼梯一侧，迎着最高强度人流方向的阔大墙面，才保留了"琳琅满目"。在别的地方，我们需要留白，需要隐藏，需要保留一点"绘事后素"的仪式感和庄重感，给已经"很设计"的深圳空间一点神秘，希望用美术馆一般的布展方式，抢夺学生们的注意力，后者也许已经被"像素墙""动力感""工业风"……这些泛滥的"文艺范设计"搞乱了。本质上，这个设计装置首先是一件有着日常生活式样的家具，可以坐下来，可以驻足，可以互动，其次才是一堵"海报墙"。

如果说，仅仅这样就算是交差了的话，那么它对我们，尤其是我工作室的同学、同事们的设计思考的刺激也是极为有限的。毕竟，大家现在也不少见这样的现代设计了，极简、线条不是这个构思全部的用意——而且，在大学的体制和资源下做这件事，是否能真正接上"地气"是个问题。这其中有些非常技术性的议题，值得每个搞设计的同学和管理大学的人思考——比如，我曾经不止一次地拿着两张过程图问学生，看出来哪个才是真实的家具设计的思路？从头研发设计一件家具，对于成熟的企业而言，可能是一两年的时间更多。那么我们何以在这样短的时间，这样有限的条件下和他们竞争呢？首先，需要简单，尽可能地简单，去除一切不必要的装饰和功能，才能保证每个细节的聚焦和到位；其次，没有实际做过一件东西的"纸上设计师"可能不知道，"极简设计"并不意味着降低设计的复杂性，比如：如何才能使得新加的家具和原有的柱子和墙体咬合精密，不会晃动？如何让两个块面90度拼合的时候不露痕迹？有过不少施工经验的我深深知道，说得容易做起来难。果然，实施"极简设计"的过程中出现了无数的"状况"。至少，对于意识到理念与实际差距的设计同学而言，这将是一轮终生难忘的课训。

我们值得骄傲的设计概念毕竟还在于那些貌似设计之外的东西：

如何使得"设计后"的装置真正可用？说起来简单的设计概念，实际还是相当复杂的：①需要展出书——而且是任意大小和形式的书籍；②需要使得书和推荐书语可以彼此分离；③需要张贴海报的区域；④更需要方便维护更新。为了使得将来的海报能够达到和我们设计相同的水准，采用同样的方法上墙装置。图书馆的员工中目前并没有专门的美术老师，他们上班的压力也已经够大，这项并不轻松的工作究竟要交给谁呢？

在我们自己的行业中，设计的方法论正在经受着前所未有的变革。设计是为生活添加某种装饰吗？设计是 for I（设计师）、for you（委托人）还是 for them（大众）？假如前两者还是传统社会的产物，显然已经跟不上时代的进步，完全放任大众的设计思路也是行不通的。设计之所以具有价值，就是它高于日常生活，创造出了后者本身不具备的价值。在我们的国情和资源限定下，设计的理想和日常生活之间需要取得一种务实的平衡——出路在于"曲高和寡"和"放任自流"之间。

如果说这样一种不寻常的思路并不容易完全落实，我们至少沿着这种思路取得了两个方向的突破。第一，我们需要一个可以重新塑造的书籍展示台，它由若干模块组成，就像乐高一样，可以在现有展示台上组合叠加，直至灵活形成符合需要的新的展示表面。如此，理论上可以展示几乎所有不同类型的展示对象，构造出千变万化的组合"书架"。第二，我们需要一个零维护成本的宣传栏，图书馆的老师可以套用我们设置的海报模板，只需改动几个字，添加新图像，更换颜色，打印出无须裁剪的同样式样的新海报，可以很快地更换到展示墙上，连图钉都无须一个——其中的秘密在于，提前做好的亚克力海报画框已经设置成了配合办公打印的尺寸，用作母板的底板事先已整齐地固定在白墙上，面板和底板之间可以靠磁铁紧紧吸附在一起。这样，即使一个对于展示专业没有多少经验的人也可以方便地维护和更换这样一个书籍推荐装置。

　　有没有更好、更优美、更高级的书籍展览装置呢？我时常对参与工作室工作的同学发问。也许在未来我们的种种图书馆"小发明"，还需要各种试错和优化。然而它已经开了一个好头，就是它让同学们意识到，智慧的容器本身也需要某种智慧，思想在空间的重组中本身得以更新。这样的创新无须十分优渥的条件，日常空间的问题和现象本身就是创新的动力和源泉。

实验室门外的持灯人

袁长庚[*]

有一回我顶替因故不能抽身的领导去参加图书馆管理委员会的午间聚谈。刚一坐下，就有位理科的同事面带笑容地发问："你说现在图书馆还有必要吗？我想想看好像很多年都没怎么进过图书馆了。现在都是在网上阅读了嘛。"

请不要误会，我以这样微小但着实令人尴尬的事件开启本文，既不是为了声讨理科同人们对图书馆事业的轻视，也不是为了渲染在南方科技大学这样一个特殊的环境中从事图书馆工作的"艰辛"。这篇兼有见证、评论、反思等多重功能的文字有其具体生发的背景，如不做交代，则种种感喟与赞美不免沦为空谈。

身为理工科大学的文科教师，我们理当属于和图书馆相对亲近的那一人群，毕竟研究、教学离不开齐备的图书文献资料。自入校当年一个秋日午后发出第一封文献传递服务的求助邮件到如今，我已经很难历数图书馆同事们的慨然相助。绝大多数时候，那些足以解燃眉之急的调拨、采购、入库都以一种专业主义的沉静悄然发生，而我们只需等待一则简短但妥帖的通知。甚至有时不免会让人疑心，馆内那永远静谧的办公区是否有专人在线时刻等待我们随时可能蔓生出的"无理要求"。总归，作为一个研究者、使用者，我自心底里感谢大学图书

＊袁长庚，南方科技大学社会科学中心助理教授。

馆的各位同人。

再一次，我必须说，请不要误会，本文不会止于对上述私人故事和情绪的冗长陈述。相反，我想试着从一个旁观者的角度谈谈在这所中国最特殊的高校当中，图书馆所扮演的角色及其启示。我相信这不是一个局限于某种特色的例外经验，它将会有助于我们重新理解图书馆之于当代高等教育的意义。在过往四年中我所目睹的，是在新媒体和移动互联时代，"图书馆"的古老定义如何被不断激活和创新。与实验室里的捷报频传相比，书架之间于无声处的变革常常被忽视，但它同样是南方科技大学高等教育改革所能总结出的普适经验之一。

还记得刚来学校时图书馆的模样，在那座获得过设计奖项的巨大建筑内部，是光线昏暗、陈设呆板的乏味空间。纵然自创立之初，学校在硬件方面就始终秉持向国际一流水准看齐的原则，但一流的物质条件有时恰恰欠缺"点石成金"的外力。也是在那个学期，我在一次学生们组织的阅读分享活动中结识同样来校时间不长的鄂馆长，听他在闪烁的幻灯讲义上勾画新的改革方案。言谈之间所传递出的兴奋是爱书人之间的暗语，是对"阅读"这一古老实践的心有灵犀。对我们这个群类而言，阅读所需的"光线"不是一系列物理参数的达标，它包含着对纸张、情绪、身体乃至天气的周密考量。按照我的理解，那份方案不是对某个馆藏空间的修缮改良，其背后涌动的毋宁说是创造一种既古典又新潮的阅读方式的冲动。

后来若干年的事实表明，那次升级不但使得馆内的阅读环境更为友善，区隔更为别致，而且它使学生们口中常常回响的那句"去图书馆"有了更亲切的意涵。有时我参加活动或查取资料，匆匆穿越馆内空间，最大的感受是学生们身体姿态所发生的变化。他们不再仅仅是"正襟危坐"。相反，站、躺、蹲、趴……千奇百态。每一种体态的定型完全取决于当事人所处的学习状态、交流氛围，同时又完美地契合了"年轻"所应该有的样貌。空间布局上的优化和解放，使得图书馆成为可以亲近的朋友，这种具身的亲近又反过来使学生们开始经由空间的共享和创造去感受求知本身的享受。我有时常常为此感到庆幸，对这些最聪明的脑袋而言，他们从知识的白帆将将要鼓胀的时刻开始，就能体会身心自由的融合，这是他们作为人类知识王国新公民的第一课。

我常常在书架之间无意邂逅相熟识的学生。与我们通常所想象的青灯黄卷苦读往圣绝学不同，他们的徜徉书架更有可能是苦战复习之间的休憩，是努力作业之余的偷闲。因《中国图书馆分类法》而铺展开的那个思想风景，像是日常科学登攀路上无意撞见的桃源仙境。在这轻松无束的氛围中，他们得以推开另一扇窗，一窥另样的风景。

我想，图书馆的各位同人以他们勤恳精湛的工作回答了本文开头那位科学家的发问。但是这种面向新时代新境况的回答却是通过不断回溯"图书馆就是收藏图书的空间"这一朴实而本初的定义来达成的。移动终端的普及，碎片化阅读的冲击，技术知识对人文思考的挑战，这一切都是短时间内难以逆转的潮流。不过，与其哀叹传统严肃阅读的逝去，不如重新思考求知与当代人生存状况之间的关联。我们无法再以一个板着脸孔、径直走向书架、翻开册页即万物凝滞山河静止的读者形象为出发点去思考和衡量数字时代图书馆的意义。在一个高速流转的社会中，图书馆如何成为一个更为友善的聚集空间，如何有机地渗透入日常生活，如何有效地促成人与书的相遇，对这些问题的回答将有助于我们走出一些看似忧患实则丢失焦点的话语迷障。

推演复杂数学计算的白板背后是文艺复兴时代的哲学断章；在两段课程的间隙随手捡拾宋元山水的吉光片羽；《数学分析》紧靠杜甫与莫泊桑，《工业制图》毗邻马奈和赵孟頫……无心插柳的创意拼接与有心栽花的系统引导之间保持着微妙平衡，而图书馆恰恰是让上述一切成为可能的无形之手。

作为一名社会科学研究者，我有幸目睹南方科技大学图书馆四年的成长。这故事是难得的时代启示录。以守持初心的方式跳脱窠臼，努力思索"教育"如何面向真实的、跃动的生命，依傍着真诚和勇气来创造新的可能，这是图书馆诸君润物无声般对我的开导。

其实，古往今来，与书有关的一切从来都不曾轻松，但这份包含甜蜜的文明之重，往往可以被行动者不着声色的轻盈四两拨千斤。西方语文中常把守护、传递书籍的人描绘为持灯使者。虽然校园里最常见的景观之一是四时灯火通明的实验室，但这不足以涵盖"大学"的全部。因为有了我们自己的持灯人，实验室门外幽微处才埋藏着无穷的可能。五年、十年、五十年、一百年……书还在，灯就不会灭，一代代的青年们就仍然可以以他们所喜爱的方式，步入殿堂。

南方科技大学图书馆 LOGO 的设计

梅冠鼎 *

2019 年 6 月的傍晚，我和香港大学课题组的聂师兄吃完晚饭走在回办公室路上，师兄盯着手机说："师弟，你知道南方科技大学图书馆在征集 LOGO 吗？"原本心情低沉的我突然肾上腺素升高，然而内心激动不过十秒，还是故作淡定摆摆手，"算了算了，科研重要，科研重要"。其实心里在想最近发生的一些事：之前那个势在必得甚至做了产品宣传片的研究生跨学科竞赛，只得了个参与奖；研究课题刚有所进展，却发现类似的工作已被人早一步发表；前段时间投稿的某个设计也吃了"闭门羹"。可以说对此类活动实在是丧失了信心。

那晚躺在床上，身体很疲惫，精神却莫名地亢奋起来，回想起很多我的本科生涯在图书馆发生的故事。我熟悉图书馆的每一个角落，看书、听讲座、讨论项目，准备了无数场考试，也看过村委楼爆破。晚饭后躺在图书馆东门大石头上吹风看星星，就像回到"南科梦"开始的地方——"仰望星空，脚踏实地"。想到这里，各种模糊的灵感和设计思路就冲破了丧气的栅栏在脑海中打起滚来，我知道要是不把这些想法表达出来，非得把自己憋坏不可。想着，那就再试一次吧。

平日有科研任务在身，只得等周末才有时间把想法画出来。前前后后历经近五个月时间的改稿，投稿后和八十多个优秀的作品同台竞

* 梅冠鼎，南方科技大学 2018 级研究生。

技，最终得到了评选老师、专家的认可，获得了一等奖。在得知自己设计的 LOGO 将作为图书馆的馆徽时，曾经一度过于兴奋而失眠了。

应图书馆的邀请，我将设计的心路历程和创意理念写成这篇文章。

一、连接和记忆

我把产生读者与图书馆之间的连接和记忆作为设计的首要目的，希望读者能够在短时间内就可通过 LOGO 辨识出南方科技大学图书馆，并产生深刻的记忆连接。因此 LOGO 的设计需体现出高辨识度的南方科技大学图书馆特征，设计前期罗列了许多元素后，最终决定结合图书和建筑的特点来展现图书馆：一是图书馆是以阅读为主要功能的场所，二是图书馆建筑的蜂巢造型深入人心，两者的结合能够充分满足辨识记忆功能。接下来要考虑的是，如果过度突出书的形象会失去图书馆的独占性，而过于还原建筑造型则会失去想象空间，成为应用场景中的视觉干扰。在这个问题上，Dieter Rams 的设计理念 "Less，but better" 对我有很大的启发，选择图书的页脚和建筑的一角进行结合，高度提炼两者的核心特征，最终以扁平化的方式达到平衡。

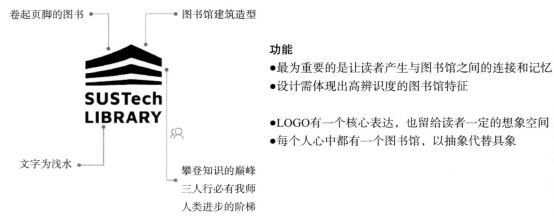

卷起页脚的图书　　　图书馆建筑造型

功能
●最为重要的是让读者产生与图书馆之间的连接和记忆
●设计需体现出高辨识度的图书馆特征

●LOGO有一个核心表达，也留给读者一定的想象空间
●每个人心中都有一个图书馆，以抽象代替具象

文字为浅水

攀登知识的巅峰
三人行必有我师
人类进步的阶梯

图 1　LOGO 的设计理念

二、图字组合

考虑到南方科技大学还是一所年轻的大学，相比单图形的 LOGO，让文字成为 LOGO 的一部分更有利于图书馆的形象推广，让更多的人认识南方科技大学图书馆。字体的选择应与图形风格统一，由于图形包含明显折角和弧线的几何特征，非衬线字体便成为首选。选择 Maven Pro 作为标准字，因其"S"字母的"字嘴"部分能与上方图形平行对齐，使得整体构造更为方正。Maven Pro 的现代化设计明暗均衡、比例灵活，使其在多种应用环境下具有很强的可读性。

3:2比例分隔 突破正文框架，稳固视觉重心

简明
- 易于阅读和快速识别
- 低饱和度色彩，无衬线字体，扁平化标识
- 遵循Less is more 的设计理念

重心结构稳固

Maven Pro 开源无衬线字体，开放、包容、适配性强

图 2　图形和字体的设计

三、广泛的适用性

图书馆的 LOGO 将会应用于网站、邮件、海报、宣传册等各种场合，因此 LOGO 在不同场景的延展显得尤为重要。在显示印刷中最为常见的问题就是模糊和色偏，而低饱和度色彩、无衬线字体、扁平化标识的 LOGO 能尽量减少显示质量和印刷工艺带来的偏差，在缩放和模糊后仍有高辨识度。

图 3　缩放和模糊后的显示效果

此外，图书馆是南方科技大学一个具有独特文化气息的功能性场所，设计应让人感到平静和专注，让形式追随功能。诸如在杂志、海报等阅读场景中，LOGO 的设计不应打扰读者，希望读者关注内容本身。简明的图形已经初步满足场景需求，为了进一步适应多样化的应用场景，我重新设计了一个色块占比更低的样式，称之为 Light 样式。使用Light 样式阅读，视觉将更容易聚焦在内容上。Light 样式中图形线宽将随着结构占比产生粗细变化，字体也采用了更细的字重和更宽的字距，以达到视觉统一。

图 4　Heavy 样式和 Light 样式的对比

图 5　Heavy 样式和 Light 样式的应用效果

　　LOGO 的重心在保证整体结构稳固的前提下稍右偏，在和中文字体结合时能够自然地将视觉向右引导，符合阅读习惯。中文标准字体采用思源黑体，作为现代化设计的非衬线体在显示印刷中有很强的可读性，而近 50 万的字形数在切换繁简时都不会出现"豆腐块"的显示错误。思源字体亦寓意"饮水思源"。但由于图书馆此前使用的是名家题写的中文书法字体，最终图书馆还是决定延续采用书法字体。

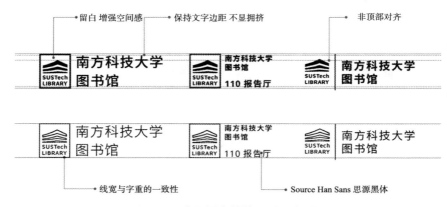

图 6　配有思源字体的 LOGO 样式

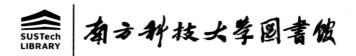

图 7　LOGO 的最终样式

四、内涵和服务

简明的设计虽降低了内涵的层级，但直观的视觉元素和稳重的结构带来的是对图书馆形象强有力的表达。先给读者带来认同感，读者才会去思考其中的内涵。弱化内涵表达的同时也带来了更多想象空间，每一个读者心中都有一个图书馆，正如一千个读者心中有一千个哈姆雷特。读者的体验和想象应不因图形受到禁锢。

整个设计依托南方科技大学图书馆建筑原型，又像堆叠的书本，整体呈三个"人"字形，子曰："三人行必有我师。"这也提醒着学子在图书馆这个读书治学的场所，应牢记先贤教诲，提升修养，虚心好学，同时也体现了图书馆"以人为本，读者至上"的服务理念。自下而上，依次陡峭的三重结构，与王国维先生在《人间词话》阐述的做学问必须经历的"三境界"契合，境界愈高，攀之弥坚。

图书馆既是文献中心，也是学术活动中心，能够容纳学习、创作和分享的人们，LOGO 设计的适用导向也正体现着南方科技大学图书馆的包容性和服务理念。

五、后记

今年是我在南方科技大学图书馆学习的第五年，见证了图书馆越来越人性化的建设，图书馆也见证了我学习成长的历程。在香港大学学习期间我无数次地怀念南方科技大学的生活，图书馆则是我情感最为深厚的地方，能在图书馆留下自己的印记，感觉就像被选中成为宇航员去月球踩下脚印一般幸运。说来也巧，我的研究方向是光电相关的领域，而我关注的设计、摄影，亦是光与影的艺术，没想到科研上没什么成就，设计上倒先做了点微小的工作。我在南方科技大学图书馆三楼写下这篇文章，愿南方科技大学图书馆持续创新，在南方科技大学成为国际一流研究型大学的道路上提供舒适的学习空间和专业的学术支持。

附录一
南方科技大学图书馆大事记
（2011 年—2020 年 4 月）

2011 年

2 月 28 日，南方科技大学（筹）启动校区图书馆（深圳大学城图书馆南方科技大学分馆）开馆。

5 月，与深圳大学城图书馆开展馆际互借合作，至 2018 年 1 月 11 日结束。

2012 年

7 月，组织馆员赴香港 7 所高校图书馆调研，筹建永久校区图书馆（现琳恩图书馆）。

2013 年

7 月 22 日，首任馆长燕今伟到任。

8 月 23 日，图书馆微博账号开通。

9 月 2 日，永久校区图书馆（现琳恩图书馆）正式开馆。图书馆官网上线。

2014 年

9 月，图书馆党支部成立。

10 月 28 日，图书馆微信公众号正式开通。

12 月 18 日，由图书馆与读者俱乐部合办的《原样》创刊号发布。

2015 年

2 月 3 日，加入深圳图书情报学会。

7 月，开始筹建二期校园两处馆舍。

2016 年

7 月 29 日，永久校区图书馆由香港慈善家捐赠冠名为"琳恩图书馆"。

8 月 29 日，第二任馆长鄂鹤年到任。

2017 年

3 月 3 日，举办第一次信息素养培训。

3 月，加入深圳文献港。

4 月 17 日，举办第一次英文信息素养培训。

5 月 24 日，图书馆管理委员会成立并召开第一次会议，吴传跃副校长任委员会主任。

9 月 1 日，图书馆的所有服务终端实现中英双语显示。

2018 年

1 月 29 日，发布《迈向 2020 年——南方科技大学图书馆战略规划》。

2 月 1 日，图书馆综合管理系统 Alma 及资源发现系统 Primo 正式上线。

3 月 10 日，为学校提供第一份 ESI 分析报告，题为《南科大 ESI 论文产出分析（2011—2017 年）》。

11 月 28 日，第一期思库推荐书目发布。

11 月 29 日，助理馆长黄飞燕在 OCLC 亚太年会上作 "Space Design at SUSTech Libraries" 报告。此为本馆馆员第一次在国际会议上做报告。

2019 年

5 月 10 日，学校微信企业号中 "图书馆频道" 上线。

12 月 19 日，图书馆馆徽正式发布。

12 月 26 日，成为环太平洋研究型图书馆联盟（Pacific Rim Research Libraries Alliance）成员馆。

2020 年

2 月 6 日，受新冠病毒疫情影响，学校延迟开学，图书馆发布 "新冠病毒感染的肺炎" 疫情防控期间公共服务方案。

3 月 18 日，完成第一份全英文撰写的科研评价分析报告，题为 "Scholarly Productivity & Impact Benchmarking Report for Department of CSE, SUSTech"。

附录二

关于建设南方科技大学
机构知识库的报告[*]

摘　要

机构知识库（Institutional Repositories，简称 IR）是机构实现知识资产管理的平台，主要对机构内部产生的知识资产进行系统化收集和长期保存，避免知识资产流失，促进其持续共享和传播利用。

图书馆接到学校 2017 年春季战略研讨会后分派的任务，对 IR 的研究和建设开展了调研工作。调研情况主要包括以下几点：①国内外 IR 建设总体情况；②IR 定位；③政策支持；④资源建设；⑤平台选择；⑥开放获取度。

在了解国内外 IR 建设现状的基础上，图书馆提出我校 IR 的建设目标和实施要点。图书馆认为我校 IR 应突破现有 IR 的架构，在实现资源存储与展示的基础上，注重评价和学术交流功能，成为学校知识保存、知识传播、知识管理和知识交流的平台。要实现的目标有五：①作为学校知识资产的统一管理平台；②成为学校、院系和学者对外展示学术成果的窗口；③通过对科研成果评价指标（如 H 指数、自然指数、ESI 指标）的计算、嵌入和应用，为学校和院系各部门开展人才评价和学术评价提供决策依据；④成为学者管理个人知识资源的学术空间；⑤实现 IR 与国际主流学术交流平台的链接，为学者开展学术交流提供便利。

---

* 该报告由图书馆于 2017 年 12 月向学校提交。

IR 建设与可持续发展需要强有力的政策支持和协作规范。因此，图书馆提出 IR 建设的关键要素：①学校下发文件，强调各部门的合作，并制定强制性学术成果存缴政策；②为 IR 的初期建设和后续维护提供足够的资金；③ IR 的建设需要学校相关部门的密切协作；④在平台选择上，图书馆认为国内最好的系统是中科院开发的 CSpace，建议我校支持以战略合作的方式实现与该开发团队的长期合作；⑤学校成立以主管科研的副校长为首的 IR 建设小组；⑥我校 IR 命名为"南方科技大学知识苑"，英文为 SUSTech Knowledge Commons，简称 SUSTechKC；⑦ IR 建设的工作计划。

引 言

机构知识库又称机构仓储、机构典藏库，是机构实现知识资产管理的平台。它是 20 世纪 90 年代末随着开放获取运动的发展而兴起的一种新型学术传播方式，主要针对机构内部产生的知识资产，进行系统化收集和长期保存，避免知识资产流失，促进其持续共享和传播利用。

对于高校或科研机构来说，机构知识库的主要作用在于将本机构的学术成果长期集中管理、保存和传播，在此基础之上进行：①可以分析、评价机构和科研人员的研究方向、过程、趋势和结果；②完善科研产出管理；③提高绩效管理和评价工作的效率；④提升机构学术影响力和成果展示度，提升机构声誉和品牌，宣示机构的社会价值。

鉴于 IR 的重要性，我校于 2017 年春季战略研讨会后分派任务给图书馆和网络信息中心，研究建设南方科技大学机构典藏库。两单位交流后决定由图书馆负责此项任务的落实。随后图书馆首先开展调研工作，主要通过几种方式进行：①阅读与研究大量文献资料，开展文献调研，了解机构知识库的历史与国内外的发展现状；②实地考察与网络调查内地和香港多家图书馆，进行实践调研，学习建设经验，如香港大学、华东师范大学、上海交通大学、上海科技大学、中国科学院等；③与国内主流系统供应商沟通交流，开展系统平台的功能分析研究，如 CSpace、Pure、宝和数据、知先、CNKI、爱琴海科技公司等；④参加国内高水平的学术会议，了解国内外建设实践和研究前沿，如中国机构知识库大会等。

本报告基于以上调研工作梳理出国内外 IR 的建设现状，并在此基础上提出我校建设 IR 的实施要点。

1　机构知识库建设调查情况

1.1 总体情况

机构知识库在近十年获得了越来越多的重视，其数量增长十分明显。据开放存取机构库登记机构 Registry of Open Access Repositories（ROAR）截至 2017 年 12 月 8 日统计，全球共有机构知识库 3901 个，绝大多数分布在欧美等西方发达国家，如图 1 所示。其中排在前五位的国家分别是美国（761）、英国（239）、德国（228）、日本（185）、中国（172），在大中华区的机构知识库中，内地（大陆）、台湾、香港分别有 90 个、72 个、10 个。通过横向比较发现，台湾地区机构知识库发展势头良好，而大陆有待加强。总体而言，我国与发达国家存在很大差距。

在科学研究领域，各国的高等教育机构作为学术研究的重镇，是机构知识库的主力军。据调研，美国 90% 以上的高校建设了机构知识库，而我国内地仅有 36% 的"985"高校拥有机构知识库。内地在 ROAR 注册的 90 个机构库中，隶属于中国科学院的机构知识库多达 80 个。这与实际调研情况一致，表明中国科学院的机构知识库建设走在了高校的前面。

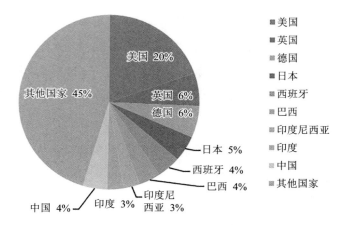

图例：
- 美国
- 英国
- 德国
- 日本
- 西班牙
- 巴西
- 印度尼西亚
- 印度
- 中国
- 其他国家

图 1　机构知识库的国家分布情况

1.2 IR 的定位

IR 的定位关系着 IR 建设成果，进而影响 IR 的发展。国际和国内的 IR 绝大多数是文献存储和检索系统，功能上仅停留在资源的存储（Deposit）与揭示（Display），这主要体现在 IR 软件平台的设计上；而为机构的学术评价（Evaluation）和为学者提供学术交流（Scholarly Communication）这两个重要方面则不太重视。

1.3 政策支持

IR 的建设更大程度上不是技术问题，而是体制、人员和沟通的问题。没有高校及科研机构管理者的政策支持，IR 就不能很好地建设并确保可持续发展。

在美国，IR 的发展得到了公共科研资助机构的大力支持和规范。例如美国白宫科技政策办公室在 2013 年 2 月发出指令，要求所有研发资助经费超过 1 亿美元的联邦机构都应要求资助项目所发布的论文在发表后存储到机构或领域知识库，在不超过发表后 12 个月内实行开放获取。诸如哈佛大学、普林斯顿大学、麻省理工学院、加州大学等早已要求教师把已发表论文存缴到本校机构知识库中开放获取。

我国大陆 IR 的建设大多数通过"自下而上"的方式建设，由图书馆自发立项，缺乏有力的政策支持，可持续发展的情况不尽如人意。一方面由于科研人员与管理人员对 IR 的认知程度不够，对参与 IR 建设的意愿不足或者有顾虑。另一方面高校内部各管理部门及院系各自为政，缺乏合作。除此之外，承担项目建设的机构对 IR 的宣传力度不够，存在"重建设、轻宣传、轻利用"的现象。如西安交通大学立项 8 年仅收录了百名学者发表的文献，上海交通大学立项近 2 年才处理了一年的发文数据。台湾地区的大学与中国科学院均采取"自上而下"的模式。台湾机构典藏（Taiwan Academic Institutional Repository，简称 TAIR）建设首先得到了台湾地区教育主管部门的重视，不仅如此，各校的领导也很支持 IR 的建设。台湾大学以行政发文的方式要求院系委派专人参与 IR 的建设工作。中国科学院和国家自然基金委分别发布了《中国科学院关于公共资助科研项目发表的论文实行开放获取的政策声明》和《国家自然科学基金委委员会关于受资助项目科研论文实行开放获取的政策声明》，要求受公共资助的科研论文在发表后把最终定稿存储到相应的知识库中。中国科学院部分研究所（如力学研究所）制定行政指令，让作者必须把成果提交到机构知识库中，只有在 IR 提交的论文才能作为作者绩效考核和职称晋升的依据。这样的政策支持与强制措施得到了比较好的效果，资源提交率可接近 100%；而无强制政策的则只有 30%，甚至更小。

1.4 资源建设

资源是 IR 存在的基石。据调研，我国的 IR 建设在资源收集方面存在很多困难。由于科研人员对机构知识库的认知度较低以及缺乏机构的大力支持，学者在资源提交方面参与的积极性不高，造成 IR 难以收全本机构的知识产出，不能准确而全面地反映其学术产出的现状。

另外，目前 IR 收录的资源类型较为单一，偏重于期刊论文、学位论文、会议论文等公开发表的文献的存储，对非公开发表的灰色文献的收集则较少，如研究报告、课程大纲、教学笔记与科研数据等。

1.5 平台选择

目前 IR 的系统平台主要有三类：①由 IR 项目产生的系统，如 eScholarship、KnowledgeBank、JISCIE 等；②可以免费使用但是需要本地化开发的开源系统，如 Dspace、Eprints 和 Bepress 等；③需要收费的商业软件平台，如国际上的 Documentum、DigitalCommons，国内的知先、CNKI、IRP、CSpace 等。

国际上 IR 采用的主流平台多为开源软件，使用排在前三位的是 Dspace、Eprints 和 Bepress，三者使用率之和达 74%（如图 2 所示）。这些开源软件由于开发时间较早，均存在系统交互性差、用户个性化功能缺失、资源展示不够多样化等缺陷。而国外的商业平台由于没有本地化，功能上与国内高校的需求缺乏匹配。

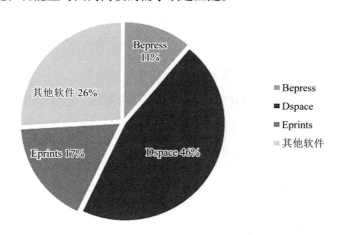

图 2　国际 IR 系统平台使用情况

国内的 IR 早期应用最广的软件是 DSpace，在此平台上进行二次开发。但二次开发的技术门槛较高，前期的技术研发和后续的系统维护都对技术和人力有较高的要求。这对国内绝大多数图书馆来说难度较大。最新的调研发现，早期采用开源软件建设的许多知名高校后来放弃开发转向采用本地出现的商业软件平台，如西安交通大学、清华大学、浙江大学、上海交通大学、中国人民大学和北京师范大学等（见表1）。

表 1　国内 IR 主流系统平台使用情况

序号	系统平台名称	主要应用案例
1	知源机构知识库	北京理工大学
		海南省高校机构知识库联盟
2	宝和数据机构知识库	上海交通大学
		澳门科技大学
		华东师范大学
3	知先信息机构知识库	中国人民大学
		西北工业大学
		同济大学
4	DSpace	厦门大学
5	CNKI 机构知识库	东北大学
6	IRP 机构知识库	西安交通大学
7	维普机构知识库	清华大学
8	CHAIR Central	北京大学
9	CSpace①	兰州大学
		中国科学院机构知识库网格（CAS IR GRID）
		上海科技大学
10	麦达机构知识库	武汉大学（测试）

---

① CSpace是由中国科学院文献情报中心开发的机构知识库建设平台，其开发和维护不以营利为主要目的，因此该平台并非纯商业化平台。

1.6 开放获取度

在我国高校范围内，学校管理者及科研人员对于开放获取运动的理念和意义的理解程度不一，加之版权方面的考虑，IR 收录的文献大多数仅限于校内使用，校外不能下载使用，甚至不能访问其网站。IR 的开放获取程度较差，这造成学者的学术成果不能广泛地传播，阻碍了学者个人和学校整体学术影响力的提升。

2 我校 IR 建设目标与实施要点

在了解国内外 IR 建设现状的基础上，图书馆提出我校 IR 的建设目标和实施要点。

2.1 建设目标

图书馆认为我们应该秉持学校勇于创新与追求一流的精神，在 IR 建设项目上，争取有所创新有所突破，尽最大努力做到最好。

因此，我们认为我校机构知识库应该突破现有 IR 的架构，在实现资源存储（Deposit）和展示（Display）的基础上，注重评价（Evaluation）和学术交流（Scholarly Communication）功能，将 IR 建成学校的知识保存、知识传播、知识管理和知识交流的平台。主要实现以下几个目标：

（1）IR 作为学校知识资产的统一管理平台，尽最大努力收全本校科研人员公开发表的学术成果，收录大多数非公开发表的学术记录，保障学校知识记录的存储与长期获取。收录内容主要包括公开发表的论文、专著、专利；在研究和教学过程中产生的科研数据、学术报告、教学课件等；其他学术产出，如学生社团和学术会议活动中产生的知识记录，如活动视频、图片图像等。

（2）通过多维度揭示学校的知识产出，使 IR 成为学校、院系和学者对外展示学术成果的窗口。

（3）IR 对学术产出多维统计分析，成为学校及各部门获取统计数据的必要来源；通过对科研成果评价指标（如 H 指数、自然指数、ESI 指标）的计算、嵌入和应用，为学校和院系各部门开展人才评价和学术评价提供决策依据。

④ IR 能够成为学者管理个人知识资源的空间。IR 为学者提供个人账户，便于学者管理个人的学术资源，为学者利用资源提供便利。

⑤通过与国际主流学术交流平台的链接，实现学者信息的互通有无，为学者开展学术交流提供便利。

2.2 建设的关键要素

南方科技大学作为一所研究型高校，不仅承担教学任务，还非常重视学术产出。学术产出是学校的知识资产，是立校之本。如此重要的资产，如果不加以管理，将不利于学校对自身情况的了解，影响学校自身定位，进而不利于学校制定发展战略，对学校的长远发展产生负面影响。

IR 的建设与可持续发展需要完备的管理制度和协作规范，但这项工作只有得到学校在政策、实施和管理等方面的全力支持才能顺利且有效地开展。

2.2.1 政策支持

在政策上，学校需要下发文件，强调学校各部门的支持，制定强制性学术成果存缴政策，要求师生必须将科研产出存储在学校机构知识库中。机构知识库中的成果作为评价和考核师生的重要依据，在学术成果考核上，应成为唯一依据。

2.2.2 资金保障

IR 的初期建设和后续维护需要投入相当数量的资金，没有足够的资金不仅无法建好 IR，更无法确保 IR 可持续发展。IR 不能可持续发展，IR 的建设将失去意义。

建设初期，资金的投入主要用于平台搭建与资源获取。通过考察，综合考虑我校的建设目标与学术产出的基本情况，在建设初期需投入的资金预计在 100 万以内。后续维护的费用需根据项目的具体实施情况进行估量。

2.2.3 部门合作

离开学校各部门的密切合作，IR 建设将举步维艰。IR 的建设不仅需要与系统供应商合作，还需学校以下几个部门的通力协作：

（1）科研部

科研部管理着全校的基金项目及师生学术成果的基本信息。IR 的建设需要科研部提供基金项目信息，便于从基金项目的维度来展示师生的学术成果，为校领导提供决策支持。同时，将 IR 的平台与科研部系统对接，实现两者信息的互通有无，方便科研部全面掌握师生的学术产出情况，为科研部的成果汇报提供便利。

（2）研究生院

学生的学位论文具有重要的学术价值，尤其是硕博士学位论文，是学校非常重要的知识资产，应加以管理。研究生院应遵循学校制定的学术成果存缴政策，向学生提出要求，在规定时间内向 IR 提交学位论文。

（3）人力资源部

资源的获取除师生提交外，系统可以实现部分学者学术成果的匹配功能。而这需要人力资源部提供师生必备而准确的信息，如师生的履历、联系方式、唯一身份标识以及学校人员的变化等。只有完备的信息，才能确保匹配的准确率，提高收录的全面性，减轻师生提交的负担。

（4）各院系

学术成果主要由各院系的师生产出，因此与院系的合作必不可少。

在项目建设初期，各院系部门应抽出人力配合图书馆调研师生对平台的功能需求，便于 IR 平台搭建。在资源建设方面，各院系部门应遵循学校制定的学术成果存缴政策，督促师生在规定时间内向 IR 提交公开发表的学术成果；激励师生在公开发表的一段时间之后，实现成果的开放获取，促进学术成果的传播；鼓励师生将个人在科研过程中的学术记录保存在 IR 中，以便长期存储与使用。

（5）技术转移中心

专利文献作为技术信息最有效的载体，囊括了最新的技术情报，体现了学校的技术创新，是学校非常重要的知识资产。技术转移中心作为学校知识产权管理部门是学校专利成果的集散中心。在 IR 的建设过程中，技术转移中心应遵循学校学术成果存缴政策，激励与鼓励师生在规定时间内将专利文献存储在 IR 中。

（6）教学工作部

IR 不仅保存师生公开发表的成果，还可以收录师生的学术报告、教学课件等在教学过程中产生的知识记录。教学工作部应激励师生将这些灰色资源提交到 IR 中。

（7）网络信息中心

IR 不仅在建设初期需要技术人员参与平台搭建（包括软件和硬件），在后续维护中也需要技术人员的支持。作为 IR 的共同建设单位，网络信息中心聚集着学校的高端技术人才，应在 IR 项目的建设初期及后续发展提供强有力的技术支持。必要时，抽出专人配合 IR 的项目开展。

（8）图书馆

图书馆作为 IR 项目的牵头单位，在学校的大力支持及各部门的全力配合下，积极开展调研工作，承担平台选择、政策制定、项目实施、项目验收及项目推广等工作，以及建成后的管理与维护。图书馆力争将 IR 打造成一个为学校领导、为院系部门、为师生个人提供管理学术资源与开展学术交流的便利平台。

2.2.4 系统平台选择

系统平台选择主要基于几点考量：一是学校现有技术人员的支持；二是本校 IR 的建设目标与功能需求；三是现有系统与建设目标的匹配程度；四是系统平台的可持续发展。

通过实地调研和与多家系统供应商交流，综合分析现有系统的优劣，结合图书馆的功能需求，图书馆初步拟定中国科学院基于 DSpace 开发的 CSpace。中国科学院的 IR 建设处于国内领先地位。中国科学院机构知识库网格（CAS IRGRID）是国内最大规模和最有影响力的机构知识库群。CSpace 是中国科学院文献情报中心开发的机构知识库建设平台，其开发团队具有多年的理论与实践研究经验，如中心原主任张晓林和技术团队负责人祝忠明是国内 IR 理论和实践研究领域的带头人。在充分的沟通交流与基本测试之后，我们认为该系统比较符合我校的建设目标。目前与该团队的合作模式在进一步洽谈中；图书馆正在探讨与之开展战略合作。

2.2.5 人员配备

IR 建设是一个需要耗费人力与精力的项目，图书馆建议学校成立专项小组。该小组设一位组长、两位副组长，组长由主管科研的副校长出任，图书馆和科研部各指定一人任副组长。小组主要以图书馆数字化小组（Task Force on Digital Initiatives）成员为主，同时包括科研部和网络信息中心人员。在项目开展过程中，如有必要，再灵活增减人员。该小组主要负责项目调研、项目实施、项目验收与项目推广等。

2.3 我校 IR 的命名

鉴于 IR 是通用概念，且传统 IR 的功能与我校的建设目标存在差异，不能反映我校拟建 IR 的全貌，即四大功能，图书馆建议将我校 IR 平台命名为"南方科技大学知识苑"，英文为 SUSTech Knowledge Commons，简 称 SUSTechKC。Commons 英 文 意 为 "a place where people of same interest or for a shared purpose get together", 与中文"苑"字合, 故有中文译名"知识苑"。

2.4 建设计划

在充分调研的前提下, 结合我校的需求与现有条件, 图书馆制定了如下工作计划:

2017 年 9 月—12 月: 开展调研工作, 撰写并向学校提交《关于建设南方科技大学机构知识库的报告》;

2018 年 1 月—9 月 (项目实施第一阶段): 开展功能需求调研, 启动系统商务采购手续;

2018 年 10 月—2019 年 3 月 (项目实施第二阶段): 若干试点院系的数据搜集与清理;

2019 年 4 月—12 月 (项目实施第三阶段): 处理其余院系的学术成果、系统优化、项目验收。

附录三
南方科技大学图书馆馆歌

天雨流芳

作词：夏雪 田磊
作曲：毕宝仪

1=♭B 4/4

书卷 似故人， 我馆 别有 香 胸次 无点

尘， 天 雨天雨 永 流 芳

因为 有滴滴点点 的累积 才让 方寸之间，

包罗万象 因

啊 啊

为 有日日夜夜的坚持 才让 平凡的人生，熠熠生光

啊

畅游 在经籍的海洋 中
沉浸 在典章的旋律 里

啊

畅游 在经籍的海洋 中
沉浸 在典章的旋律 里

打开心灵的门 窗 细品知识的陈酿 始觉甘醴芬 芳
低吟岁月的风 霜

打开心灵的门 窗 细品知识的陈酿 始觉甘醴芬 芳
低吟岁月的风 霜

290

^bE　　　　　F　　　　　　^bB　　　　　　^bE　　　　　　Cm
| 0 0 0 0 | 0 0 0 3 | 5 5 5 3 5· i i i i 2 3 | 3 2 i 2 2 i |
　　　　　　　　　这 神圣 的 殿堂　承载 文明 的 印记　还原 了 历史 的

| 0 0 0 0 | 0 0 0 1 | 3 3 3 1 3· 6 6 6 6 7 i | i 6 5 6 6 5 |
　　　　　　　　　这 神圣 的 殿堂　承载 文明 的 印记　还原 了 历史 的

^bE　　　　　　^bE　　　　　　　^bB　　　Cm
| 2 6 - - | 0 0 0 0 | 6 i i i i 6 | 5 i - - | 2 2 2 2 3 2 |
　模 样　　　　　　　　这是 梦想 起航 的 地方　描绘 向往 的 未

| 6 4 - - | 0 0 0 0 | 4 6 6 6 6 4 | 3 5 - - | 6 6 6 6 i 6 |
　模 样　　　　　　　　这是 梦想 起航 的 地方　描绘 向往 的 未

　　　　　　　　　^bB
| 2 5 5 6 i i | i 2 i i - | i - 0 0 :‖
　来 指引 前进 的 方　　向

| 6 7 7 i 3 3 | 3 4 3 3 - | 3 - 0 0 :‖
　来 指引 前进 的 方　　向

| 0 0 0 0 | 3 5 6 - | 3 5 6 - | 3 3 3 5· 3 - - - | 6 i 6 - |
　　　　　　　脱 俗 谛，　求 真 理，　涵 泳 兴 味 长　　开 智 识，

| 5 6 5 - | 3 3 5 3 5 | 6 - - - ‖
　传 薪 火，　天 雨 永 流 芳

（点击二维码欣赏《天雨流芳》）

291

后 记

2013 年，南方科技大学图书馆新馆启用时，馆员大多是一群毕业不久的学生，平均年龄不到 30 岁，充满了朝气。一个新图书馆，没有既有习惯的桎梏，大家对尝试一些新的做法充满了热情，比如实行学科馆员选书制度、中英文图书混合排架制度等。虽然我们付出了艰辛的劳动，但事实证明，这些尝试是成功的。当年那帮未脱青涩的馆员都成长为能够独当一面的"资深馆员"。他们在各自的领域积累了丰富的经验，最重要的是，亲历了一个个项目从设想到完成的全过程。南方科技大学是实行企业化管理的事业单位，馆员不需要评职称，不承担科研任务，没有发表论文、申报课题的压力，因此这些经验很少见诸报刊。2020 年是南方科技大学建校十周年，我们本想借此机会修史纪念，奈何十年太短，难以成就厚重的历史，于是想到把这些工作理念、方法、经历写出来向大家分享，这样更有实际意义。

业界不乏优秀的学术著作。鄂鹤年馆长建议我们将事实、思想、情感相结合，采用轻松、活泼、文艺的风格，写成一本散文性质的书。这个建议得到了大家的积极响应，约稿函发出去两个月后，就收到了二十多篇稿件。这些稿件不仅包括介绍图书馆总体情况的宏大叙事的文章，回忆老校区图书馆往事的情感细腻的文章，也有深入介绍某一个项目的专题文章。作者除了馆员以外，还有一批图书馆的铁杆粉丝。他们从图书馆受益，也以各种方式回馈图书馆，并且愿意将这种亲密的关系诉诸文字与他人分享。

　　经过一年多的努力，本书终得以付梓，在此过程中得到了诸多师友的关心和支持。我们将此事向陈十一校长汇报时，他欣然答应为本书写一篇序言。广州优谷信息技术有限公司为本书的出版提供了资金支持。国家图书馆出版社的邓咏秋老师、张颀老师为本书的修改、编辑付出了心血，在此一并感谢。

　　十年是一个重要的里程碑。2020 年南方科技大学图书馆已有三个馆舍开放使用，我们完成了从起步到完善的量的积累。下一个十年，我们将更加注重质的飞跃，努力以一流的服务跻身世界一流图书馆行列。

编　者

二〇二〇年八月三十一日